2011

中国林业产业重大问题
调查研究报告

中国林业产业重大问题调研组 主编

中国林业出版社

图书在版编目（CIP）数据

中国林业产业重大问题调查研究报告. 2011 年／中国林业产业重大问题调研组主编.
—北京：中国林业出版社，2012.6
ISBN 978 – 7 – 5038 – 6638 – 8

Ⅰ. ①中…　Ⅱ. ①中…　Ⅲ. ①林业经济 – 经济发展 – 研究报告 – 中国 – 2011
Ⅳ. ①F326.23

中国版本图书馆 CIP 数据核字（2012）第 175703 号

出版　中国林业出版社（100009　北京西城区刘海胡同7号）
电话　010 – 83229512
发行　新华书店北京发行所
印刷　北京卡乐富印刷有限公司
版次　2012 年 6 月第 1 版
印次　2012 年 6 月第 1 次
开本　889mm×1194mm，1/16
印张　14.75
字数　350 千字
定价　90.00 元

中国林业产业重大问题调研报告课题组

胡锦涛主席在首届亚太经合组织林业部长级会议上明确指出，森林是重要而独特的战略资源，具有可再生性、多样性、多功能性，承载着潜力巨大的生态产业、可循环的林产工业、内容丰富的生物产业。他明确要求，要合理利用森林资源，发展林业产业，壮大绿色经济，扩大就业，消除贫困；要挖掘林业潜力，发展木本粮油和生物质能源，维护粮食安全和能源安全。这是党中央站在经济社会可持续发展的战略高度，对林业发展提出的新要求，对林业产业寄予的新期望。

近年来，在党中央、国务院的高度重视和正确领导下，国家先后出台了《林业产业政策要点》和《林业产业振兴规划》，加大对林业产业的扶持和引导力度，全国林业产业呈现出强劲的发展势头，总产值每年以20%以上的速度递增，2011年达到3.06万亿元，林产品进出口贸易总额达到1 204.5亿美元。松香、人造板、木竹藤家具、木地板产量跃居世界第一，干鲜果品和花卉产量名列世界前茅，我国已经成为世界林产品生产和贸易大国，在国际林产品市场中占有重要地位。我国林业产业的快速发展，为保障市场供给、繁荣区域经济做出了重要贡献。

随着经济社会的不断发展和人民生活水平的逐步提高，社会对林产品的需求越来越多，林产品拥有巨大的市场空间。我国有45.6亿亩林地，8亿亩可治理沙地和近6亿亩湿地，还有3万多种野生植物、2 400多种陆生野生动物。林地是绿色财富之母，物种是生物产业之基。一个物种能够办成一大产业，一块林地可以繁荣一方经济，林业产业具有独特的后发优势，蕴藏着巨大的发展潜力。我们必须认真落实胡锦涛主席的重要讲话精神，充分利用丰富的林地资源、物种资源、景观资源和劳动力资源，积极发展森林培育、林产工业、木本粮油、森林旅游等十大主导产业，着力构建发达的林业产业体系，全面发挥林业产业在增加农民收入、壮大实体经济、促进绿色增长等方面的重要作用。

为全面了解我国林业产业发展现状，更好地推动林业产业发展，2008年以来，中国林业产业联合会坚持每年组织开展林业产业重大问题专题调研。2011年重点对林下经济发展、林产品跨业营销、提高林产品竞争力等进行了深入调研，形成了《2011年中国林业产业重大问题调查研究报告》。《报告》既有宏观综述，又有专题研究，既有问题分析，又有对策建议，内容丰富，数据翔实，案例典型，对于政府决策林业、企业投资林业、社会了解林业具有重要的参考价值，值得各方面认真研读、积极借鉴。

国家林业局党组书记、局长

二〇一二年五月八日

目 录 | CONTENTS

▌第五部分 附 录

▌后记

2011 年中国林业产业发展综述

石 峰 陈圣林 杨燕南 辛相宇

2011 年，是"十二五"开局之年，也是林业改革和发展的关键一年。在党中央、国务院的正确领导下，在国家林业局党组的统一部署下，林业行业和林业战线广大干部职工紧紧围绕林业中心工作和林业"双增"目标，克服各类自然灾害对林业生产建设造成的不利影响，狠抓各项林业政策落实，林业经济整体运行良好。生态建设和保护进一步加强，林业产业持续增长，林业投资力度进一步加大，集体林权制度改革取得阶段性成果，林产品贸易增速明显，林业各项事业取得新成就，实现了"十二五"开局之年林业经济整体运行良好的局面。

一、2011 年林业经济运行状况

（一）生态建设任务顺利完成

2011 年造林绿化工作稳步推进，全国共完成荒山荒地造林面积 599.66 万公顷（8 995万亩），比 2010 年增长 1.47%，完成计划任务的 99.94%。其中人工造林 406.57 万公顷，飞播造林 19.69 万公顷，无林地和疏林地新封山育林 173.40 万公顷。西部 12 个省份（含新疆兵团）共完成造林面积 324.57 万公顷，占全部造林面积的 54.13%（图 1）。

2011 年，中央和各地加强了森林抚育经营的统一管理、技术指导和检查验收。全国森林抚育面积持续增长，共完成中幼龄林抚育面积 733.45 万公顷，比 2010 年增长 10.10%，完成低产低效林改造面积 78.88 万公顷，比 2010 年增长 18.51%。

另外，完成有林地造林面积 41.64 万公顷；更新造林 32.66 万公顷；四旁（零星）植树 24.58 亿株。林木种苗管理明显加强，林木种苗产量大幅增加，全国育苗面积、苗木产量和林木种子采集量为 76.92 万公顷、530.55 亿株和 5.67 万吨，分别比 2010 年增长 16.47%、28.10% 和 11.45%。

作者简介：石峰，中国林产工业协会秘书长、博士生导师，研究方向：林产工业。陈圣林，中国林业产业联合会副秘书长、博士，研究方向：森林培育。

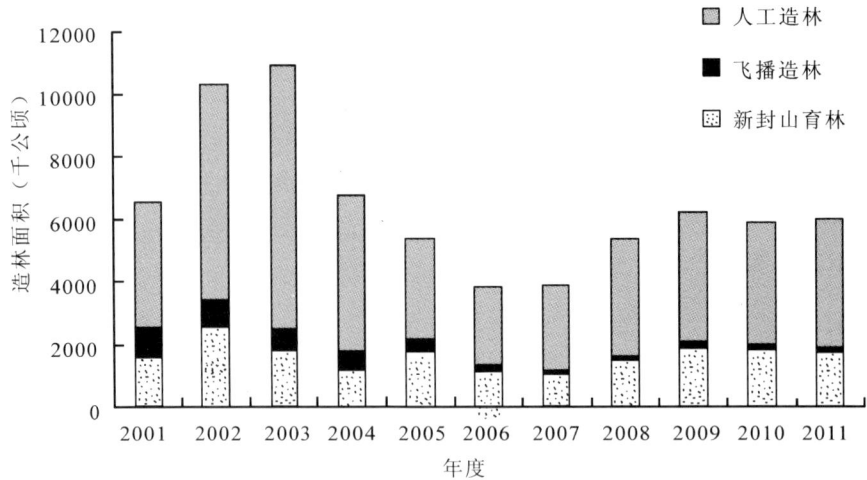

图 1　2001~2011 年全国造林面积

（二）国家林业重点工程建设取得新进展

2011 年国家林业重点工程深入实施，共完成造林面积 309.39 万公顷，占全部造林面积的 51.59%。其中天然林资源保护工程、退耕还林工程（不含京津工程退耕）、京津风沙源治理工程和三北及长江流域等重点防护林体系工程分别为 55.36 万公顷、73.02 万公顷、54.52 万公顷和 126.40 万公顷，占全部造林面积的比重分别为 9.23%、12.18%、9.09% 和 21.08%，其他社会造林占全部造林面积的 48.41%。社会造林所占比重自 2006 年来逐年上升（扣除 2008 年中央扩大内需新增造林任务因素），各级地方政府、企业和个人多元化投入造林绿化的新局面已逐步形成，在生态建设中发挥的作用也越来越突出（图 2）。

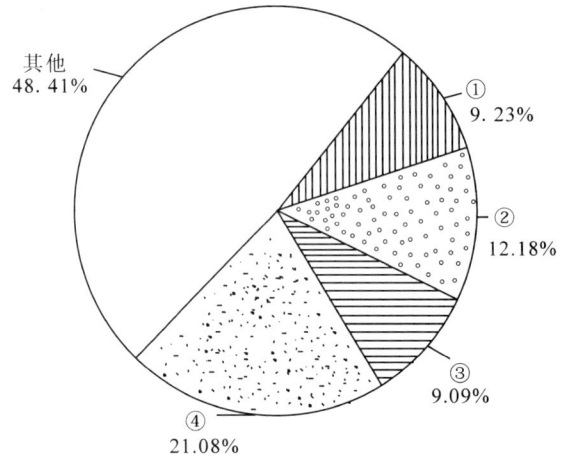

图 2　2011 年国家林业重点工程造林比重

（注：①天然林资源保护工程；②退耕还林工程；③京津风沙源治理工程；④三北及长江流域重点防护林体系工程。）

（三）集体林权制度改革进展顺利

2011 年，集体林权制度改革取得阶段性成果。一是明晰产权工作基本完成。目前，已有 26 个省（自治区、直辖市）基本完成明晰产权、承包到户的任务。全国已确权集体林地 26 亿亩，占集体林地总面积的 95%。其中，发证面积 22.3 亿亩，占已确权集体林地总面积的 86%，8379 万农户拿到了林权证，4 亿农民直接受益。二是深化改革积极推进。扶持集体林业发展的政策措施不断健全完善，生态效益补偿、造林补贴、林机购置补贴等公共财政扶持力度显著增强，林权抵押贷款、森林保险发展态势良好，农民林业专业合作经济组织达 10 万多个，县级以上林权管理服务机构达 989 家。

改革的综合效益不断显现。森林质量稳步提升，生态功能全面增强，农民收入明显增加。林改实现了"山定权、树定根、人定心"，取得了"生态受保护、农民得实惠"的双赢，得到了社会各界的广泛赞誉。

（四）林业投资情况

2011 年，林业政策和投入取得新突破，中央林业投资继续向林业重点工程和林业民生工程倾斜，造林、森林抚育等补贴资金的补贴范围和资金总量增加，支持木本油料产业发展的资金得到整合，中央财政森林保险保费补贴试点范围进一步扩大，公共财政支持林业的长效机制逐步建立。

1. 林业建设资金来源情况

2011 年，林业各类建设资金来源合计 2 744.48 亿元。按来源分，国家预算资金 1 302.15亿元，占资金来源合计的 47.45%，国内贷款、利用外资、自筹资金和其他资金为 274.17 亿元、22.84 亿元、737.42 亿元和 407.90 亿元，分别占资金到位总量的 9.99%、0.83%、26.87% 和 14.86%。国家预算资金中，中央资金为 772.76 亿元，地方资金为 529.39 亿元。

2. 林业投资完成情况

2011 年，全部林业投资完成额达到 2 632.61 亿元，其中国家投资完成 1 106.60 亿元，占全部林业投资完成额的 42.03%。

按建设内容分，用于生态建设与保护方面的投资为 1 302.50 亿元，占全部林业投资完成额的 49.48%；用于林木种苗、森林防火、有害生物防治等林业支撑与保障方面的投资为 300.66 亿元；用于林业产业发展方面的资金为 522.41 亿元；其他资金 507.04 亿元。

分地区看，东部地区林业投资完成额 672.44 亿元，占全部林业投资完成额的 25.54%；中部地区林业投资完成额 400.23 亿元，占全部林业投资完成额的 15.20%；西部地区林业投资完成额1 135.31亿元，占全部林业投资完成额的 43.12%；东北地区林业投资完成额410.34 亿元，占全部林业投资完成额的 15.59%（图 3）。

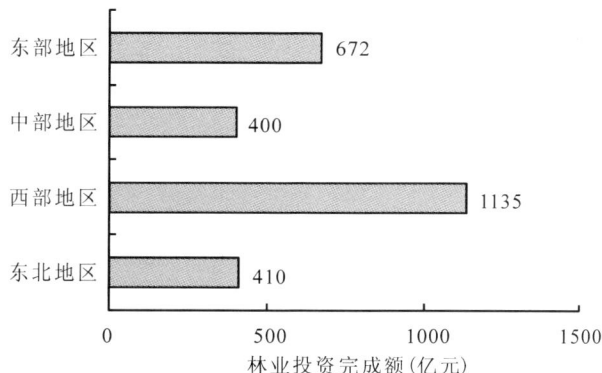

图 3　全部林业投资完成分地区情况

2011 年，国有林区棚户区和危旧房改造工作进展顺利，这项惠及林区 100 多万林业职工、数百万林区人口的工程，使林区生活设施得到极大改善，林区民生工程和基础设施建设成效显著。林业系统全年房屋施工面积达到 2 115.30 万平方米,竣工面积 1 371.49 万平方米,分别比 2010 年增长 81.37% 和 65.83%。其中,住宅施工面积为 1 894.71 万平方米,竣工面积为 1 186.52 万平方米,住宅竣工价值达 150.82 亿元。

3. 林业利用外资情况

2011 年,我国林业利用外资项目个数为 272 个,实际利用外资规模达到 16.99 亿美元,比 2010 年增长 158.56%,其中国外借款 10.53 亿美元,外商直接投资 5.48 亿美元,无偿援助 0.98 亿美元,分别占林业实际利用外资总规模的 61.97%、32.24% 和 5.79%。林业实际利用外商直接投资金额占全国实际利用外商直接投资的 1.46%。

(五) 林业灾害情况

2011 年,我国华北、西北、西南部分省份先后遭遇严重旱情,森林火险等级居高不下,河北、山东、山西、新疆等地先后发生较大森林火灾,引发社会广泛关注,与此同时,中俄、中尼、中哈边境外方森林火灾频繁对我构成威胁。在此极端不利情况下,森林防火工作仍取得"三下降"的好成绩。截至 11 月 30 日,全国共发生森林火灾 5 331 起,受害森林面积 2.62 万公顷,人员伤亡 92 人(其中死亡 45 人),与 2010 年同期相比分别下降 27.8%、41.7% 和 14.8%。

林业有害生物发生状况总体上与上年度基本持平,但受 2010 年冬季我国西部地区出现的大范围低温天气和 2011 年入夏以来长江中下游地区降水异常偏少,以及湖北、湖南、江西、江苏、安徽、浙江、上海等地持续气象干旱等气候因素影响,松材线虫病、美国白蛾、薇甘菊等外来有害生物仍呈现传播扩散趋势,鼠(兔)害在西部地区为害较重,经济林病虫发生面积增加,为害程度加重。截至 10 月底,全国主要林业有害生物发生面积 1.76 亿亩,防治面积达到 1.2 亿亩。

二、2011 年林业产业发展状况

2011 年,林业产业蓬勃发展,主要表现在产业规模持续壮大、产业结构不断优化、产业竞争力逐步增强、新兴产业快速发展。

(一) 林业产业总产值

2011 年林业产业总产值首次突破 3 万亿元大关,达到 3.06 万亿元(按现价计算),比 2010 年增长 34.32%,产业规模再上新台阶。自 2001 年以来,林业产业总产值的平均增速达到 22.29%(图 4)。

分产业看,第一产业产值 11 056.19 亿元,占全部林业产业总产值的 36.14%,同比增长 24.29%;第二产业产值 16 688.40 亿元,占全部林业产业总产值的 54.54%,同比增长 40.51%;第三产业产值 2 852.14 亿元,占全部林业产业总产值的 9.32%,同比增长 42.12%。近年来,林业三次产业的产值结构逐步调整,不断优化,已由"十五"末期的 52:41:7,调整为 36:55:9,林业二、三产业所占比重逐年增大,产业结构调整迈出新步伐。

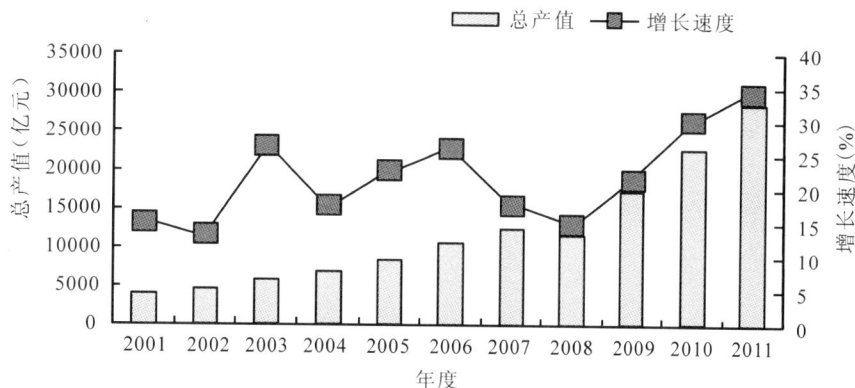

图 4　2001~2011 年全国林业产业总产值及其增长速度

　　第一产业中，包括干鲜果品、茶、中药材以及森林食品等在内的经济林产品种植与采集业产值为 6 319.87 亿元，所占比重最大，为 57.16%；第二产业中，包括锯材、人造板等在内的木材加工及木竹制品制造业产值为 6 789.16 亿元，所占比重最大，为 40.68%；第三产业中，林业旅游与休闲服务业产值为 1 863.07 亿元，所占比重最大，为 65.32%，全年涉及林业旅游和休闲的人数为 11.24 亿人次。油茶产业、林化产品制造业、林产中药材的种植与采集等新兴产业快速发展，增长速度分别达到 75.43%、75.07% 和 49.94%。

　　分地区看①，东部地区林业产业总产值为 15 545.50 亿元，占全部林业产业总产值的 50.81%；中部地区林业产业总产值为 6 009.91 亿元；西部地区林业产业总产值为 5 772.06 亿元；东北地区林业产业总产值为 3 269.26 亿元。东部地区林业产业总产值的增速最高，所占比重也最大，与其他地区的差距进一步拉大。林业产业总产值超过 2 000 亿元的省份共有 5 个，分别是广东、山东、浙江、福建和江苏(图 5)。

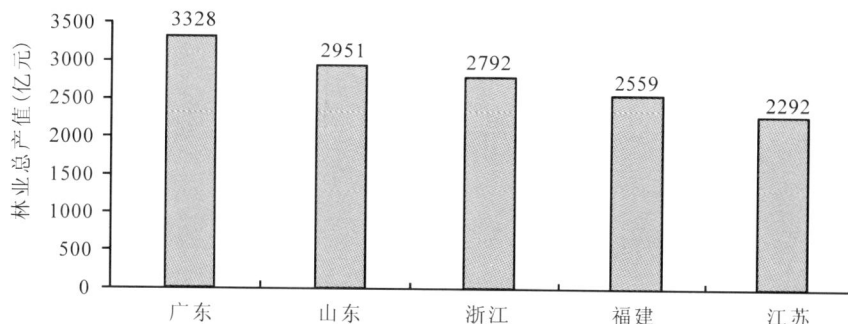

图 5　林业产业总产值超 2000 亿元省份

　　① 本分析报告采用国家四大区域的分类方法，即将全国划分为东部、中部、西部和东北四大区域。东部地区包括：北京、天津、河北、上海、江苏、浙江、福建、山东、广东、海南 10 个省(直辖市)；中部地区包括：山西、安徽、江西、河南、湖北、湖南 6 个省；西部地区包括：内蒙古、广西、重庆、四川、贵州、云南、西藏、陕西、甘肃、青海、宁夏、新疆 12 个省(自治区、直辖市)；东北地区包括：辽宁、吉林、黑龙江 3 个省和大兴安岭地区。

（二）木材生产及林产工业

1. 木材产量

2011 年，天然林资源保护二期工程启动实施，东北、内蒙古等重点国有林区木材产量进一步调减，比 2010 年减少 497 万立方米，集体林区木材产量普遍增长，全国商品材总产量与 2010 年基本持平，为 8 145.92 万立方米(图 6)。

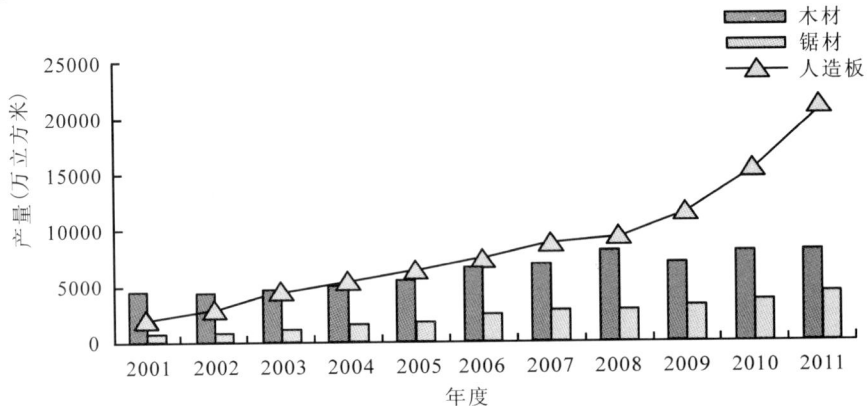

图 6　2001~2011 年全国木材及主要林产工业产品产量

在全部木材产量中，原木产量 7 449.64 万立方米，比 2010 年减少 0.85%；薪材产量 696.28 万立方米，比 2010 年增长 20.80%。木材产量按生产单位分，林业系统内国有企业单位生产的木材大幅减少，为 813.75 万立方米；系统内国有林场、事业单位生产木材 1 220.12 万立方米；系统外企、事业单位采伐自营林地的木材 301.67 万立方米；乡(镇)集体企业及单位生产木材产量 535.68 万立方米；村及村以下各级组织和农民个人生产的木材 5 274.70 万立方米。2011 年农民自用材采伐量 668.79 万立方米，农民烧材采伐量 2 150.62 万立方米。

2. 锯材与木片、木粒加工产品产量

2011 年，锯材产量为 4 460.25 万立方米，比 2010 年增长 19.81%。木片、木粒加工产品 2 237.33 万实积立方米，比 2010 年增长 19.42%。

3. 人造板产量

近年来，我国人造板产量保持高速增长，2011 年产量首次突破 2 亿立方米，达到 20 919.29 万立方米，比 2010 年增长 36.19%。

受日本地震灾区恢复重建等因素影响，山东、江苏等地的胶合板和刨花板产量大幅增长。在全部人造板产量中，胶合板 9 869.63 万立方米，比 2010 年增长 38.24%，占全部人造板产量的 47.18%；纤维板 5 562.12 万立方米，比 2010 年增长 27.73%，占全部人造板产量的 26.59%，其中中密度纤维板产量为 4 973.41 万立方米；刨花板产量 2 559.39 万立方米，比 2010 年增长 102.45%，占全部人造板产量的 12.23%；其他人造板 2 928.15 万立方米(细木工板占 69.47%)，比 2010 年增长 12.52%，占全部人造板产量的 14.00%(图 7)。另外，单板产量为 3 173 万立方米，人造板表面装饰板产量

为 2.66 亿平方米。

从分省情况看，山东、江苏、广西、河南、河北、安徽、福建和广东 8 省份产量均超过 700 万立方米，8 省（自治区）人造板产量共计 17 121.50 万立方米，占全国人造板总产量的 81.85%，其中山东突破 6 000 万立方米，江苏突破 3 000 万立方米，广西突破 2 000 万立方米(图 8)。

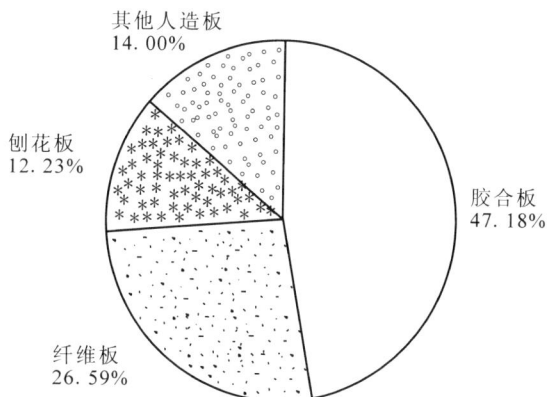

图 7　2011 年全国人造板产量结构

4. 木竹地板产量

2011 年木竹地板产量达到 6.29 亿平方米，比 2010 年增长 31.29%。在木竹地板产量中，实木地板 1.22 亿平方米，占全部木竹地板产量的 19.44%；复合木地板 3.57 亿平方米，占全部木竹地板产量的 56.70%；其他木地板 1.03 亿平方米；竹地板 0.47 亿平方米。江苏省和浙江省是木竹地板产量最大的省份，产量分别达到 1.83 亿和 1.15 亿平方米。

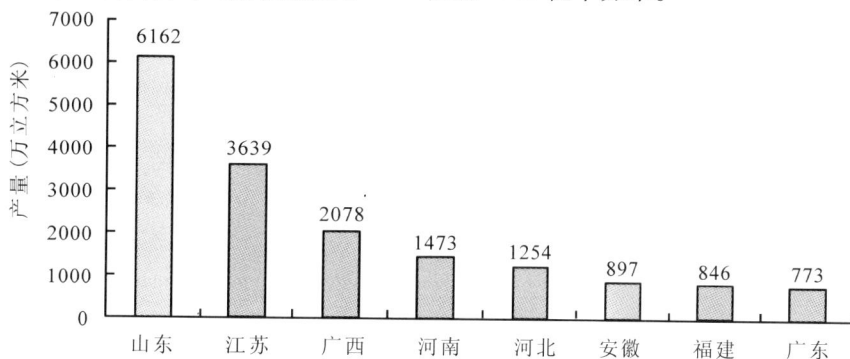

图 8　2011 年人造板产量位列前 8 名的省份

5. 林产化工产品产量

2011 年全国松香类产品产量 141.30 万吨，比 2010 年增长 6.02%。松节油类产品产量 18.17 万吨，比 2010 年增长 14.73%。樟脑产量 1.30 万吨，冰片 665 吨，栲胶类产品 9 129 吨，紫胶类产品产量 2 966 吨。

（三）经济林、竹、油茶、花卉产业

2011 年，我国水果产量小幅增长，核桃、枣、松子等干果产量大幅增长，全年各类经济林产品总量达到 1.34 亿吨，比 2010 年增长 6.05%。从产品类别看，水果产量为 11 471 万吨，比 2010 年增长 3.99%；干果产量为 927 万吨，比 2010 年增长 24.81%；茶等林产饮料产品的产量为 159 万吨；花椒、八角等林产调料产品的产量为 59 万吨；竹笋干、食用菌等森林食品产量为 293 万吨；杜仲、枸杞等本本药材的产量为 144 万吨；油茶等木本油料产量 155 万吨；松脂、油桐等林产工业原料产量 172 万吨。

2011 年竹材产量为 15.39 亿根，比 2010 年增长 7.64%，其中毛竹 10.26 亿根，篙竹 5.13 亿根。竹产业产值达 1 047 亿元。

近年来，中央财政扶持油茶产业发展的力度不断加大，整合和统筹各类资金支持油茶、核桃、油橄榄等木本油料产业发展。2011 年，油茶林面积达到 346 万公顷，当年新造油茶林 23.50 万公顷，低产林改造 9.36 万公顷。繁殖圃 442 个，苗木产量 9.09 亿株，油茶籽产量为 148 万吨，比 2010 年增长 35.51%。从事油茶良种苗木培育、种植、茶油以及其他副产品生产加工的企业有 1 174 个，油茶产业产值达 245 亿元。

2011 年，花卉种植面积 86.22 万公顷，比 2010 年增长 12.85%，花卉种植产值达到 940 亿元。切花切叶 142 亿支；盆栽植物 29 亿盆；观赏苗木 121 亿株；草坪 4.08 亿平方米。具有一定规模的花卉市场 4 100 多个，花卉企业 4.24 万个，其中大中型花卉企业 7 900 多个；花卉从业人员 433 万人，花农 117 万户；控温温室面积和日光温室面积分别为 3 332 万平方米和 15 095 万平方米。

（四）林业主要产品销售价格

2011 年全国主要林业工业产品销售价格普遍上涨。木材综合平均价格为每立方米 748 元，比 2010 年提高 7.01%；竹材综合平均价格为每根 7 元，价格没有变化；锯材综合平均价格为每立方米 1 145 元，比 2010 年提高 4.09%；木片综合平均价格为每实积立方米 861 元，比 2010 年提高 37.98%；木地板综合平均价格为每平方米 132 元，比 2010 年提高 5.60%；胶合板综合平均价格为每立方米 2 056 元，比 2010 年提高 24.61%；中密度纤维板综合平均价格为每立方米 1 699 元，比 2010 年提高 13.57%；刨花板综合平均价格为每立方米 1 067 元，比 2010 年下降 5.58%；林化产品中，松香综合平均价格为每吨 12 885 元，比 2010 年提高 21.71%；栲胶综合平均价格为每吨 7 879元，比 2010 年下降 7.23%；紫胶综合平均价格为每吨 17 148 元，比 2010 年提高 9.59%。

（五）主要林产品进出口情况

2011 年，我国林产品进出口贸易受欧美传统市场需求减弱影响，出口增速放缓，但与巴西、印度等新兴市场国家林产品贸易增势良好，总体上保持稳定增长。根据海关统计数据汇总分析，2011 年全国林产品进出口贸易总额为 1 204.5 亿美元，比 2010 年增长 28.4%。其中，出口额 550.8 亿美元，比 2010 年增长 18.3%；进口额 653.7 亿美元，比 2010 年增长 37.5%（表 1）。

表 1　2011 年 1~12 月全国林产品进出口简要情况

项　目	12 月当月			1~12 月累计	
	绝对值(亿美元)	同比(%)	环比(%)	绝对值(亿美元)	同比(%)
进出口总值	112.8	14.5	-1.5	1 204.5	28
出口总值	54	13.4	-1	550.8	18.3
进口总值	58.8	15.5	-2	653.7	37.5

1. 主要林产品进口情况

2011 年原木进口量 4 232.6 万立方米，金额 82.7 亿美元，分别比 2010 年增长 23.2% 和 36.2%；锯材进口量 2 160.7 万立方米，金额 57.2 亿美元，分别比 2010 年增长 45.9% 和 47.5%；纸及纸板纸制品进口量 347.8 万吨，金额 50.6 亿美元，分别比 2010 年减少 1.7% 和增长 9.6%；纸浆进口量 1 444.6 万吨，金额 119.4 亿美元，分别比 2010 年增长 27.1% 和 35.3%；木家具进口量 549.7 万件，金额 5.5 亿美元，分别比 2010 年增长 26.1% 和 40.9%；木片进口量 659.2 万吨，金额 11.6 亿美元，分别比 2010 年增长 41.7% 和 71.9%；天然橡胶进口量 210.1 万吨，金额 93.8 亿美元，分别比 2010 年增长 12.9% 和 65.5%；棕榈油进口量 591.2 万吨，金额 66.3 亿美元，分别比 2010 年增长 3.8% 和 40.8%；干鲜水果和坚果进口量 194 万吨，金额 25.5 亿美元，分别比 2010 年增长 20% 和 38.9%。

2. 主要林产品出口情况

2011 年木家具出口量 2.9 亿件，金额 171.2 亿美元，分别比 2010 年减少 3% 和增长 6%；纸及纸板纸制品出口量 599.8 万吨，金额 103.3 亿美元，分别比 2010 年增长 13.4% 和 35%；木制品出口金额 42 亿美元，比 2010 年增长 9.7%；胶合板出口量 957.3 万立方米，金额 43.4 亿美元，分别比 2010 年增长 26.8% 和 27.6%；纤维板出口量 250.2 万吨，金额 14.4 亿美元，分别比 2010 年增长 29.5% 和 28.8%；锯材出口量 54.4 万立方米，金额 3.6 亿美元，分别比 2010 年增长 0.9% 和 5.4%；干鲜水果和坚果出口量 287.8 万吨，金额 29.6 亿美元，分别比 2010 年减少 3.8% 和增长 17.4%；藤草苇及制品出口金额 10.5 亿美元，比 2010 年增长 12.4%；松香及其制品出口量 35.4 万吨，金额 9.9 亿美元，分别比 2010 年减少 10.7% 和增长 20.4%。

从总体上来看，我国林产品贸易发展的国内外经济环境将更趋复杂，不确定性和不稳定因素增加。当前，全球经济复苏势头进一步放缓，经济下行风险增大，欧元区经济"二次探底"，主权债务危机仍在蔓延，全球金融市场波动加剧，很多国家通胀仍然维持高位，加之部分地区和国家政治局势不稳定，造成外部需求下降以及贸易风险增加。

与此同时，国内经济增速放缓，进口增速也会有所回调，房地产调控政策暂无放松迹象，形成我国林产品贸易发展的复杂局面，未来发展将面临多方挑战。

附表为 2011 年全国林产品进出口数据。

附表1　2011 年 1～12 月全国林产品进口情况

商品名称	单 位	1～12 月累计		1～12 月同比(%)		12 月当月		12 月当月同比(%)	
		数量	金额(亿美元)	数量	金额	数量	金额(亿美元)	数量	金额
木片	万吨	659.21	116 138.71	41.69	71.90	43.09	8 288.32	−25.08	−11.43
木炭	万吨	18.87	4 487.69	7.36	95.05	1.26	470.12	6.43	214.58
原木	万立方米	4 232.58	827 313.20	23.23	36.21	323.46	62 475.40	10.49	13.79
锯材①	万立方米	2 160.67	572 132.24	45.87	47.52	191.04	51 179.66	20.41	24.46
单板	万吨	15.02	11 856.78	82.82	34.54	1.80	1 149.25	138.31	21.62
可连接型材②	万吨	1.38	3 002.69	30.00	49.50	0.08	193.01	−6.66	21.61
刨花板	万吨	35.56	12 223.23	1.42	6.95	3.10	1 017.88	−19.15	−19.60
纤维板	万吨	20.29	10 705.11	−24.39	−14.12	1.37	797.31	−34.56	−24.91
胶合板	万立方米	18.84	11 968.09	−11.87	3.12	2.13	1 465.48	−12.31	8.93
木制品③	—	—	15 482.80	—	28.56	—	1 300.74	—	−3.57
软木及制品	万吨	0.75	4 768.12	−1.78	9.35	0.07	455.01	24.88	35.44
纸浆④	万吨	1 444.62	1 193 962.66	27.07	35.26	138.02	103 919.87	24.89	20.78
废纸	万吨	2 727.94	696 745.23	12.02	30.15	279.24	65 574.36	18.47	16.21
纸、纸板及纸制品	万吨	347.77	505 527.15	−1.69	9.62	27.12	41 197.94	−9.59	−4.39
印刷品④	万吨	7.91	11 500.90	0.78	12.37	0.68	1 039.03	−8.02	−2.73
木家具⑤	万件	549.72	54 645.66	26.09	40.93	62.21	5 717.75	26.69	9.17
藤草苇及制品	—	—	379.84	—	18.30	—	37.41	—	72.89
苗木花卉			12 896.70	—	24.03		769.36	—	52.37
干鲜水果和坚果	万吨	194.01	254 512.98	19.95	38.94	17.30	30 405.21	23.74	66.30
竹	万吨	0.57	356.44	35.62	−4.74	0.04	20.81	81.54	−18.87
藤	万吨	3.56	3 699.17	4.57	14.79	0.41	448.99	37.71	45.27
木质活性炭	万吨	0.30	1 743.27	−17.61	6.07	0.02	89.29	−31.28	−13.88
松香及制品	万吨	0.70	3 023.00	−5.53	22.50	0.06	258.94	16.97	18.55
天然橡胶	万吨	210.13	937 985.07	12.89	65.53	20.51	76 052.86	12.99	9.90
棕榈油	万吨	591.22	663 399.20	3.80	40.83	65.87	70 066.19	0.27	9.00
干鲜菌菇	吨	4 535.89	622.35	−43.41	−24.07	480.42	60.93	−35.40	−8.71
干鲜竹笋⑥	吨	231.83	87.39	−66.40	−48.59	33.34	23.61	68.99	64.56
其他			605 510.20				63 536.54		
合计			6 536 675.88		37.46		588 011.28		15.49

附表 2　2011 年 1～12 月全国林产品出口情况

商品名称	单位	1～12 月累计		1～12 月同比（%）		12 月当月出口		12 月当月同比（%）	
		数量	金额（亿美元）	数量	金额	数量	金额（亿美元）	数量	金额
木片	万吨	3.96	622.79	-26.36	-4.96	0.26	50.44	-47.65	-23.92
木炭	万吨	6.75	3 909.40	6.41	9.36	0.55	400.15	11.07	34.88
原木	万立方米	1.44	678.20	-49.23	-35.57	0.00	1.36	-99.16	-98.99
锯材①	万立方米	54.41	36 047.92	0.88	5.40	3.97	2 695.04	-15.74	-12.46
单板	万吨	18.52	27 355.91	56.11	29.72	1.72	2 294.45	45.43	20.61
可连接型材②	万吨	39.95	63 000.64	-7.51	-3.80	3.41	5 699.18	-2.50	5.83
刨花板	万吨	13.27	5 641.08	23.35	36.30	1.25	509.36	15.02	19.33
纤维板	万吨	250.23	143 559.21	29.48	28.84	25.20	14 136.20	72.29	64.63
胶合板	万立方米	957.25	433 992.92	26.84	27.56	79.97	38 003.52	22.63	24.50
木制品③	—	—	4 20 121.16	—	9.70	—	37 743.47	—	11.09
软木及制品	万吨	0.74	1 772.98	3.20	9.42	0.06	172.72	18.43	34.99
纸浆④	万吨	9.91	23 026.62	22.31	64.50	0.79	1 227.88	4.27	-46.07
废纸	吨	2 852.74	61.56	347.74	403.75	591.30	14.98	740.11	1 130.68
纸、纸板及纸制品	万吨	599.78	1 032 548.47	13.38	34.99	48.82	90 296.24	9.73	24.00
印刷品④	万吨	86.49	148 894.96	1.70	21.08	6.84	12 658.46	1.98	15.24
木家具⑤	万件	28 915.75	1 711 870.90	-3.00	5.95	2 643.70	166 431.80	1.50	4.44
藤草苇及制品	—	—	104 918.60	—	12.35	—	10 675.94	—	14.90
苗木花卉	—	—	22 899.98	—	11.40	—	2 673.31	—	15.21
干鲜水果和坚果	万吨	287.80	295 625.91	-3.80	17.44	49.24	47 067.16	17.00	17.54
竹	万吨	9.63	4 024.17	3.52	17.99	0.83	386.80	6.35	33.23
藤	万吨	0.12	352.14	-2.96	10.54	0.01	32.26	-19.77	-13.86
木质活性炭	万吨	5.40	8 534.45	11.88	45.34	0.38	668.01	5.68	42.40
松香及制品	万吨	35.35	99 232.82	-10.69	20.38	2.21	4 445.18	-34.73	-56.34
天然橡胶	万吨	0.96	4 584.66	-62.30	-42.73	0.06	207.83	490.44	252.75
棕榈油	万吨	0.13	160.84	-17.04	-3.62	0.02	24.29	-64.18	-44.74
干鲜菌菇	吨	488 433.63	233 553.37	6.19	38.69	48 167.65	29 436.37	22.73	44.30
干鲜竹笋⑥	吨	173 929.34	26 751.32	-0.47	11.21	19 612.14	3 106.74	2.95	8.49
其他	—		654 060.43				69 430.00		
合计			5 507 803.41		18.29		540 489.13		13.35

注：①含轨枕；②任何一边、端或面制成连续形状的木材，主要指地板条和木线，以前称为木制半成品；③含木质门窗、模板、木制容器、镜框、餐具和木工具等；④以重量计算其纸制品贸易额；⑤含木框架坐具；⑥含笋罐头。

第一部分 宏观研究篇

按：**2011** 年，是"十二五"开局之年，也是林业改革和发展的关键一年。林业产业产值保持高增长，林产品贸易增速明显，产业规模持续壮大，产业结构不断优化，产业竞争力逐步增强，新兴产业快速发展，"十二五"开局之年起步良好。本篇就 **2011** 年中国林业产业发展现状及趋势、林业产业竞争力、林业产业与资本市场等方面进行深入分析，并根据《林业发展"十二五"规划》中产业规划进行解析，为促进产业结构进一步优化、推动产业升级，确保林业产业可持续发展提供思路。

2011年中国林业产业现状分析与"十二五"产业发展重点研究

陈圣林 奉国强 赵 磊 杨燕南 辛相宇

摘要：林业产业涉及国民经济第一、第二和第三产业多个门类，涵盖范围广、产业链长、产品种类多，是国民经济的重要组成部分，对维护国家生态安全，促进社会就业、带动农民增收、繁荣农村经济等具有重要和特殊作用。本文就2011年林业产业发展现状及趋势分析，并根据《林业发展"十二五"规划》中产业规划进行研究，为促进产业结构优化、推动产业升级，确保林业产业可持续发展提供思路。

一、发展现状及趋势

（一）发展现状

林业产业主要包括林木种植业、经济林培育业、花卉培育业、木竹采运业、木竹加工业、人造板制造业、木浆造纸业、林产化学加工业、林副产品采集加工业、森林旅游业等。林业产业作为重要的基础产业，除具一般产业的共同属性外，还有自身的四大特性，即资源的可再生性，产品的可降解性，三大效益的统一性，一、二、三产业的同体性。它不仅为国家建设和人民生活提供了包括木材、竹材、人造板、木浆、林化产品、木本粮油、食用菌、花卉、药材、森林旅游服务等在内的大量物质产品和非物质服务，而且在促进农村产业结构调整，解决山区农民脱贫致富，提供社会就业机会等方面有着很重要的作用。

新中国建立以来，经过长期的建设与发展，林业产业发展基础日益巩固，产业布局与结构日趋合理，产业实力不断增强，经济与社会贡献显著提高。

1. 林业产业发展态势基本稳定，社会经济地位依然重要

2011年林业产业总产值达到3.06万亿元（按现价计算），比2010年增长34.32%，

作者简介：陈圣林，中国林业产业联合会副秘书长、博士，研究方向：森林培育。奉国强，国家林业局经济发展研究中心林业产业与市场研究室主任、研究员。赵磊，辽宁省鞍山市林业局助理工程师。

2011 年全国木材产量达到 8 145.92 万立方米，人造板产量达到 20 919.29 万立方米；林业产业形势呈现良好发展态势，并在国民经济体系中继续扮演着重要角色。人造板、木质地板、竹材及竹制品、经济林产品、松香、家具等产品产量均位居世界前列，仍然是全球林产品生产和进出口大国。

2. 林业产业聚集度不断提高，区域化格局初露端倪

随着国际、国内市场的细化，中国林业产业区域化和专业化的特征日益显现。近年来已经形成了若干区域特色突出的林业产业集群和产业带，如以东南沿海地区、南方用材林区、黄淮海平原地区等为主导的用材林产业带；以华北平原、西北、东南沿海地区为主的重点干鲜果品经济林产业带；以南方和西南地区竹资源集中分布区为依托的竹产业带；以东南沿海和西南等地区为重点，大中城市为依托的花卉产业区。而中东部地区已成为人造板生产中心，东北地区已成为森林食品和森林药材的主产区，东南沿海已成为花卉产业的主要基地，西北地区已成为经济林产品的生产基地，西南地区已成为森林旅游的胜地，湖南、浙江、福建、重庆、四川等省市为森林旅游的主要目的地。

3. 集体林权改革进展顺利，为林业产业发展奠定了新的基础

截至 2011 年底，全国已完成集体林地确权面积 26.77 亿亩，占全国集体林地总面积的 97.80%；发证面积 23.69 亿亩，占确权林地总面积的 88.49%；发证户数 8 784.00 万户，占涉及林改的 1.50 亿农户的 58.72%。同时积极推进相关配套改革，27 个省（自治区、直辖市）林权抵押贷款 529.90 亿元，20 个省（自治区、直辖市）森林保险投保面积 7.72 亿亩、保费 7.92 亿元，确定了 200 个农民林业专业合作社示范县，合作经济组织近 10 万多个。集体林权制度改革为林业生产要素进入市场开辟了通道，大大解放了林业生产力和促进了林业市场化，为林业产业发展奠定了更宽、更稳和更有利的基础。

4. 非公有制林业不断崛起，林业产业投资呈现多元化

随着林业改革的不断深入，股份制企业、民营企业正在日益成为林业产业发展的主导力量，外资、合资等一大批适应市场经济规律的企业正在强势崛起，基本改变了国有林业企业一统天下的局面，林业投资主体多元化格局初步形成。我国林业企业总数的 70% 为非公有制林业企业，占全国林业产业总产值的 50% 以上。从造林面积看，非公有制造林达到 62%；从产业投入看，民间和境外资本投资超过了 90%，成为主要的投资力量。2011 年，我国林业利用外资项目个数为 272 个，实际利用外资规模达到 16.99 亿美元，比 2010 年增长 158.56%，其中国外借款 10.53 亿美元，外商直接投资 5.48 亿美元，无偿援助 0.98 亿美元，分别占林业实际利用外资总规模的 61.97%、32.24% 和 5.79%。林业实际利用外商直接投资金额占全国实际利用外商直接投资的 1.46%。

5. 林业产业发展情况总体向好，金融危机影响犹存

据国家林业局统计，2011 年林业产业总产值首次突破 3 万亿元大关，达到 3.06 万亿元（按现价计算），比 2010 年增长 34.32%，产业规模再上新台阶。自 2001 年以来，林业产业总产值的平均增速达到 22.29%。第一产业产值 11 056.19 亿元，占全部林业产业总产值的 36.14%，同比增长 24.29%；第二产业产值 16 688.40 亿元，占全部林

业产业总产值的 54.54%，同比增长 40.51%；第三产业产值 2 852.14 亿元，占全部林业产业总产值的 9.32%，同比增长 42.12%。近年来，林业三次产业的产值结构逐步调整，不断优化，已由"十五"末期的 52：41：7，调整为 36：55：9，林业二、三产业所占比重逐年增大，产业结构调整迈出新步伐。

2011 年，天然林资源保护二期工程启动实施，东北、内蒙古等重点国有林区木材产量进一步调减，比 2010 年减少 497 万立方米，集体林区木材产量普遍增长，全国商品材总产量与 2010 年基本持平，为 8 145.92 万立方米。在全部木材产量中，原木产量 7 449.64 万立方米，比 2010 年减少 0.85%；薪材产量 696.28 万立方米，比 2010 年增长 20.80%。木材产量按生产单位分，林业系统内国有企业单位生产的木材大幅减少，为 813.75 万立方米；系统内国有林场、事业单位生产木材 1 220.12 万立方米；系统外企、事业单位采伐自营林地的木材 301.67 万立方米；乡（镇）集体企业及单位生产木材产量 535.68 万立方米；村及村以下各级组织和农民个人生产木材 5 274.70 万立方米。2011 年农民自用材采伐量 668.79 万立方米，农民烧材采伐量 2 150.62 万立方米。2011 年，锯材产量为 4 460.25 万立方米，比 2010 年增长 19.81%。木片、木粒加工产品 2 237.33 万实积立方米，比 2010 年增长 19.42%。近年来，我国人造板产量保持高速增长，2011 年产量首次突破 2 亿立方米，达到 20 919.29 万立方米，比 2010 年增长 36.19%。受日本地震灾区恢复重建等因素影响，山东、江苏等地的胶合板和刨花板产量大幅增长。在全部人造板产量中，胶合板 9 869.63 万立方米，比 2010 年增长 38.24%，占全部人造板产量的 47.18%；纤维板 5 562.12 万立方米，比 2010 年增长 27.73%，占全部人造板产量的 26.59%，其中中密度纤维板产量为 4 973.41 万立方米；刨花板产量 2 559.39 万立方米，比 2010 年增长 102.45%，占全部人造板产量的 12.23%；其他人造板 2 928.15 万立方米（细木工板占 69.47%），比 2010 年增长 12.52%，占全部人造板产量的 14.00%。另外，单板产量为 3 173 万立方米，人造板表面装饰板产量为 2.66 亿平方米。2011 年木竹地板产量达到 6.29 亿平方米，比 2010 年增长 31.29%。在木竹地板产量中，实木木地板 1.22 亿平方米，占全部木竹地板产量的 19.44%；复合木地板 3.57 亿平方米，占全部木竹地板产量的 56.70%；其他木地板 1.03 亿平方米；竹地板 0.47 亿平方米。江苏省和浙江省是木竹地板产量最大的省份，产量分别达到 1.83 亿和 1.15 亿平方米。2011 年，全国松香类产品产量 141.30 万吨，比 2010 年增长 6.02%。松节油类产品产量 18.17 万吨，比 2010 年增长 14.73%。樟脑产量 1.30 万吨，冰片 665 吨，栲胶类产品 9 129 吨，紫胶类产品产量 2 966 吨。

根据海关统计数据汇总分析，2011 年全国林产品进出口贸易总额为 1 204.5 亿美元，比 2010 年增长 28.4%。其中，出口额 550.8 亿美元，比 2010 年增长 18.3%；进口额 653.7 亿美元，比 2010 年增长 37.5%。

2011 年原木进口量 4 232.6 万立方米，金额 82.7 亿美元，分别比 2010 年增长 23.2% 和 36.2%；锯材进口量 2 160.7 万立方米，金额 57.2 亿美元，分别比 2010 年增长 45.9% 和 47.5%；纸及纸板纸制品进口量 347.8 万吨，金额 50.6 亿美元，分别比 2010 年减少 1.7% 和增长 9.6%；纸浆进口量 1 444.6 万吨，金额 119.4 亿美元，分别比 2010 年增长 27.1% 和 35.3%；木家具进口量 549.7 万件，金额 5.5 亿美元，分别比

2010 年增长 26.1% 和 40.9%；木片进口量 659.2 万吨，金额 11.6 亿美元，分别比 2010 年增长 41.7% 和 71.9%；天然橡胶进口量 210.1 万吨，金额 93.8 亿美元，分别比 2010 年增长 12.9% 和 65.5%；棕榈油进口量 591.2 万吨，金额 66.3 亿美元，分别比 2010 年增长 3.8% 和 40.8%；干鲜水果和坚果进口量 194 万吨，金额 25.5 亿美元，分别比 2010 年增长 20% 和 38.9%。

2011 年木家具出口量 2.9 亿件，金额 171.2 亿美元，分别比 2010 年减少 3% 和增长 6%；纸及纸板纸制品出口量 599.8 万吨，金额 103.3 亿美元，分别比 2010 年增长 13.4% 和 35%；木制品出口金额 42 亿美元，比 2010 年增长 9.7%；胶合板出口量 957.3 万立方米，金额 43.4 亿美元，分别比 2010 年增长 26.8% 和 27.6%；纤维板出口量 250.2 万吨，金额 14.4 亿美元，分别比 2010 年增长 29.5% 和 28.8%；锯材出口量 54.4 万立方米，金额 3.6 亿美元，分别比 2010 年增长 0.9% 和 5.4%；干鲜水果和坚果出口量 287.8 万吨，金额 29.6 亿美元，分别比 2010 年减少 3.8% 和增长 17.4%；藤草苇及制品出口金额 10.5 亿美元，比 2010 年增长 12.4%；松香及其制品出口量 35.4 万吨，金额 9.9 亿美元，分别比 2010 年减少 10.7% 和增长 20.4%。

（二）发展趋势

根据全球及我国林业产业发展的动态分析与展望，未来的林业产业发展呈现如下主要趋势：

一是全球的主要林产品继续呈现小幅度增长态势。根据 FAO 于 2009 年 3 月发表的《世界森林状况》（2009 年）对 2020 年和 2030 年世界原木、工业用原木、锯材、人造板、木浆、废纸、纸和纸板的需求和进出口贸易量（额）进行的预测，虽然增幅总体不大，但均呈现了增长态势。

二是美国、欧盟等发达国家相继出台了防止非法采伐、非法贸易的限制政策，如欧盟很早就将非法采伐及非法采伐木材贸易作为重大国际问题加以应对，2003 年开始实施森林执法、施政与贸易行动计划（FLEGT），目的是通过与生产国自愿签订合作伙伴关系（VPA）协议，将非法采伐木材拒之门外；美国于 2008 年 5 月出台了以禁止非法采伐木材及其制品进口为目的的雷斯法案修正案等。

三是国际贸易中的绿色壁垒进一步高筑，除已有的美国、欧盟等发达国家贸易绿色壁垒外，美国复合木制品甲醛排放国家标准 2012 年出台，该标准将与最近通过的关于硬木胶合板、刨花板和中密度纤维板等产品的加州标准相匹配（ITTO，2009.9），使相关林产品进入美国的环保要求更加严格。

四是主要原木出口国特别是热带雨林地区承受越来越重的国际环境保护压力，正在通过增加采伐者义务、提高原木出口关税、直接减少原木出口量等措施不同程度地限制着原木出口。在林产品贸易中，原木所占比重越来越少，加工产品所占比重越来越大。而在加工产品中，低附加值的初加工产品（如锯材等）所占比例越来越小，高附加值的深加工产品（如人造板、纸浆和纸制品等）所占比重越来越大，这也是发展中国家森林工业特别是深加工工业发展达到一定程度的一个标志。

五是锯材产量在全球工业用材产量中的比重将逐年降低，而人造板特别是定向结构刨花板、华夫板和中密度纤维板等新型产品产量增幅比锯材产量的增幅要大。发达国家制浆造纸工业继续缓慢增长，而发展中国家以工业人工林为主要原料的制浆造纸工业将以很快的速度迅猛发展。

六是林业产业发展与节能、减排、降耗和环保的关系日益突出，转变林业产业发展方式，在优化结构、提高效益和降低能耗、保护环境的基础上，实现速度质量效益协调成为林业产业又好又快发展的重要前提。

七是技术进步、自主创新、品牌建设、节约资源、环境友好、具有比较效益、符合循环经济和低碳要求成为增强产品竞争力的重要源泉，成为企业可持续发展的重要基础。

八是我国目前正处于一个新的历史发展时期，各种社会因素对林业产业的发展必将产生重大影响：全面建设小康社会，日益增长的社会需求将拉动林业产业快速发展；我国人均林产品消费水平较低的现实，说明具有较大的国内市场发展空间；逐步融入世界经济一体化，广阔的国际市场仍有很大的开拓余地。

九是随着社会主义市场经济体制的建立与完善，以及国家对林业产业发展的重视和集体林权制度改革的深入，市场配置资源基础地位的不断强化，影响产业发展的体制和机制障碍的不断解决，为林业产业的发展创造了宽松的环境，提供了不竭的动力；特别是非公有制经济的发展，为林业产业的发展，增添了活力。

十是我国林业产业由大变强的过程，将呈现以下四大主要变化：即林区经济结构由资源主导型向技术主导型转变；资源配置方式由政府主导型向市场主导型转变；经济增长方式由粗放型向集约型转变；发展模式由单一国有型向多元混合型转变。

二、优先领域与重点

我国将建立林业产业监测体系，连续定期开展林业采购经理指数（FPMI）调查，及时了解市场对各类林产品需求状态，适应国家对林业产业发展的生态要求，满足国民对林产品的质量要求，正确调整和引导林业产业发展方向。

（一）优先领域

1. 落实各项主导产业的发展规划

加大政策引导和宏观调控力度，协调有关部门出台促进林业产业结构调整的指导意见，编制完成木材战略储备生产基地、林业生物质能源、特色经济林产业、花卉产业、森林旅游产业、人造板产业等发展规划。建立完善与林业产业相关的企业、产品市场准入制度，加强林产品质量监管，推进林产品标准化生产。开展野生动植物繁育利用产业监督检查，强化对资源消耗的宏观调控，规范行业行为，优化资源配置。推进国家级林业龙头企业认定和管理工作，继续抓好林产品会展经济。

2. 大力发展油茶产业

进一步加大对木本油料的扶持力度。油茶产业要积极培育龙头企业，创新发展机制，努力形成以生产加工、资金投入、市场销售、技术推广为主要内容的产业联合体，逐步扩大产业规模，提高产品质量。

3. 积极培育战略性新兴产业

加快发展林业节能环保、新能源、新材料、生物医药、下一代信息技术等战略性新兴产业，强化核心技术支撑作用，提升林业产业竞争力。

4. 加快建立新型林产品交易市场

不断强化综合服务。支持建立林产品交易市场和人才、资金、技术、产权等林业要素市场，鼓励开展林产品电子商务，争取森林认证林产品进入政府采购名录。加强市场信息搜集与发布，提高林业企业抵御市场风险的能力。

（二）发展重点

根据我国森林资源状况和当前林业产业发展态势，今后一个时期我国林业产业发展的总体情况是：夯实第一产业的基础地位，提升和优化第二产业，加快发展第三产业，促进一、二、三产业协调发展，具体来讲，就是要在全面加快发展和突出优先发展领域的同时，重点培育森林培育产业、木材加工产业、森林生态旅游产业、油茶等木本粮油产业、竹藤产业、花卉产业、野生动植物繁育利用产业、木浆造纸产业、林业生物质能源产业、林产化工产业、沙产业、林下经济、生态文化十三大支柱产业。

三、相关政策与措施

（一）相关政策

1. 建立林业金融支持政策

根据林业项目的实际生产经营周期，延长并落实速生丰产用材林、工业原料林等造林类建设项目及林业生态旅游项目的贷款期限和贷款宽限期；建立面向林农和林业职工个人的小额贷款和林业中小企业贷款扶持机制，适度放宽贷款条件，简化贷款手续，积极开展包括林权抵押贷款在内的符合林业产业特点的多种信贷模式融资业务；建立金融机构林业贷款风险补偿基金，加大财政贴息扶持力度和范围，鼓励各类担保机构开展林业融资担保业务，中央和地方财政对政策性林业信用担保机构给予一次性资本金注入补助或参股担保公司，并每年对林业信用担保机构风险准备金进行补贴；探索开展森林资源资产证券化业务；鼓励和支持各级地方财政安排专项资金，增加森林保险补贴资金；对海外森林资源开发项目的贷款给予贴息补助；引导多元化资金支持林业产业发展。

2. 继续实行并完善优惠林业的税费政策

现行林业优惠政策要争取长期实行并进一步采取鼓励措施。一是对以利用林区"三剩物"及次小薪材为原料生产加工的综合利用产品实行增值税即征即退；二是对所有企事业单位种植林木、林木种子和苗木作物以及从事林木产品初加工取得的所得暂免征收企业所得税，对于林业企业购置并实际应用于林业灌溉的喷灌设备，可按该专用设备投资额的一定比例从企业当年的应纳税额中抵免；三是对林业技术产品和服务企业采用15%的企业所得税优惠税率；四是对进口种子(苗)和非盈利性种用野生动植物免征进口环节的增值税；五是逐步降低育林基金的征收水平，并扩大返还经营者的比例。

3. 完善人工商品林采伐政策

建立健全适应市场经济体制、符合分类经营原则、满足林业产业健康发展的森林资源管理制度。根据国家的法律法规对人工商品林的采伐管理采取有别于一般森林资源的管理办法，鼓励以木材为原料的企业采取多种形式营造工业原料林基地、凡达到一定规模并依法编制森林经营方案的，对其采伐限额和木材生产计划实行单列，单报单批，充分尊重森林经营者的意愿，保障并优先满足其采伐利用属于经营者所有或经营的森林。

（二）主要措施

1. 加快国有林业改革，放手发展非公有制林业经济

加快国有林业改革，才能激发林业产业发展的动力和潜力。为此，需要深化分类经营改革，落实东北、内蒙古重点国有林区和全国的国有林场分类经营改革，构建相应管理体制；加快森工企业政府化、社会化功能剥离的改革，通过国有林业企业的改革、改造和重组，建立符合市场主体要求的现代企业制度，保障我国林业产业发展。同时，将分类经营的改革体制工作深化到集体林区，并放手发展非公有制林业。鼓励各种社会主体跨所有制、跨行业、跨地区投资林业，凡有能力的农户、城镇居民、科技人员、私营业主、外国投资者、企事业单位等，均可单独或合伙参与林业产业建设，建立健全有关法规，切实贯彻"谁造谁有谁受益、合造共有齐发展"的政策，使林业投资者的财产所有权真正落到实处。进一步消除制约非公有制林业发展的思想障碍和体制障碍，统一相关政策，包括投资政策、税收政策、经营利用政策等等，促进各种经营主体的平等竞争。

2. 开拓林业产业市场，建立完善的市场体系

一手抓生产，一手抓市场，形成良性互动的林业产业发展格局。要加强市场需求研究，及时掌握市场信息，大力发展订单林业，按照市场需求组织产品生产。要按照"引进来、走出去"的要求，充分利用国内国际两个资源、两个市场，着力稳定传统出口市场，积极开拓新兴国际市场，免因市场过于单一而降低林产品抵御市场风险的能力。加大林产品消费政策引导，积极培育国内市场需求，加快建设区域性林产品市场，健全林产品市场流通体系；丰富林产品功能，开辟新的林产品利用领域，挖掘林产品城乡市场消费潜力；加快集体林权制度改革，完善林业产业生产要素市场。结合新农村建设、灾后重建、棚户区改造等工程，进一步拓宽林产品的国内市场；在巩固美、欧、日等传统国际市场基础上，开拓中东、俄罗斯、非洲、西亚、南美等新兴市场，建立国内外相互连接、相互补充、多元化、多层次、稳定安全的林产品市场体系。

3. 加快科技进步，创新科技保障体系

科技进步是林业产业发展的重要支撑。为此要加强林业产业开发的科技支撑和自

主创新，增加林业公益性行业科研专项投入；支持以企业为主体，产学研结合，以行业发展共性技术和关键技术需求为导向，以提升产业技术创新能力为目标，以具有法律约束力的契约为保障，实行优势互补、联合开发、利益共享、风险共担的林业产业技术创新战略联盟；扶持新兴产业发展需要的科学研究、技术开发、成果转化和中试、推广，大力推广实用技术和科技成果；进一步加大林业工程技术中心等科技创新平台建设，增强自主创新能力和产业带动能力；支持林业高新技术发展，扩展其扶持领域，鼓励以生物产业为主的高新技术产业的发展，促进企业科技创新、林业产业升级和林业产业经济增长方式转变。

4. 加强各级林业产业管理机构建设，积极发挥行业协会的作用

林业产业是资源约束型产业，其健康发展离不开国家的宏观引导和调控，所以应该根据规范林业产业发展的需要，进一步加强各级林业管理部门的产业管理机构建设，强化产业管理职能，为林业产业健康发展提供统筹规划、政策制定、科学指导和全面服务。同时，充分发挥林业产业协会在林业产业发展、技术进步、标准制定、贸易促进、行业准入和公共服务等方面的桥梁纽带作用。加强林产品质量管理与监督，并逐步承担起履行参与林业产业国际贸易争端调处的职能。

中国林业产业竞争力分析
——以胶合板品类为例

吕　斌　黄安民　付跃进　杨　忠　张玉萍

摘要： 2011年林业产业总产值首次突破3万亿元大关，达到3.06万亿元，比2010年增长34.32%。人造板、木地板、竹材、竹制品、松香、家具等产品产量均居世界首位。本文从林业产业的基本特点说起，深入研究了发展中存在的主要问题，以胶合板产业为例进行详细的市场调研，并提出发展建议。

一、林业产业基本特点与存在的问题

改革开放以来，随着国民经济和社会的发展，中国林业产业从小变大、从弱渐强，已形成涉及国民经济第一产业、第二产业、第三产业的多个门类、多种产品的复合产业群体，已成为国民经济的重要基础产业和极具潜力的朝阳产业。

（一）林业产业的基本特点

进入21世纪，随着市场环境的不断优化，林业产业步入了高速发展的快车道，产业规模不断扩大，经济实力不断增强，呈现出良好的发展势头，具有以下特点：

（1）产业发展迅猛，势头强劲　跨入新世纪以来，中国林业产业总产值以高于国民经济的速度快速增长，2011年林业产业总产值首次突破3万亿元大关，达到3.06万亿元，比2010年增长34.32%。人造板、木地板、竹材、竹制品、松香、家具等产品产量均居世界首位；林业产业总产值超过2 000亿元的省份共有5个，广东、山东、浙江、福建和江苏。

（2）产业面不断拓展，产业结构不断优化　近年来，随着竹藤业、花卉业、森林药材、森林食品、生态旅游、经济林等一大批新兴产业迅速崛起，围绕一种资源，开发出一系列产品，发展一个大产业的现象层出不穷。林业产业的内涵与外延也在不断扩

作者简介：吕斌，中国林业科学研究院木材工业研究所所长助理、研究员，研究方向：木材加工。黄安民，国家人造板与木竹制品质量监督检验中心，博士、副研究员。研究方向：木材加工。

产值(亿元)

年份	产值
2010	22779
2009	17494
2008	14406
2007	12533
2006	10652
2005	8459
2004	6892
2003	5860
2002	4634
2001	4090

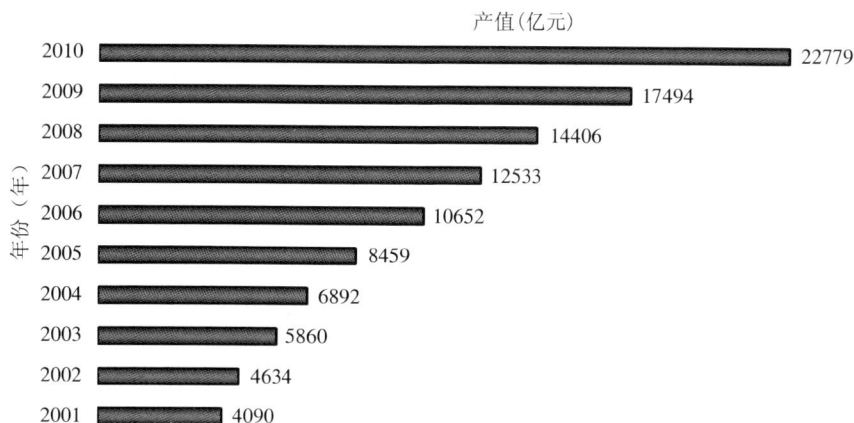

图1 2001~2010年我国林业产业总产值

展。如杨树、桉树、银杏、红豆杉等的培育、加工和利用正在逐渐发展成大产业。林业生物柴油、生物制氢、生物酒精和生物发电等生物质能源已逐步进入产业化阶段，木材复合材、竹纤维等生物质材料已实现规模化生产，森林旅游、野生动植物繁育利用、森林食品、森林药材等已成为部分地区的支柱产业。新兴产业的发展，使当今中国林业产业的结构发生了明显变化。近年来，林业三次产业的产值结构逐步调整，不断优化，已由"十五"末期的52∶41∶7，调整为36∶55∶9。第二产业产值占全国林业产业总产值比重超过第一、三产业产值的总和。同时，林业产业的第三产业，已经成为继第二产业之后的新的经济增长点，加速了林业产业向资源消耗低、吸收就业多、附加值高的产业升级，林业产业结构不断得到优化。

（3）产业聚集度不断提高，区域优势日益突出 随着国际、国内市场的细化，中国林业产业分工也随之转变，区域化和专业化的特点十分明显。特别是近几年，各地立足当地经济条件和自然资源优势，积极推进特色林业产业发展，形成了若干区域特色突出的林业产业集群和产业带，如中东部地区已成为人造板生产中心，东北地区已成为森林食品和森林药材的主产区，东南沿海已成为花卉产业的主要基地，西北地区已成为经济林产品的生产基地，西南地区已成为森林旅游的胜地。同时，新兴产业已形成区域优势产业。在市场竞争越来越激烈的形势下，各类林业企业充分认识到规模效益、聚集效应对提高企业竞争力的重要性，大规模和较大规模的龙头企业群体迅速崛起，成为千家万户分散经营的农户与大市场联系起来的桥梁和纽带，在引导生产、延长产业链、科技示范、促进林产品深加工、提高附加值、提高农民增收方面发挥着重要作用。

（4）非公有制林业发展迅速，林业投资形成多元化格局 随着林业改革的不断深入，股份制企业、民营企业正在日益成为林业产业发展的主导力量，外资、合资等一大批适应市场经济规律的企业正在强势崛起，基本改变了国有林业企业一统天下的局面，林业投资主体多元化格局初步形成。据统计，近5年，在林产工业发展的总投入中90%以上是民营资本。

（5）林业产业的社会贡献率提高 林业产业的快速发展，在为经济社会提供大量林产品的同时，带动了农民就业增收，促进了区域经济发展。据统计，通过林业产业的发展，全国每年可带动4 500多万农民就业，占农村剩余劳动力的37.5%。据不完全统计，全国直接从事竹资源培育和竹制品加工经营的农民达到3 500多万人。江苏苏北5县市的杨树产业综合产值达300亿元，转移农村劳动力130万人，仅邳州板材加工年产值达160亿元，纳税近30亿元，占全市财政收入的60%以上。浙江临安市白沙村把"砍"树变成"看"树，以森林旅游为依托，发展"农家乐"，一个普通家庭一年的收入就达到5万元，多的达到25万～30万元。林业产业的发展，已成为缓解社会就业压力，促进农民增加收入，推动经济社会全面协调可持续发展的重要途径。

（6）林产品贸易快速增长，国际化进程明显加快　全球经济一体化的蓬勃发展，中国林业产业与世界经济互为依存的关系越加密切，外向型林业产业获得了更为广阔的发展空间，中国林产品进出口贸易发展迅速，林产品出口增长势头强劲，许多林产品已经走出国门，并占据国际市场的较大份额。2011年林产品出口550.8亿美元，比2010年增长18.3%；林产品进口653.7亿美元，比2010年增长37.5%；林产品贸易逆差为102.9亿美元。近几年，广东越来越多的鲜花、盆景畅销全球100多个国家和地区。特别是世界最大的鲜花生产国荷兰，每年从广东进口的盆景就达1 200万盆，产值2 000多万美元，花卉出口创汇每年均超过5亿美元。林业产业参与国际经济的活动呈现出前所未有的强势。

（二）林业产业发展存在的主要问题

中国已成为一个林业产业大国，但并非林业产业强国。与经济社会发展要求，特别是与世界林业产业发达国家相比，中国林业产业发展仍然存在不少问题，面临诸多困难。

（1）产业结构不合理　在国民生产总值中，林业产业所占比重较低，在林业产业总产值中，第二、第三产业产值所占比例过低。据FAO（世界粮农组织）统计，在全球总产值中，林业产业所占比重为7%，而中国比重较低；在GDP中，林业产业增加值所占比重仅为0.97%，还不到1%。在世界林业产业发达国家的林业产业总产值中，通常第二、第三产业产值所占比重一般超过70%，高的甚至超过90%，而中国为56%左右，其中第三产业产值所占比重仅为8%。第三产业比重不高，反映了林业产业整体结构水平和产业素质较低。

（2）林业产业整体素质不高　以木材及其他林产品加工为主的第二产业加工企业规模小，技术水平低，初级低档产品多，精深加工产品少。产品质量低、企业创新能力弱、产业结构雷同的局面并未得到根本扭转。木浆造纸、纤维板、刨花板属资金技术密集型产业，规模效益明显。但中国的木浆造纸、刨花板、中密度纤维板和定向刨花板的企业平均规模分别仅为世界水平的33%、13%、35%、10%，企业不仅规模小，技术装备水平也普遍较低，除少数外资企业和以进口设备为主的大型企业外，大多数仍处于国际上20世纪六、七十年代水平。中国的松香产量大，完全可以居于世界垄断地位，但目前主要以原料和初级加工产品为主。中国的木材综合利用率仅为60%左右，与世界发达国家的差距也较大。

（3）科技含量低，科技成果转化慢　从业人员的整体素质偏低，全国林业系统各类专门人才仅占职工总数的 23.3%，大专以上学历仅占职工总数的 19.9%，远低于其他行业，更低于发达国家同行业 40% 以上的水平。企业技术创新能力弱，对新技术、新设备的利用程度差，科技成果转化率低，林业产业科技贡献率仅为 20%，远低于全国其他行业 40% 的平均水平。

新产品和尖端技术研发能力与国际水平相比有很大的差距，科技投入少，尚未形成长期有效的科技投入机制。植物新品种和优良品种推广种植少，林地复合经营技术落后，林地效率没有得到充分发挥；深加工、高附加值的产品少，专利技术科技含量低，难以实施有效保护；先进的林业机械都需要进口，影响第二产业的纵深发展；生物产业和高新技术领域企业少，难以实现森林资源的多次增值，经过一定加工的产品如银杏黄酮、竹醋液、竹叶黄酮、紫杉醇等生物制药，也只是处在原料供应阶段。

（4）资源基础支撑能力弱　中国林业产业发展还面临着资源基础支撑能力弱的问题。从森林资源总量上来看，中国现有林业用地面积 2.85 亿公顷，活立木蓄积量 136.2 亿立方米。森林面积人均占有量仅相当于世界人均占有量 0.6 公顷的 22%；活立木人均蓄积量仅为世界人均蓄积量 64.63 立方米的 14.58%。从森林质量看，全国林分平均蓄积每公顷为 84.73 立方米，为世界平均水平每公顷 100 立方米的 84.73%；人工林树种相对单一，质量相对较低，每公顷蓄积只有 46.6 立方米，仅为世界平均水平的 50%。

（5）经营机制和政策体系不完善　部分国有林业企业改革滞后，政企不分，尚未建立起真正意义上的现代企业制度；林业企业分散，各自封闭，缺乏协作与沟通；分类经营、集体林权制度改革、国有林区管理体制改革还没有完全到位，森林资源培育的制度性障碍还没有完全消除；现有的资源管理政策尚未切实赋予生产者和经营者在采伐、利用上的自主权，难以充分调动蕴藏在广大农民和林业职工中发展林业的积极性、自主性；缺乏有利于林业产业发展的投融资、税费、扶持等配套政策措施，发展资金严重不足已成为产业发展中的突出问题。

胶合板产业是我国林业产业的重要组成部分，中国胶合板生产始于 1909 年，并于 1920 年在天津出现第一家由俄、法洋商开办的小胶合板厂，此后 20 世纪 20 年代东北地区陆续开始建设胶合板工厂。先后经历了 1920～1957 年的启蒙阶段，1957～1980 年的缓慢增长阶段，1980～1993 年的波动增长阶段，1993～2003 年的飞速发展阶段，2004 年到现在的平稳发展阶段。下面就以胶合板产业的市场竞争力为例简述林业产业发展的机遇和存在的问题。

二、胶合板概述

（一）概述

胶合板是指利用原木旋切制成的三层或三层以上单板，按照对称和相邻层单板纤维方向相互垂直的原则进行组坯，然后经涂胶、热压而成的一种人造板板材。

胶合板一般由表板和芯板组成,表板指胶合板表面的单板层,芯板指介于两层表板之间的一层或多层单板层。可根据使用需要,通过调整胶粘剂类型、组坯结构等工艺因子,生产不同类型和用途的胶合板。按照胶合板用途分为普通胶合板和特种胶合板,按耐久性分为干燥条件下使用(Ⅲ类胶合板)、潮湿条件下使用(Ⅱ类胶合板)和室外条件下使用(Ⅰ类胶合板),按照层数分为三层胶合板和多层胶合板。《胶合板》(GB/T 9846—2004)标准规定,按照甲醛释放量等级分为 E_0 级胶合板、E_1 级胶合板和 E_2 级胶合板。

与天然木材相比,胶合板具有木材利用率高、尺寸稳定性好、变形小、规格尺寸大、表面装饰丰富、机械加工性能好等优点,是一种结构和性能优良的、能高效利用木材的人造板板材,符合我国产业政策发展的要求。目前,该种板材已广泛用于家具、室内装饰装修、模板、木质地板、木质门窗、集装箱底板、包装材料、木结构以及车船内部立面装饰等,是一种重要的装饰装修和工程材料,与人们生活密切相关。

(二) 胶合板主要原料

1. 木材

根据国际标准规定(ISO 12465),允许使用任何树种木材作胶合板生产的原材料。

我国胶合板生产需要的木材原料主要有国产木材和进口木材。国产木材主要有:杨木、桉树、椴木、拟赤杨、泡桐、橡胶木、水曲柳、荷木、枫香、槭木、榆木、柞木、桦木等。进口木材主要有:柳桉、桃花芯、奥克榄、海棠木、阿必东、山樟、辐射松等。胶合板面板主要采用珍贵的硬阔叶材(也有少量的松木等针叶材),80% 主要来自俄罗斯、美国、加拿大、印度尼西亚、缅甸、几内亚等,用作芯板的主要树种为杨树、桉树等;背板主要树种和芯板树种类似。

2. 胶粘剂

胶合板生产用的胶粘剂分两类,一类是合成树脂胶,另一类是蛋白质胶。合成树脂胶的胶合强度高,且耐热、耐水、耐气候性能等方面都有优点。蛋白质胶的胶合强度较低,耐热、耐水性能差。胶合板生产使用的胶粘剂主要有脲醛树脂胶、酚醛树脂胶、豆胶等。脲醛树脂胶是尿素和甲醛在催化剂作用下,进行缩聚反应的生成物。这类胶合板能在冷水中浸渍,或经受短时间热水浸渍,供潮湿(室内)条件下使用。酚醛树脂胶是苯酚和甲醛有催化剂存在的条件下,进行缩聚反应的生成物。这类胶合板具有耐久、耐煮沸或蒸汽处理等性能,供室外条件下使用。豆胶是植物蛋白和氢氧化钙、氢氧化钠等作用制成的胶粘剂。

(三) 胶合板的应用

20 世纪 80 年代中国胶合板在家具上的应用占 70% 左右,建筑业的门窗及内装修等约占 15% ~20%,车船制造占 2% ~3%,其他(含包装等)占 7% ~13%。进入 20 世纪 90 年代,中国胶合板的应用又发生了较大变化(以 1995 年为例),其中建筑用途提高到 29.5%,家具用途减低到 49.9%,包装用途占 10%,运输用途占 4%,其他用途占 5.6%。

进入21世纪，中国胶合板的应用又发生了很大变化，以2010年为例，据不完全调查统计，建筑用途为26%，室内装修为21%，家具为12%，包装材料为8%，木质地板、木门窗为7%，其他用途占13%，出口13%（图2）。

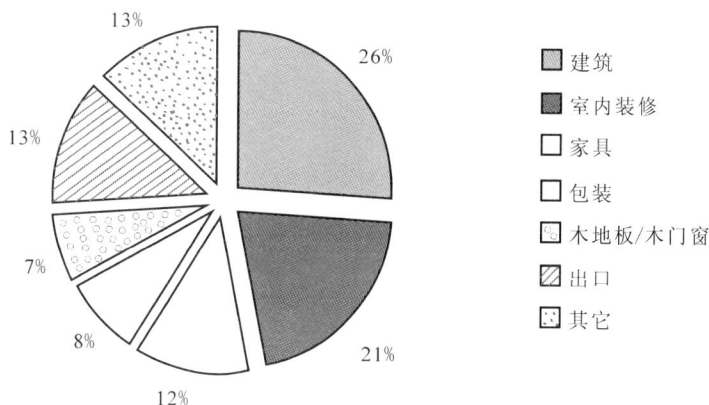

图2　我国胶合板主要用途

胶合板用途的变化，一是说明胶合板产品的结构发生了很大变化，二是胶合板产品的性能发生了很大变化，三是胶合板的替代品替代了部分原先属于胶合板的应用领域，胶合板功能提升开发新的应用领域，如地板基材用胶合板、装饰胶合板、结构胶合板等。

（四）胶合板在人造板产业中的地位

根据国家林业局统计，我国人造板产量保持高速增长，2011年产量首次突破2亿立方米，达到20 919.29万立方米，其中胶合板9 869.63万立方米，比2010年增长38.24%，占全部人造板产量的47.18%；纤维板5 562.12万立方米，比2010年增长27.73%，占全部人造板产量的26.59%，其中中密度纤维板产量为4 973.41万立方米；刨花板产量2 559.39万立方米，比2010年增长102.45%，占全部人造板产量的12.23%；其他人造板2 928.15万立方米（细木工板占69.47%），比2010年增长12.52%，占全部人造板产量的14.00%。我国已经成为世界胶合板生产和出口大国，产量占世界第一，是我国人造板产业的重要组成部分。但是我国成为世界胶合板生产大国，而不是胶合板生产强国。因为总体上看我国胶合板生产设备、人员素质等还比较落后，与国际先进水平还存在一定差距。

三、中国胶合板产业现状

（一）我国胶合板行业总体情况

中国地域辽阔，但胶合板生产区域相对集中，国内胶合板生产聚集区内工厂与传统意义上的建厂要求有较大的区别，与原材料产地也距之甚远。这些胶合板产区按照实际发展时间顺序，在20世纪80年代末、90年代初开始发展，相继有邢台中国胶合板城、左各庄胶合板生产聚集区、全国最大的临沂胶合板基地、嘉善胶合板生产基地、邳州胶合板生产基地、漳州松木胶合板生产基地、菏泽胶合板生产基地、南宁桉树胶合板生产聚集区等等。以上胶合板生产基地的规模均在百家以上，有的乃至上千家胶合板生产企业的规模，但绝大部分企业规模小、设备简陋、管理粗放，总体水平不高。

　　2011 年对全国 24 个省份的主要胶合板生产企业进行生产调研，包括山东、河北、江苏、浙江、广东等胶合板生产大省以及甘肃、新疆等胶合板企业较少的西北地区。本次调研的企业数量在 1 500 家左右，其中停产、破产等不生产企业 633 家，正常生产企业 861 家，分布于全国 24 个省份，从南方的广东到北方的黑龙江，从东部的上海到西部的新疆，虽然各个省份胶合板企业的调查数量不同，但基本能够反映出当地的胶合板行业状况。对于中国传统的胶合板聚集地区，山东临沂、江苏邳州、浙江嘉兴、河北廊坊等地区的调研企业数量在 100 家以上，占据我国胶合板企业数量的份额较大，分别占到了 31%、19%、7%、9%，24 个省份企业调研数量占比见表 1。

表 1　调研企业基本情况

企业所在地	参与调研企业数（家）	占总数百分比	年生产总量（万 m³）	总产值（亿元）	从业人数（人）	本科以上工作人数（人）	转产、停产、倒闭企业数
北京	7	—	0.27	0.07	80	2	4
天津	6	—	7.13	0.7	288	23	3
内蒙古	35	2%	5.3	1.7	1 716	90	8
辽宁	23	2%	4.8	0.9	666	92	14
黑龙江	29	2%	9.4	2.4	1 680	143	2
上海	7	—	7.8	2.9	950	41	2
福建	9	1%	0.7	0.08	85	0	6
江西	2	—	4.5	1.2	410	53	0
湖南	25	2%	41.8	3.2	1 224	96	14
云南	32	2%	7.2	1.4	5 439	167	25
甘肃	37	2%	3.0	0.6	423	49	30
浙江	104	7%	68	27.8	7 566	240	45
江苏	277	19%	329	87.4	23 595	1 109	118
河北	132	9%	102.5	11.4	4 827	93	50
广东	95	6%	88	10.2	7 104	242	29
吉林	45	3%	5.1	2.3	2 608	147	35
广西	58	4%	35	4.4	4 398	114	26
四川	14	1%	6.0	1.2	405	40	7
河南	47	3%	21.5	3.7	3 052	91	20
山东	456	31%	277	56.9	18 944	904	149
安徽	24	2%	13.8	1.73	1 665	46	14
陕西	10	1%	0.8	0.2	133	5	5
湖北	15	1%	4.5	1.1	1 111	35	8
新疆	5	—	—	—	120	2	—
合　计	1 494	100%	1 043	223.5	88 489	3 824	

1. 总产量和总产值

本次调研企业（停产的除外）年设计产能总量为 1 800 万立方米，2010 年实际生产总量在 1 043 万立方米，其中年生产能力在 10 万立方米以上的企业有 16 家，5 万～10 万立方米以上约 40 家，1 万～5 万立方米上有 250 家，1 万立方米以下的大约 555 家，分别占调研企业数量的 1.9%、4.6%、29.0% 及 64.5%，总产值在 225 亿元左右。

2. 人员情况

职工是胶合板生产的操作者，也是胶合板质量保障的决定者。要保证胶合板的质量，职工的素质高低可以说是关键中的关键。随着社会和科学技术的发展，设备、工艺、质量控制都需要通过人员来最终控制。据不完全统计，调研企业直接从事胶合板的员工总数为 88 489 人，具有大专或高中文凭职工占职工总数的 23.2%；具有本科文凭的从业人员 3 824 人，占总人数的 4.3%；从事质量工作人员大约占 2.5% 左右。总体来说，胶合板生产人员的素质还偏低，70% 以下员工仅仅是高中以下学历水平，因此应该加强培训，弥补员工文化水平上的差异，提高胶合板行业整体人员素质。

3. 质量管理

随着胶合板企业的发展，越来越多的企业开始重视企业的质量管理，但总量还是比较少，认证企业只占总企业数量 1/4。据调查统计，胶合板企业有 15% 企业获得了 ISO 9000 质量管理体系认证，7% 的企业获得了 ISO 14000 环境管理体系认证，3% 的企业获得森林认证、CARB 认证等，75% 的企业未经认证。

4. 科技创新能力

随着我国胶合板企业的不断发展，受利润动机的支配，企业开始逐渐重视技术创新和研发。据调查数据显示，我国胶合板企业申请和授权的发明专利有 120 多件，实用新型专利有 70 多件，外观专利 350 多件，相比于 800 多家的生产企业来说，每家企业平均不到 1 项专利，平均 7 家企业才有 1 项发明专利申请或授权。总体来说，我国胶合板行业的技术创新比例很低，研发少，知识产权保护意识缺乏，低档产品的比例大，同质化严重，需要大力加强研发和创新。

（二）我国主要胶合板生产省份企业调研情况

据不完全统计，我国从事胶合板生产的相关企业约 5 000 多家，直接从事胶合板生产并具有一定规模的企业约 2 000 家。2009 年产量达 4 451 万 m^3。这些企业主要分布在山东、江苏、河北、广东、浙江、广西、吉林等地，其中山东、江苏和河北 3 个地区的企业总数多（分别占全国企业总数的 35%、16% 和 10%），所占比例基本与本次调研企业数量比例相同，并且分布较集中，山东集中在临沂市，江苏集中在徐州市，河北集中在廊坊市。

1. 山东省胶合板企业生产情况

在本次调研中，山东企业共有 456 家，占到调研总数的 31%，为企业调查最多的省份，分布于临沂、菏泽、德州、淄博等地区，但最为集中的是临沂和菏泽两个地区。所调查的山东胶合板企业年胶合板生产总量为 277 万立方米，占到全国生产总量的

26.1%，总产值达到 56.9 亿元，占全国胶合板年总产值的 25.6%，胶合板产量和产值在全国范围内所占比例均较大。企业中从事胶合板生产的员工达到 18 944 名，人均年工资在 26 409 元左右，其中高中或大专以上学历的工作人员有 4 194 人，占 22%，本科以上学历的工作人员 904 名，仅占总人数的 4.8%，可见山东企业中木材领域的专业高素质人才还是比较匮乏，企业中从事产品质量检验的工作人员 1 079 人，经过专业培训的质量检验人员数量更少，仅 422 人，占工作总人数的 2.2%。生产企业中高素质的管理、技术和质量检验人员的缺乏使得山东企业胶合板产品质量等级不高，以产品甲醛等级为例，山东胶合板企业生产的 E_0 级、E_1 级、E_2 级产品分别占 1.9%、7% 和 91.1%。

综合来看，山东的企业数量较多，总产量和总产值在全国范围内所占比例也较大，今后依然是我国胶合板产业发展的重点区域，但同时也不能忽略所存在的问题，如企业规模均较小，高素质的管理、技术和质量检验人员的匮乏使得产品质量得不到有效保证，从而影响企业的效益，甚至是生命周期的长短，在调研中就发现有许多胶合板生产企业由于这些原因而转产、停产，甚至是倒闭。

2. 江苏省胶合板企业生产情况

本次调研中江苏省胶合板企业数量共有 277 家，占全部调研企业的 18.5%，在数量上处于第二位，企业主要分布在徐州地区、台州地区、无锡地区、苏州地区等，其中徐州市邳州地区也是我国知名的胶合板生产聚集地。所调查的江苏胶合板企业年胶合板生产总量为 329 万立方米，占到全国生产总量的 31%，总产值达到 87.4 亿元，占全国胶合板年总产值的 39.2%，胶合板产量和产值在全国范围内所占比例均最大。企业中从事胶合板生产的员工达到 23 595 名，人均年工资在 25 610 元左右，其中高中或大专以上学历的工作人员有 7 289 人，占到 31% 的比例，本科以上学历的工作人员 1 109 名，仅占总人数的 4.7%，所占比例较少，可见江苏企业中木材领域的专业高素质人才还是比较匮乏，企业中从事产品质量检验的工作人员 1 127 人，经过专业培训的质量检验人员数量为 557 人，占工作总人数的 2.2%。生产企业中高中或大专以上学历的从业人员数量较多可以保证产品质量等级，但同时更高素质（本科以上学历人员）的管理、技术和质量检验人员数量也比较少，这会成为江苏胶合板企业向更高层次迈进的一大瓶颈。

从调查的结果可见江苏胶合板行业的特点。第一是企业规模较大。企业数量较山东少，但产量和产值却比山东高很多，在全国所占份额也较大，企业规模是较为重要的原因，家庭小作坊式的加工厂较少。第二是产品质量等级较高。以产品甲醛等级为例，江苏省胶合板企业生产的 E_0 级、E_1 级、E_2 级产品分别占 12%、26.7% 和 61.3%，产品甲醛符合 E_0 级和 E_1 级产品所占比例相对较高，高质量产品的销售价格和利润也会相应增大，这也是江苏胶合板企业产品产值较高的原因之一。

3. 河北省胶合板企业生产情况

本次调研中河北省胶合板企业数量共有 132 家，占全部调研企业的 8.8%，在数量上处于第三位，企业主要分布在廊坊地区（文安和邢台），其中廊坊市文安县左各庄是我国最大的胶合板生产聚集地之一。所调查的江苏胶合板企业年胶合板生产总量为 102.5 万立方米，占到全国生产总量的9.7%，总产值达到11.4亿元，占全国胶合板年总产值的5.1%，胶合板产量和产值在全国范围内所占比例均最大。企业中从事胶合板生产的员工达4 827名，人均年工资在24 300元左右，其中高中或大专以上学历的工作人员有916人，占19%，本科以上学历的工作人员93名，仅占总人数的1.9%，所占比例较少，企业中从事产品质量检验的工作人员310人，经过专业培训的质量检验人员数量为126。河北胶合板企业生产的E_0级、E_1级、E_2级产品分别占2.1%、11.6%和86.3%。

从调查结果可以发现，河北省胶合板企业的生产情况与山东省的胶合板企业生产情况相似，均为企业数量多，产量也较大，但规模不够大，设备、技术和人才投资较少，小工厂、小作坊式生产单位较多，受金融经济因素影响较大，同时高素质的管理、技术和检测人员匮乏，对于生产产品的质量把关能力较弱，只能生产质量等级一般的胶合板产品，企业效益一般。

四、中国胶合板质量分析

（一）中国胶合板标准分析

目前和胶合板相关的标准主要有：

《胶合板》（GB/T9846—2004）

《室内装饰装修材料 人造板及其制品中甲醛释放量限量》（GB/T 18580—2001）

《人造板及饰面人造板理化性能试验方法》（GB/T 17657—1999）

《难燃胶合板》（GB/T18101—2000）

《刨切单板》（GB/T 13010—2006）

《旋切单板》（LY/T 1599—2002）

《胶合板》（GB/T 5849—2006）

《单板层积材》GB/T 20241—2006

《装饰单板贴面人造板》（GB/T 15104—2006）

《实木复合地板用胶合板》（LY/T 1738—2008）

《集装箱底板用胶合板》（GB/T 19536—2004）

《组合式包装箱用胶合板》（GB/T 24311—2009）

《混凝土模板用浸渍胶膜纸贴面胶合板》（LY/T 1600—2002）

《混凝土模板用胶合板》GB/T 17656—2008

《人造板的尺寸测定》（GB/T 19367—2009）

《竹胶合板模板》（JG/T 3026—1995）

（二）胶合板质量分析

为保障胶合板产品的质量，维护广大消费者的合法权益，促进胶合板行业的健康发展，国家质检总局和地方技术监督局对胶合板产品质量进行多次监督抽查。2003 ~ 2011 年期间的抽查结果见表2。

自 2002 年以来，我国先后 6 次对胶合板产品质量进行国家监督抽查，表 2 列出各次抽查情况及结果。从表 2 可知，各次抽查的地区均为该时期内企业分布较集中的地区，尤其是 2008 年、2009 年和 2011 年三次抽查地区基本覆盖我国胶合板的重要产区，因此，其抽查结果基本能反映同时期内的产品质量情况。比较各次抽查的实物质量合格率可知，我国胶合板产品的整体质量水平稳定，产品抽查合格率保持在 85% ~90% 之间。主要问题集中在：甲醛释放量超标、胶合强度不合格等。

表 2　2002 ~2011 年胶合板产品质量监督抽查情况

抽查时间	抽查地区	检验项目	抽查企业数量	实物质量合格率
2002 年	北京、河北、山东、广东、上海、浙江、江苏	甲醛释放量、胶合强度、含水率	28	82.1%
2005 年	河北、山东、浙江、江苏	甲醛释放量、胶合强度、含水率	46	52.2%
2006 年	河北、山东、浙江、江苏	甲醛释放量、胶合强度、含水率	45	63.6%
2008 年 1 季度（专项抽查）	山东、河北、江苏、浙江、江西、湖南、广东、辽宁、天津、北京	甲醛释放量	250	89.7%
2009 年 1 季度	河北、辽宁、黑龙江、江苏、浙江、安徽、江西、山东、湖南、广东、广西	甲醛释放量、胶合强度、含水率	140	86.4%
2011 年联动抽查	北京、天津、内蒙古、河北、辽宁、吉林、黑龙江、上海、江苏、浙江、安徽、江西、福建、广西、新疆、山东、河南、湖北、湖南、广东、四川、陕西、甘肃、云南	甲醛释放量、胶合强度、含水率	860	89.9%

由表 2 可见，2003 ~2007 年间的胶合板抽查合格率为 60% ~71%，处在相对较低的水平。主要原因是一方面是企业的技术、设备还处于相对落后水平，产品质量不高；另一方面是企业对质量重视不够，市场对产品质量要求不太高，不合格产品也有市场，都是造成胶合板合格率不高的原因。

随着我国经济的发展，人们的健康意识越来越强烈，企业和消费者都重视产品质量，2008 年后，胶合板产品合格率都在 87% 以上，产品质量相对稳定。2008 年，国家质检总局对胶合板产品的甲醛释放量进行了国家监督专项抽查，产品合格率达接近 90%，表明近年来我国胶合板甲醛释放量整体控制水平较高。2009 年、2011 年，国家质检总局再次对胶合板产品的胶合强度和甲醛释放量进行专项抽查。结果表明，总体合格率分别为 87.1% 和 89.9%，抽查结果表明我国胶合板产品的整体质量相对较好，但同时也发现部分企业生产的胶合板的甲醛释放量仍达不到标准要求，甚至个别产品的甲醛释放量出现严重超标准现象。

综合历次抽查中发现产品的主要质量问题是，胶合强度以及部分产品甲醛释放量这两个指标不合格。这两个指标均和胶粘剂有着密切的关系，同时还和企业管理人员的质量控制意识密切相关。企业为了追求利润和提高市场竞争力的需要，会选择价格较低但质量没有保证的胶粘剂。如果胶粘剂的摩尔比较高，胶合强度一般会合格，相反会造成甲醛释放量超标；相反如果摩尔比较低，甲醛释放量合格又会造成胶合强度低的问题。随着科技的发展，胶粘剂的制造水平不断提高，研究人员通过调整工艺等措施，在低摩尔比的情况下，也能生产出胶合性能较好的胶合板用脲醛树脂，解决上述矛盾技术上没有问题，但需要提高胶合板企业管理的质量意识。

胶合板生产过程中，由于多数使用甲醛基胶粘剂，产品或多或少会有一定量的游离甲醛释放。因此，我国于 2002 年颁布并正式实施了 GB 18580—2001《室内装饰装修材料 人造板及其制品中甲醛释放限量》强制性标准，该标准对胶合板的游离甲醛释放进行了严格规定，其中要求直接用于室内的胶合板的甲醛释放量要达到 E_1 级，即 ≤1.5 mg/L；需饰面处理后方可允许用于室内的胶合板的甲醛释放量要达到 E_2 级，即 ≤5.0 mg/L。此外，《胶合板》(GB/T 9846—2004) 还规定了 E_0 级胶合板的甲醛释放量应≤0.5 mg/L。

表 3 列出了我国历次胶合板产品质量抽查的甲醛释放量合格率。从表 3 可知，自 2005 年以来，我国胶合板甲醛释放量合格率稳步提高。目前，近 90% 以上的产品甲醛释放量都能达到相应标准的要求，表明强制性国家标准的实施和国家质量监督力度的加大有效地促进了胶合板甲醛释放控制水平的提高。但是，几次抽查结果也表明部分企业仍不能较好的控制产品的甲醛释放量。造成甲醛释放量不合格的原因主要有生产使用的胶粘剂质量不过关或胶合工艺不合理。

表 3　历次胶合板产品质量抽查的甲醛释放量合格率统计

抽查年份	抽查产品数量	甲醛释放量合格率
2002 年	28	93.0%
2005 年	46	65.0%
2006 年	45	72.0%
2008 年	250	89.7%
2009 年	140	97.1%
2011 年	859	92.5%

五、我国胶合板产业竞争力分析

中国胶合板产业经历了从无到有、从小到大的艰难发展历程，目前已在世界胶合板行业中占有重要地位。但是，中国胶合板产业从大到强的历程将更加困难。中国是胶合板产业的大国，但不是强国，要想成为真正的强国，整个行业必须在现有基础上进行大幅度提升。

（一）胶合板产业竞争的有利因素

1. 资源优势

我国胶合板生产需要的木材原料主要有国产木材和进口木材。国产木材主要有：

杨木、桉树、椴木等。进口木材主要有：柳桉、桃花芯、奥克榄、白梧桐、异翅香、海棠木、阿必东、克隆、山樟、辐射松等。胶合板面板主要采用珍贵的硬阔叶材（也有少量的松木等针叶材），80% 来自俄罗斯、美国、加拿大、印度尼西亚、缅甸、几内亚等，面板常用厚度为 0.2~0.6mm，以面板 0.3mm、胶合板厚度 9mm 计算，面板使用量大约占胶合板使用木材体积的 3.3%；芯板和背板占 96.7%，主要树种都为杨树、桉树等速生人工林。我国人工林面积世界第一，可以满足胶合板生产的资源需求。

从人工林资源总量来看，中国杨树和桉树资源能够满足中国胶合板可持续发展的需要。杨木由于质地轻、颜色白、强重比高的特点，深受消费者喜爱。加上中国杨树人工林建设良性发展，杨木蓄积量增长迅速，杨木胶合板加工蓬勃发展。中国杨木胶合板和杨木单板层积材出口急剧扩大，为国际和国内家具行业、地板行业、木结构行业做出了巨大贡献。胶合板生产不但有效保护了日益减少的珍贵木材资源，而且充分利用速生人工林资源，提高了速生人工林木材的价值，极大地促进了社会、企业和个人植树造林的积极性，树木的生长吸收了大量的二氧化碳，为低碳减排做出了积极贡献。

2. 劳动力优势

中国胶合板企业属于劳动密集型企业，这也是中国胶合板在国际市场上占据优势的原因之一。尽管我国劳动力成本逐年提高，但是和世界上发达国家相比，仍然占有不少优势。虽然目前胶合板主产区普通工人的工资已经增加到 2 500~4 000 元，但劳动力成本低仍然是胶合板产业的明显优势。

3. 成本优势

胶合板生产工艺相对简单，设备投入相对较低，技术水平不高，胶合板原料来源主要是速生人工林资源，因此总体来看，胶合板加工具有成本优势。

4. 产品优势

结构上，纹理交叉的相邻单板使得胶合板每个方向的强度均衡、尺寸稳定性好，不易收缩、膨胀、变形、开裂；胶合板表面采用珍贵木材树种，纹理美观，装饰性好。另外，和纤维板、刨花板等其它人造板相比，胶合板重量小，强度大，可以用于室外，用途广泛，具有产品优势。

5. 社会效益好

(1) 低碳环保，促进林业发展　胶合板产业原料主要是速生人工林，人工林生长过程中，吸收大量的二氧化碳，同时胶合板加工过程低碳，使用过程储碳；胶合板产业的迅猛发展，带动了上下游产业的发展，提升了我国速生人工林杨树、桉树的价值，极大地促进了林农造林护林积极性，从而带动了人工林产业的快速发展，对推动生态文明建设起到了积极作用。曾被视作"平原地区无林业"的江苏、山东、河北、浙江等省，正是由于胶合板产业的快速发展，已经成为新兴的重点林业省份，成为我国人造板工业的重要生产基地，也为我国的森林资源增长和缓解木材供需矛盾做出了积极贡献。

(2) 增加就业机会，促进地区经济发展　胶合板是劳动密集型行业，解决了城镇几百万富余人口就业，为社会就业承担了很大压力。尽管胶合板行业劳动生产率低，但却能吸纳中国广大农村的富余劳动力，单位产品就业率较高。2010年直接从事胶合板生产的人数约200万，为胶合板产业配套和服务的就业人数约30多万。如果包括胶合板原料资源培育，直接和间接为国家解决就业总人数约300多万。胶合板产业给中国的就业减轻了压力，社会行业地位还在不断提高。特别是在胶合板产业聚集区，其社会地位在当地起到举足轻重的作用，为当地富余劳动力的就业和经济发展做出了巨大贡献。

（二）胶合板产业竞争的不利因素

1. 企业规模较小

我国胶合板生产企业以民营的小型企业为主，其中年产量小于2万立方米的小型企业占总数的75%，产量在2万~5万立方米的中型企业约占20%，在5万立方米以上的大型企业约占5%。小型企业多数受资金的限制，生产设备、工艺落后，企业管理水平低，产品质量稳定性差，且企业流动和储备资金等相对较少。因此，其应对金融危机等风险的能力相对较弱。自2008年以来，受世界金融危机的影响，估计约有30%的企业关闭或停产，产量估计约下降30%，受损的企业以小型企业为主。从企业规模上看，胶合板企业市场竞争力处于劣势。

2. 利润偏低

近年来，胶合板面临成本增加和需求低迷双重压力，市场表现疲软。甲醛、尿素、杨木单板以及劳动力、能源价格均有不同程度上涨，胶合板生产成本大幅提高，企业难以承受成本压力，产品价格也纷纷上涨。尽管如此，因行业产能过剩，竞争激烈，利润微薄。据对800多家胶合板企业的调研分析，我国胶合板企业利润超过10%仅占4%，利润在6%~10%之间的占12%，50%的企业利润在3%~6%之间，34%企业利润小于3%（其中亏损企业占2%）。综上分析，我国胶合板企业利润较低，84%企业利润在6%以下，市场竞争力一般。

3. 新产品、新技术严重缺乏

总体来看，我国胶合板企业数量庞大，但创新严重不足。除了少数企业开始生产装饰胶合板、结构胶合板、地板基材用胶合板等新产品外，多数企业应对市场变化的主要手段仍然是降低价格。企业在品牌建设、研发资金投入、技术革新等方面差距较大，传统胶合板产品市场份额过大，新型胶合板产品比例较小。据调研统计，我国胶合板企业在新产品、新技术方面的投入不到年销售量的2%。随着市场竞争的加剧以及替代产品的不断出现，胶合板企业迫切需要在科技创新方面加大投入，加快企业的转型升级。

4. 企业结构不合理，行业集中度低

据不完全调查统计，胶合板企业中，年销售额小于0.5亿元的小型企业占全部企业总数的92.6%，大企业数量较少。其中，小企业中部分企业不进行胶粘剂生产，直接从外界采购胶粘剂，由于受资金和人才的限制，经常缺乏对胶粘剂质量的检验，不能及时调整胶合工艺，从而使得产品质量不稳定。另外，部分企业的涂胶机、热压机

等设备的自动化程度和精度不高，性能不稳定，造成胶合板性能均匀性差，使得同一张板材的质量偏差大。小型企业比重大，其生产条件差、自动化程度和管理水平低，产品质量稳定性差。

（三）胶合板行业的发展建议

1. 加快产品结构调整

2011 年大部分中国胶合板企业反映市场疲软、经营困难，这除了国际市场疲软、国内房地产调控等各种客观原因外，也和胶合板企业同质化严重、传统产品比例过高、新产品缺少有关，因此胶合板企业迫切需要进行产品结构调整。具体来说，可以从以下几个方面考虑：①开发高档装饰胶合板。在胶合板表面进行装饰，以适应家具、室内装修对胶合板的新要求。②环保胶合板开发。顺应人们对环保的重视，开发环保胶合板，应用于室内装修、地板基材等。③结构用胶合板开发。针对我国建筑用胶合板和国外结构用胶合板的需求，开发结构用胶合板。④包装用胶合板。积极开发食品包装、仪器设备包装等包装用胶合板。

2. 加快产业转型升级

随着胶合板原料的变化以及我国劳动力成本的快速增长，胶合板作为资源依赖型、劳动密集型产业，需要加快产业的转型升级。①通过设备更新和技术改造，提升生产效率，减少劳动力用工成本；②通过科技创新，提升产品的环保质量；③提升对小径级木材和速生材的利用技术，减少胶合板对大径级原木的依赖，利用小径木生产优质胶合板。

3. 加强科技与创新

科技与创新是提高胶合板产业水平和产业组织效率的内在动力和物质基础。因此，为了应对竞争日益激烈的市场，企业应该利用一切资源开发新产品、新技术，加强科技研发和创新。①应积极利用最新的科技成果，不断开发新产品，满足市场需求，提高产品的市场竞争力；②大力推广高新技术、特色技术和实用技术，引进并消化国外的先进技术，通过运用现代科技、装备和工艺，全面提升胶合板行业的生产力水平；③注重科技人才的培养和技术培训，加强与高等院校及科研机构的联系，建立和完善科技创新、技术服务和成果转化网络体系建设；④加强品牌建设。7 月 22 日国家七部委联合制定了《关于加快我国工业企业品牌建设的指导意见》，企业应该以此为契机，结合胶合板工业实际，制定品牌建设方案，提升胶合板产品的附加值。

4. 加强质量监管和控制

规范胶合板生产企业经营行为，落实企业主体责任，提升企业质量控制水平是胶合板产业发展的关键措施。因此应该做到：①加大监督检查力度，禁止不合格产品上市销售。按照质检总局要求，在做好调查摸底的基础上，对是否符合法律法规和生产许可证实施细则等情况进行全面检查，重点查处无证生产、制假售假等行为。同时，根据监督抽查结果，要做好后处理工作，对安全健康类项目存在质量安全问题的，要责令企业停止生产销售相关产品，并限期整改。要建立胶合板生产企业信息档案，及时、准确掌握企业生产基本情况和产品质量整体状况，为实施长效监管夯实基础。②结合质量监督工作，做好企业服务工作。从原料检查、生产工艺、设备、产品自检、不合格品管理、人员培训等方面督促企业健全质量管理制度，落实企业主体责任。针对胶合板生产企业厂长（经理）和技术人员开展生产许可证实施细则及产品相关标准宣传，提高企业人员质量意识。组织技术人员采取培训、座谈及上门服务等形式，主动帮助企业查找与先进企业的差距，提出针对性的工艺改进意见，提高企业质量控制水平，引导有条件的加工企业树立品牌意识，生产高附加值产品。

5. 充分发挥行业协会作用

充分发挥行业协会作用，增强企业的市场竞争力，提升胶合板产业整体水平。①在提升区域品牌方面发挥积极作用。我国胶合板产业的主要产区应该积极和全国性行业协会联系，积极组织会员单位，共同提升区域品牌，积极开展区域品牌的宣传推广、品牌维护和品牌管理工作。②积极推动企业间的整合和合作。协会加强市场调查研究，定期向企业发布行业现状和发展趋势，为骨干企业实现资源、生产、渠道的整合服务；推动中小企业间以及中小企业和骨干企业间的交流合作，实现互利共赢。③积极协助政府质量监督部门和质检机构开展工作。密切与政府有关部门、国家有关质检机构的联系，充分发挥桥梁纽带作用，向当地主管部门和上级质检机构反映行业要求和问题，向行业宣传贯彻国家政策，执行相关产品标准，为加强质量监督监管提供服务。

中国林业产业与资本市场要素的组合研究

王 满 李志伟 李 近

摘要 集体林权制度改革促进了林业经营体制的变迁，极大地解放和发展了林业生产力，促进现代林业管理经营机制的建立。林业资本市场作为现代林业经营体制的重要组成部分，其重要性也日益凸显。面对我国林业产业飞速发展和资本市场日趋繁荣的形势，林业产业与资本市场要素相结合的运作机制将是下一步林业产业的工作重点。本文从林业资本市场的要素分析着手，对目前林业产业面临的资本环境进行分析，同时总结了林业资本市场要素运作的现状和基本问题，通过研究林业产业与资本市场要素的组合，在机制层面破解目前存在的若干问题，以期指导实践。

一、林业产业现状

纵观整个"十一五"，中国林业产业取得了巨大的发展，全国林业产业总产值平均增速达到了 21.91%。在 2010 年，中国林业产业产值首次突破了 2 万亿的大关，达到 2.28 万亿元，较 2009 年增长幅度超过 30%。2006～2010 年，中国林业产业实现了从 1 万亿元跨越了 2 万亿的大关，2011 年，中国林业产业的总产值达到了 3.06 万亿元，实现了新的突破，我国作为林产品生产加工和贸易大国的地位已经确立。

随着与林业相关的新兴产业的蓬勃发展，我国林业的产业结构也产生了很大的变化，根据国家林业局的数据显示，2005 年林业第一、二、三产业的比例为 51.5∶41.2∶7.3，到 2010 年，林业第一、二、三产业的比例变为 37.8∶53.2∶9.0，第二产业产值占全国林业产业总产值比重超过第一产业产值比重。同时，林业第三产业逐渐成为拉动林业经济增长的新增长点，第三产业比重的增加能够吸收就业，促进高附加值产业的形成和升级，并能够推进林业产业转向低资源消耗的发展方向，优化林业产业的产业结构。

我国林业产业形成了一大批新兴的产业，比如花卉业、竹藤业、生态旅游等产业，

作者简介：王满，中国林业产业联合会秘书长、博士，研究方向：生态产业。

同时，随着上述产业的衍生产品的不断出现，林业产业的内涵与外延也在不断扩展，如杨树、桉树、银杏、红豆杉等已发展成了大产业。林业生物柴油、生物制氢、生物酒精和生物发电等生物质能源已逐步进入产业化阶段，木材复合材、竹纤维等生物质材料已实现规模化生产，森林旅游、野生动植物繁育利用、森林食品、森林药材等已成为部分地区的支柱性产业。

二、资本市场的发展和繁荣

（一）资本市场的内涵

资本市场的概念具有多重的内涵。从经济学上来讲，美国经济学家斯蒂格里茨给它的定义是："取得和转让资金的市场，包括所有涉及借贷的机构。"如果从其运行的期限来看的话，斯坦福的经济学家范霍恩指出：资本市场为"长期（1年以上）的金融工具的交易市场"。从资本市场的功能来看，弗里德曼教授认为资本市场为"通过风险定价来指导新的资本积累和配置的市场。"[①]

在国内对于资本市场内涵的理解也有很多角度，主流的观点认为，资本市场为期限在1年以上的资金融通活动的集合，包括期限在1年以上的证券市场和银行信贷市场。在很多时候，我们把资本市场侧重在证券市场，主要原因是证券市场是资本最为重要的融通场所，同时融资活动主要还是以证券化为重点。本文对于资本市场的讨论和主流的观点比较一致，即期限在1年以上的资金融通活动的集合，包括期限在1年以上的证券市场和银行信贷市场。

（二）资本市场的现状

我国的资本市场自1990年沪深两市开办至今，已经经历了22年的洗礼。在这期间，资本市场从无到有，从简单交易到复杂融通，无论从规模还是从融资金额上，都实现了跨越式的突破。管理体系日益完善，交易手段不断创新，法律法规日益健全，监督也实现了规范化的管理，跨入了资本大国的行列。截至2011年12月31日，我国资本市场之中有2 342家上市企业，发行36 095.52亿股，市值214 758.1亿元，拥有1.4亿户投资者，股票市值达到全球第二位，商品期货市场交易量达到全球第一。2010年，沪深股市IPO融资总额达到4 783亿元，创历史新高，居世界第一位。2011年，沪深股市IPO共计282宗，融资总额2 861亿元（表1）。资本市场对经济的支持和服务功能日益体现。2012年是"十二五"规划承上启下的一年，普华永道等国际金融机构预测，我国2012年资本市场IPO金额将超过3 000亿元。资本市场发展蓬勃有力，将极大促进我国经济快速发展。

---

① 引自秦涛. 2009.《中国林业金属体系研究》.

表1 2011 年中国股票市场统计

年　度	2010 年	2011 年	年增长率
境内上市公司数(A、B 股）（家）	2 063	2 342	13.52%
境内上市外资股(B 股）（家）	108	108	0.00%
境外上市公司数(H 股）（家）	165	171	3.64%
股票总发行股本(亿股) （含在境内上市公司发的 H 股）	33 184.35	36 095.52	8.77%
其中：流通股本(亿股)	25 642.03	28 850.26	12.51%

资料来源：根据中国证券监督管理委员会 2011 年统计数据整理

（三）资本市场的发展特点

从目前看，我国资本市场的发展呈现多重特点，尤其是面对国际金融环境和国内政策推动等因素，资本市场的发展将面临复杂的环境。

首先，我国资本市场的发展原有的规模小、体系缺失、品种不齐全和机制的单一等情况已经有了明显的改观，行业龙头骨干企业基本已经上市，同时其内部治理水平与企业运作已经达到了先进的程度，实现的利润总额曾经一段时间超过全国规模以上企业利润总额的一半，引领了我国国民经济的发展。

其次，在资本市场之中以基金为代表的投资主体迅速发展，各类机构投资者持有的股票市值比重曾经一度超过总市值的七成以上。

第三，我国资本市场的风险意识和投资理念等均得到了明显的改善，市场、价格和监管等发挥了自身的作用，国际金融市场环境、宏观经济景气度和上市企业质量等市场因素成为主导资本市场发展的核心力量。

三、林业资本市场的发展和扩大

（一）林业资本市场的内容

我国林业资本市场涵盖资本市场之中涉及林业的所有内容，其中包括林业企业上市融资、林业基金、林业信托担保、林业抵押贷款和林业保险等内容。这些内容覆盖林业资本运作的各个方面，其覆盖重点不同，表现形式各有侧重，相辅相成组成我国林业产业发展资本运作的全部内容。其关系与重点如图1所示：

林企上市融资　林业企业上市主要是指不经由金融中介机构，通过股票作为直接载体从资本盈余的部门流向资本短缺的部门，投资者作为股东享有对于林业企业的控制权利的融资方式。林业企业上市融资主要是为了解决自身的资金不足问题，为进一步的发展奠定资金的基础。上市的林业企业通过发行股票、增资扩股或者配股来取得发展必需的资金，这种权益性的资金使得林业企业资产规模扩大、赢利能力增强，同时企业抗风险能力也得到提升，其生产结构也会获得优化。

林业基金　林业基金主要是指公共财政服务于国家的生态效益和社会环境目标的

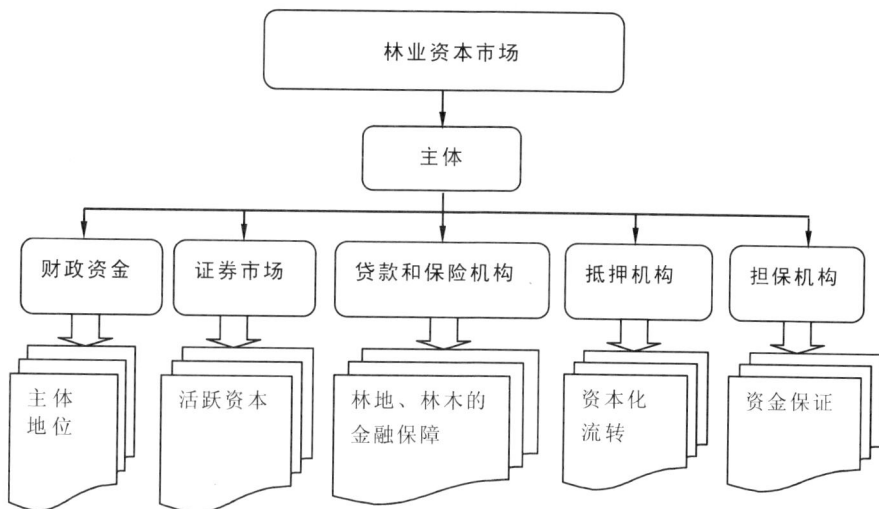

图 1　林业资本市场主体及其功能示意图

基金，不能得到补偿或者增值，在利用过程中不断消耗，具有支出一次性和无偿性的特点。林业基金的管理采取的是专收专支的体系，按照收支平衡的方式进行日常基金的管理，在目标上是为了社会的生态和环境效益。

林业信托担保　林业信托担保是为林业经营者保障自身的资本安全而进行的特殊信托平台。广义的林业信托担保应该为所有有关林业投融资活动提供信托担保，而狭义的信托担保仅仅是指为林业经营提供的担保行为。和传统的林业担保相比较，林业信托担保的核心内容为林业资产，在现有的法律允许范围内进行担保物的拓展，进而实现其保障的功能，同时促进林业资产的经营与管理的活力。

林权抵押贷款　林权抵押贷款指的是以林木、林地的所有权与使用权为抵押物向金融机构借款的融资行为，其标准不能超越基准利率的 1.5 倍。林权抵押贷款在抵押贷款领域引入了林地、林木的所有权与使用权这一新型的抵押物，使得林业资源得到了充分的利用，促进了林业的资本应用。

林业保险　林业保险是指林业的生产者在从事生产活动中对自然灾害和意外事故等造成的损失而进行的保险。其相关制度、管理办法、经营方式和会计核算等都按照《保险法》对于商业保险的规定来进行。从目前看，林业保险需要进一步的完善和提高来适应林业这一领域新的发展。

（二）林业资本市场的政策沿革

1995 年 8 月，国家经济体制改革委员会和林业部联合颁发了《林业经济体制改革总体纲要》，其主要目的是加快林业综合配套改革的步伐，提出"要建立林业现代企业制度，建立布局合理、规则健全、管理有序的林业市场体系，建立经济、法律、行政手段相结合的林业宏观调控体系"。

2003 年，国务院一号文件《关于加快林业发展的决定》指出，要充分利用国内外两个市场、两种资源，加快林业发展。加大引进力度，着力引进资金、资源、良种、技术和管理经验。努力扩大林业利用外资规模，鼓励外商投资造林和发展林产品加工业。

"制定有利于扩大林产品出口的政策，完善林产品出口促进机制，提高我国林产品的国际竞争力。各级有关主管部门建立公益林的公共财政支持体系，逐步形成一个持续稳定的林业投入机制。认真抓好国家重点工程同级配套资金的落实，努力提高林业贴息贷款、森工贴息贷款等信贷资金到位率，拓宽融资渠道，千方百计争取财政和金融加大对林业的支持力度。"

2007 年，国家林业局、国家发展改革委、财政部、商务部、国家税务总局、中国银行业监督管理委员会、中国证券监督管理委员会等七部委联合颁布了《林业产业政策要点》，这是新中国成立以来，发布的第一个林业产业政策要点。是落实《中共中央 国务院关于加快林业发展的决定》的重大举措。在财政扶持方面，《要点》明确提出"要严格执行国家已出台的各类林业税费减免优惠政策，对原来各自分散、独立的相关税收政策，进行了全面系统的整合，使国家对林业产业的税费扶持政策更加明确，并且得以延续；完善并实施国家林业重点龙头企业扶持政策；改革育林基金管理办法，合理制定育林基金的征收标准；探索研究建立林业信托基金制度；建立多种形式的林业担保机制；建立政府扶持性林业保险机制；加大贴息扶持力度。"

2009 年，国家林业局、国家发展改革委、财政部、商务部、国家税务总局等五部委联合颁布了《林业产业振兴规划》，确定了 2010～2012 年林业产业调整和振兴的总体发展目标和 7 项主要任务，提出了要加大国家对林业产业振兴资金扶持力度，为进一步减轻林产品生产、经营者负担，指出"从 2009 年 7 月 1 日起，将育林基金征收标准由林产品销售收入的 20% 降至 10% 以下。要求地方财政应根据实际情况，加大林业产业振兴资金扶持力度。"

2009 年，人民银行、财政部、银监会、保监会、国家林业局共同颁布了《关于做好集体林权制度改革与林业发展金融服务工作的指导意见》（以下简称《意见》），《意见》中指出，"充分利用财政贴息政策，切实增加林业贴息贷款、扶贫贴息贷款、小额担保贷款等政策覆盖面。对于纳入国家良种补贴的油茶林等林木品种，各金融机构要积极提供信贷支持。稳步推行农户信用评价和林权抵押相结合的免评估、可循环小额信用贷款，扩大林农贷款覆盖面。同时，银行业金融机构应根据林业的经济特征、林权证期限、资金用途及风险状况等，合理确定林业贷款的期限，林业贷款期限最长可为 10 年，具体期限由金融机构与借款人根据实际情况协商确定。"

2010 年，中央 1 号文件《中共中央 国务院关于加大统筹城乡发展力度进一步夯实农业农村发展基础的若干意见》明确提出，要"扶持林业产业发展，促进林农增收致富"。这是"扶持林业产业"首次被写进中央 1 号文件，发展林业产业已成为拉动国内需求的战略举措。全国林业厅局长会议提出了 2010 年林业产业发展目标，包括不断壮大十大林业支柱产业，加快产业结构调整，转变产业发展方式，加快科技进步和创新，着力优化林业产业结构，创新产业发展模式，推进产业重组，强化市场引导，加强林产品市场。

2010 年 12 月，国家林业局林业工作站管理总站与人保财险公司签订《共同推进森林保险的合作框架协议》，按照协议规定，"中国人保财险将加强森林保险产品开发，推进森林保险业务发展，扩大森林保险覆盖面，积极做好森林保险理赔服务；国家林业局林业工作站管理总站将充分发挥森林灾害防控、林业资源管理等方面的技术优势，协助做好森林保险宣传推动、风险评估和查勘定损等工作。"

2011 年 10 月，国家林业局印发《林业发展"十二五"规划》。其中强调，加大林业生态建设投入，建立林业生态建设投入保障制度，加大林业基础设施建设投入。建立健全生态补偿和林业补贴制度，完善森林生态效益补偿基金制度，建立健全中央财政造林、森林抚育、湿地保护补助、林木良种、林业机具购置等财政补贴制度，研究制定深化集体林权制度改革、荒漠化治理、木本油料产业和林业生物质能源发展的财政支持政策，加大对林业有害生物监测和防治的支持力度，完善林业金融税收扶持政策。完善林业发展的市场体系，引导社会资金投入林业发展，大力培育林产品市场体系，建立和完善林产品市场准入制度。

中国林业资本市场政策沿革如图 2 所示。

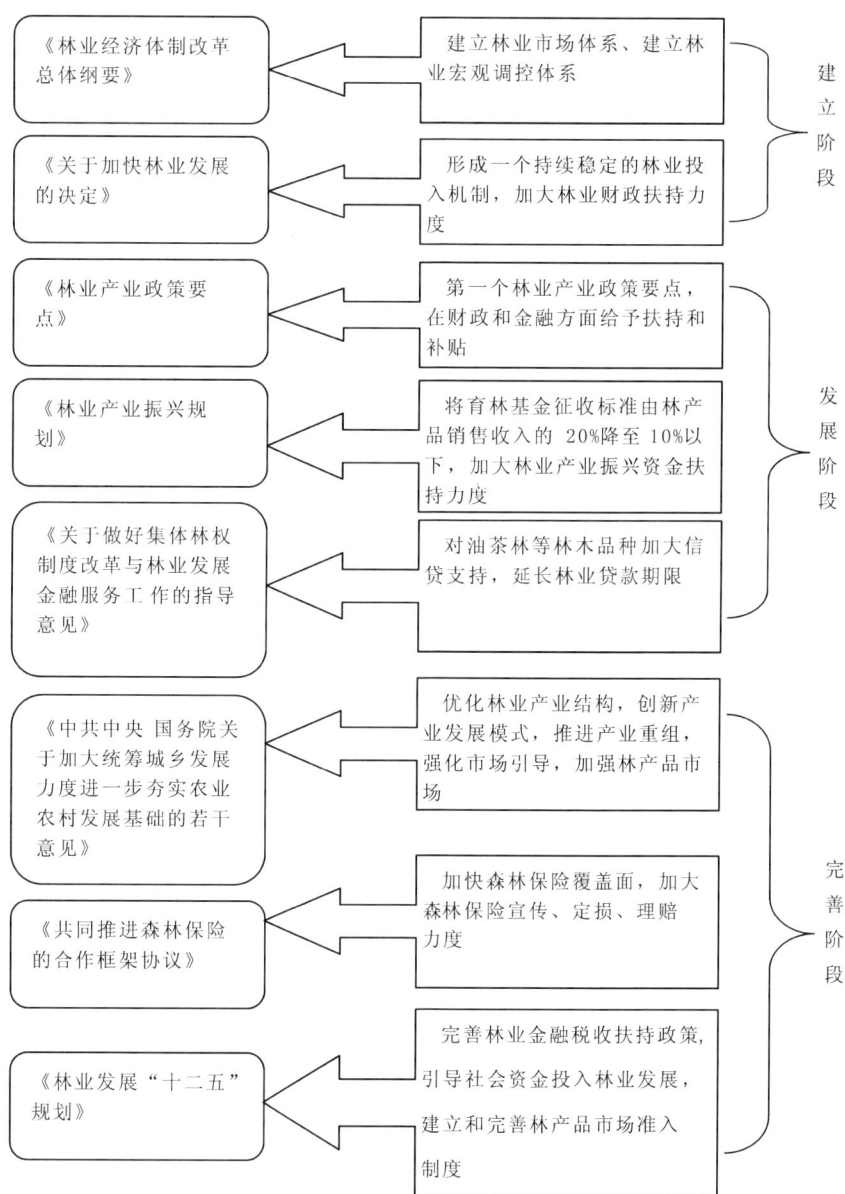

图 2　我国林业资本市场政策沿革阶段解读

四、林业资本市场的发展特点和问题

（一）林业资本市场发展现状

在林业企业上市方面，由于股票市场的强大资源和资本配置能力，使得林业企业趋之若鹜，纷纷投入上市的浪潮之中，在股票市场中，林业企业既可以把资金筹集到手，又可以受托承担国家级的重大项目，促进企业内部治理结构的发展，提高企业的运营效率。目前，我国一大批的林业骨干企业经由股份制改造以及公开上市，在各个方面取得了成效。吉林森工、中福实业、美克股份、宜华木业、升达林业、棕榈园林、兔宝宝、大亚科技、绿大地、景谷林业、威华股份、浙江永强、科冕木业、永安林业、东方园林、ST 光明、德尔家居、科冕木业、晨鸣纸业、岳阳纸业等林业企业已经在各个板块上市成功，同时还有在香港上市的中国地板控股等股票（表2，图3）。林业产业突飞猛进的发展与林业资本市场的活跃相辅相成，在推动林业产业升级和改造、科学化管理、生产规模扩大等方面取得了明显的成效。

表 2　我国部分林业企业上市情况概况

代码	简称	流通股（亿股）	总资产（亿元）	主营收入（亿元）	总股本（亿股）
002200	＊ST 大地	1.078 3	9.199 0	0.381 3	1.510 9
600189	吉林森工	3.105 0	28.826 1	2.142 8	3.105 0
600265	景谷林业	1.298 0	5.931 7	0.182 4	1.290 8
002310	东方园林	0.524 3	39.621 4	29.101 1	1.502 4
000582	中福实业	6.433 8	18.279 7	1.432 0	6.518 5
000663	永安林业	1.669 2	15.367 9	0.776 6	2.027 6
000910	大亚科技	5.245 0	91.418 8	14.978 8	5.275 0
002043	兔宝宝	1.830 0	9.694 8	1.831 7	2.350 1
002259	升达林业	6.433 2	25.739 7	2.039 7	6.433 2
002354	科冕木业	0.371 3	8.709 4	0.703 9	0.935 0
002631	德尔家居	0.400 0	13.009 2	0.552 7	1.600 0
600321	国栋建设	4.555 2	30.231 2	1.006 3	5.904 4
601996	丰林集团	0.586 2	16.516 0	1.607 6	2.344 6

资料来源：各上市企业年报，截至 2011 年 12 月 30 日

在林业债券市场之中，国债作用最为突出，每年中央对于林业的投资中国债占据巨大的比重，但是目前来看用于林业建设的国债资金主要为中短期国债，其期限结构较为单一，同时其主要投入的领域集中于生态建设和环境治理，符合可持续化发展的战略思路，但对于林业企业和林业相关产业的发展扶持不大。与此同时，在企业债券市场之中，目前虽然不够活跃，但是已经有过成功的案例。2011 年 1 月 18 日，升达林业发布公告称拟向中国银行间市场交易商协会申请注册发行短期融资券，拟注册规模

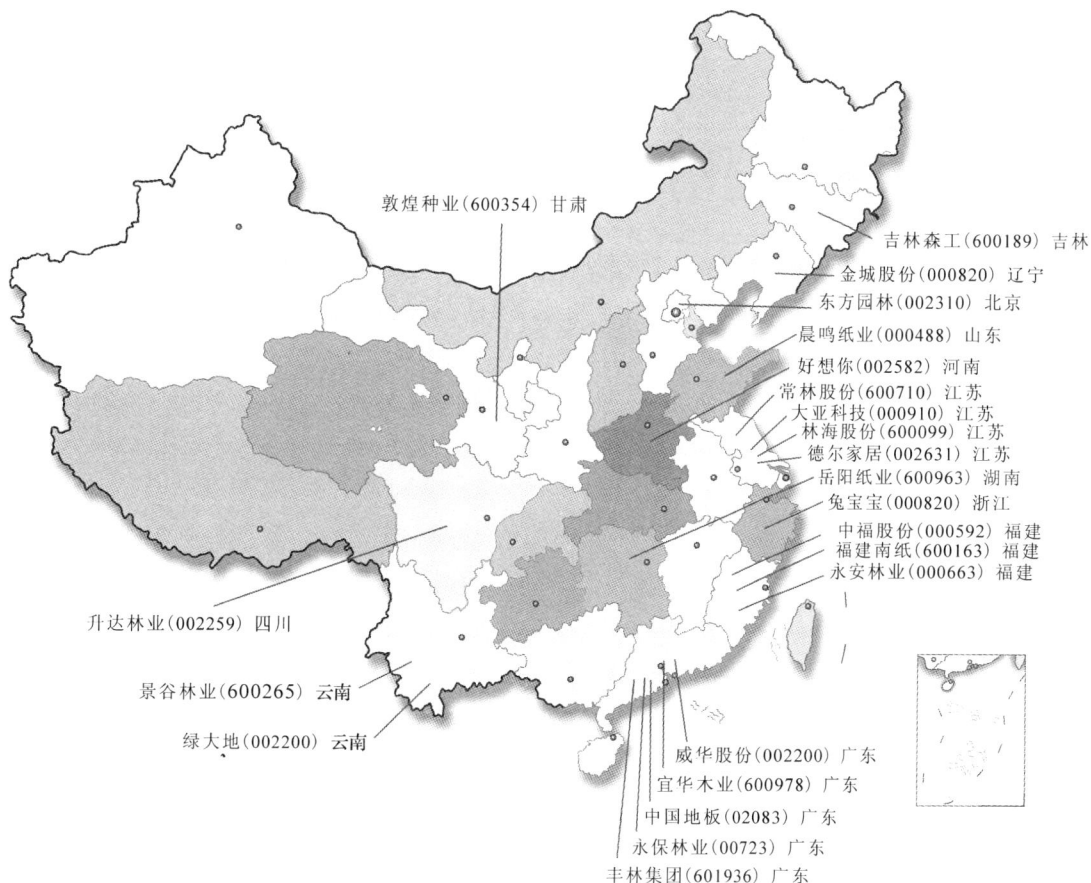

敦煌种业（600354）甘肃

吉林森工（600189）吉林
金城股份（000820）辽宁
东方园林（002310）北京
晨鸣纸业（000488）山东
好想你（002582）河南
常林股份（600710）江苏
大亚科技（000910）江苏
林海股份（600099）江苏
德尔家居（002631）江苏
岳阳纸业（600963）湖南
兔宝宝（000820）浙江
中福股份（000592）福建
福建南纸（600163）福建
永安林业（000663）福建

升达林业（002259）四川

景谷林业（600265）云南

绿大地（002200）云南

威华股份（002200）广东
宜华木业（600978）广东
中国地板（02083）广东
永保林业（00723）广东
丰林集团（601936）广东

图3 中国林业产业上市企业分布

（资料来源：《中国林业产业》，2012 年 21 期）

不超过人民币 2 亿元，占公司 2009 年度经审计合并报表净资产的 39.49%①。到 2011 年 11 月 9 日，升达已完成 2011 年度第一期短期融资券 1 亿元人民币的发行，募集资金已全额到账。其短期融资券通过簿记建档、集中配售的方式在全国银行间债券市场公开发行，成为我国第一笔林业债券融资。

在林权证抵押贷款方面，开始在浙江、江西和福建等地开始了一系列的试点工作，积累了一些经验。中国林业产权交易所、南方林业产权交易所和华东林业产权交易所等产权交易机构现已进行这项工作并稳步推进。目前，林权证抵押贷款的期限已经基本放开，拥有林业和森林资源的林业企业都可以参与到林权证抵押贷款融资活动之中，使得企业获得重组的资金补充，为他们扩大生产规模和转变生产方式等都提供了巨大的便利条件。

在林业贴息贷款方面，它的出现对于林权制度改革和林业产业结构性调整都起到了积极的作用，促进了现代林业产业的发展。2006～2008 年，我国共安排林业贴息贷款接近亿元，重点扶持林权证抵押贷款项目和开展林业小额贴息贷款试点工作；2009 年专门安排贴息贷款 33 亿元进一步扩大林业小额贴息贷款试点范围；2011 年度，林业

---

① 资料来源：《四川升达林业产业股份有限公司第二届董事会第十八次会议决议公告》

贴息贷款累计款余额 314 亿元，其中，工业原料林项目累计贷款余额 125 亿元，占当年度林业贴息贷款累计余额总额的 40%，比 2010 年度增长 58%，中央财政予以贴息 3.94 亿元，这些工作有力地推进了现代林业产业的健康发展。根据表 3 所示，林业贴息贷款项目建设计划资金呈逐年上升趋势。

表 3　2006~2012 年林业贴息贷款项目建设计划资金

年度	林业贴息贷款项目建议计划（亿元）	年增长率（%）
2006	48	—
2007	55	14
2008	80	45
2009	160	100
2010	180	1.20
2011	200	1.10
2012	325	62.50

数据来源：国家林业局资料，基金总站数据

在林业保险方面，截至 2011 年底，已有辽宁、浙江、江西、福建、湖南、云南、广东、广西、四川 9 省（自治区）纳入中央财政森林保险保费补贴试点范围，森林保险投保面积 7.28 亿亩，中央财政累计拨付保费补贴资金 5.02 亿元。针对财政部《关于进一步加大支持力度　做好农业保险保费补贴工作的通知》，国家林业局下发通知，要求各地认真贯彻落实财政部关于 2012 年农业保险工作的部署，进一步做好 2012 年度中央财政森林保险保费补贴工作。

（二）林业资本市场发展的特点

林业资本市场发展至今，已经由最初的计划经济时代国家掌握所有资本和投入转变为多元型的发展模式，各类投、融资手段不断地为林业的发展注入新鲜血液。在市场经济环境之下，目前林业资本市场的发展呈现出以下的特点：

1. 政策资本依然占据主导地位

"林业是循环经济、绿色经济和低碳经济的复合体，是应对气候变化的主要途径。完善林业政策，增加资金投入，就是要形成支持林业发展的长效机制，提升生态承载能力和经济社会可持续发展的能力，为推动绿色发展、应对气候变化作出更大贡献，为我国经济发展赢得更大空间。[①]"

目前我国林业的投资发展状况仍以国家投入为主，随着国家林业相关政策的不断完善，政策资本在林业发展之中的地位还将不断巩固和加强。"十一五"期间，中央林业投入达到 2 979 亿元，比"十五"增加 80%；地方各级政府投入 1 900 多亿元，为"十五"的 3.4 倍。2011 年，作为"十二五"开局之年，中央林业投入继续保持了强劲的增长势头。全年中央林业投入达到近 900 亿元，比"十一五"年均水平增加 50.3%，比

---

① 引自《健全林业政策保障和投入机制——学习胡锦涛主席重要讲话体会之十》。

2010 年增加 126 亿元；涉林贷款达到 1 216亿元，同比增长 20.7% 。① "十二五"期间，"三个生态系统建设"和"一个多样性保护"已经被纳入到公共财政支持的范围之内，国家在种苗、造林、抚育、保护、管理等各个环节都将继续和加大财政扶持和投入，政府资本的主导地位还将为健全现代林业发展长效机制发挥重大的推动作用。

2. 资本运作模式增多，规模呈上升趋势

除了国家政策资本的大力投入之外，行业协会、林业金融机构和企业都在探索着更加宽阔的林业产业投融资发展渠道。从目前来看，林业贴息贷款、林权证抵押贷款、企业上市证券融资、企业债券、林业保险等一系列的投融资手段都在为我国现代林业建设添砖加瓦。伴随着林权制度的改革，林业产业作为一个朝阳产业、绿色产业、基础产业和综合性产业，势必引领未来的发展，国家在税费方面的政策倾斜也在带动更多的有识之士加入这一产业之中。

据不完全统计，2011 年 1 ~ 11 月份，南方林交所成交的林权项目就达49 宗，其中成交价格超过 100 万元的项目有 8 宗。蓄积量约10 396立方米，预算出材量约7 621立方米；流转期限至 2013 年 11 月 28 日。2011 年 2 月，在南方林交所挂牌的林权项目有12 宗，累计挂牌金额达1 563.53万元②。在中国林业产权交易所，林权项目的交易也不断刷新历史的新高，仅在 2011 年 11 月下旬，中国林交所挂牌的林权流转项目就达到19 项，包括一系列的国外项目。

3. 投资主体多样化，投资热点多元化

国家林业局副局长张永利曾指出："加快发展林业产业是发展现代林业的重要任务，社会资本的进入是加快林业产业发展的重要途径。林业产业要有突破性发展，迫切需要大量社会资本的涌入"。

从目前来看，林业资本市场的发展向着前所未有的广度和深度发展。资本横向发展速度很快，投资主体从原本的单一的国家和证券市场发展到国际组织、境外资本、民营资本和民间的各类金融机构。在纵向上，资本投资的热点也大大拓展了林业产业的深度，从传统的单一的第二产业向第一产业和第三产业发展，营林育林、林下经济、森林旅游、家居一体、园林造景等各个行业都能看到林业资本的身影。

截至 2010 年底，我国林业共利用国际贷赠款 15 亿美元，带动国内配套资金 87 亿元人民币，项目区累计营造各类人工林 582 万公顷，增加林木蓄积量约 5.5 亿立方米。中国林业相继与世界银行、亚洲开发银行、欧洲投资银行及全球环境基金合作实施贷赠款项目 21 个③。项目覆盖全国 23 个省(自治区、直辖市)，建设内容涵盖了改善生态环境、保护生物多样性、减缓和消除贫困、增加木材储备、巩固集体林权制度改革成果、发展林下经济等领域。

在国际社会资本融资方面，嘉汉林业、中国地板控股等企业涉足国际资本市场，在美股市场和港股市场纷纷进行融资活动，用于其国际和国内森林经营和产品生产。

① 数据来源：国家林业局。
② 资料来源：中国南方林业产权交易所，2011 年统计数据。
③ 资料来源：国家林业局世界银行贷款项目管理中心。

2010 年，摩根斯坦利、国际金融公司对广东大自然地板有限公司果断注资，促使其在香港上市；2004 年，浙江省世友地板有限公司与美国地板巨头 JOHNSON 公司合资，专业生产实木地板、强化地板、仿古地板、实木复合地板等产品。类似的事例说明中国林业企业对国际资本巨头具有很大的吸引力。

（三）林业资本市场发展的制约

1. 林业资本市场流动性不足

从目前来看，我国的林业采伐计划在制度上进行了采伐限额的规定，这一规定对年度间和项目间的采伐调剂进行了严格的限制，这个制度对于保证利用森林资源的计划性保护利用起到了重要作用。但是在新的形势下，也使得投资者和林木所有者对于林业经营成果的使用受到了制约。林业资本进入林业项目之后，采伐的限额约束了其对于投资收回的步伐，使其难以自主地达到既定的融资目标，进而使得林业资本的退出和进入机制无法建立，很多打算投资进入的资本处于观望态度。就目前的抵押贷款和产权管理的试点来说，地方上政策落实的不统一造成了林业资本的不便利，其程序的混乱和操作的复杂让个别企业受到了不公待遇，造成自身资本的流失，极大地限制了资本流动，甚至一些企业的资本运作成为对手攻击的薄弱环节。

2011 年，加拿大嘉汉林业遭受美国浑水调查公司（Muddy Waters Research）的阻击，其财务制度和资产评估等内容受到严重的指控，嘉汉的股价大跌。嘉汉董事会耗时 5 个多月，耗资 3 500 万美元，动用 100 多名审计人员和三家律师事务所对其资产和财务进行评估，但是浑水调查公司抓住嘉汉林业的树木评估制度，攻击其评估结果不够客观和公正。浑水调查公司还指出，由于嘉汉林业从关联方购买树木、支付的价格高于合理水平，公司账面上的树木价值被夸大了。这是一起很清晰的因资本评估牵涉的资本事件，嘉汉林业在华森林资源由于没有一个统一的评估标准，造成了森林价值的不确定性，被对手抓住了把柄予以攻击，最终导致嘉汉林业宣布破产重组。

2. 林业资本结构失衡

在目前，林业政策不够连续，资金的投入渠道不够稳定，致使有些领域的林业投入资金不足。目前还未建立起科学有效的林业生态效益补偿机制，公益林建设的资金投入和造成的资金损失没有合理渠道获得补偿，林农的利益无法得到根本性的保障。其具体的表现为生态公益林的资金补偿不够、生态林的养护费用欠缺，很多地方甚至没有安排市级的生态公益林的养护费用。

同时，目前还存在着造林多、负担重的情况，林业的生态目标无法得到根本性的保障，其土地流转的费用和养护费用无法落实到基层，特别是工程造林的配套资金不足形成了重建轻管的现象。伴随着造林面积的日益扩大，以后生态公益林的养护管理将成为一个巨大的问题。

以天然林资源保护工程为例，2011 年国家林业局开展天然林资源保护工程二期的工作，继续停止天然林商品性采伐，同时调减重点国有林区木材年产量、建设公益林、培育后备资源、对国有职工社会保险、政社性支出给予补助，计划投入 2 440.2 亿元。但在此期间，我国政策性的税费补贴和民间资本投入甚至不到天然林保护费用的零头，林业产业发展维系的根本性资金投入很难到位，除了国有森工集团和龙头上市企业之外，社会资本的投入更是少之又少，使得林业产业发展缺乏充足的血液供给。

3. 产权制度的不合理

目前，林地、林木和林木产品等都在法律上界定为森林资源，其产权形式按照法律界定为国家和集体所有。遵照《中华人民共和国土地改革法》，在林改时分配给广大林农，在合作化的过程之中按照《初级农业生产合作社示范章程》和《高级农业生产合作社示范章程》，通过农业集体化由林农所有转化成为集体所有森林、林木和林地，在农民集体所有的土地上由林农种植和培育林木资源①。这一规定明显具有计划经济的特征，模糊了林地使用权和林木所有权之间的关系。

林地是土地资源，林木是一种资产，是林业资本投入者真正关心的资本载体。有效率的资本市场应该是要有约束力并符合激励要求的市场。投资者对投资成果如果没有拥有足够产权，对林木采伐及其产品没有完全处置权，长期无法达到通过改善林业项目资本治理结构，来达到实现资本增值高效率的根本目的，林业资本市场发育就会受到严重制约。

五、推动林业资本市场发展的若干建议

（一）强化政策性银行贷款能力

政策性银行在建立之初就是为了贯彻国家关于相关产业的政策和区域发展政策而设立的，但是由于林业政策性贷款的专业性和政策性银行经营的指向性不强，形成了大量的有资质的林业企业无法得到相应的政策贷款的现实，加上林业企业融资渠道的单一和有限，降低了政策性银行对于林业企业的贷款执行力度。

为了保证政策性银行的应有功能，首先要通过政策性银行与国家兴林富民的政策对接来争取更多的资金和政策的支持，保证林业企业的资本充足。同时，还要与银行多多对接来引入林业企业的专门化业务单元，提升银行的执行能力。

在目前条件下，我国政策性银行虽然存在多个政策性扶持的产业分类，但是在组织结构和专门程序上没有引入独立的林业贷款市场细分的环节，造成林业政策性贷款在操作层面非常复杂，缺乏合理的评估手段，在市场服务不健全的条件下形成不良资产，影响政策性贷款的效率。所以，在政府大力扶持林业产业的大背景下，我国政策性银行应该探索出一条专门的林业贷款部门或者程序，吸收具有丰富经验的林业工作人员，做好林业的行业分析和相关的企业调研工作，在顺畅执行贷款程序的同时尽量减少不良贷款的存在。

（二）优化林业资本市场的金融环境

在当前的金融条件下，我们要进行林权流转市场的完善工作，以促进林权市场的

① 资料来源：凌艳 . 2006.《我国林业企业融资渠道探讨》.

繁荣，进而让林业产业最根本的基础资产得到充分的流动，资本得到释放。要建立各门类的林木资源评估机构和人员的建设和培养机制，实现其市场准入和退出，进行科学的监督和管理，建立统一的标准以供执行，进行森林资源价值评估制度的完善工作，在制度基础之上形成一个防范风险的体系。

同时，要对于配额的采伐制度进行改革的探索，在不违背森林经营的科学原理的条件下强化采伐的灵活度。要建立一个科学有效的采伐指标分配体系，强化指标分配的透明度，认可市场机制在采伐指标分配之中的调节作用，使得经营与采伐指标挂钩。在分配采伐指标的过程中要探索林权抵押贷款和采伐指标体系的衔接，避免银行贷款和采伐指标的冲突，使得林农规避这样的风险，同时强化金融机构对于抵押物的处理能力，让资本实现通畅的运行。

要进行林业保险业务的扶持工作，由财政、林业主管部门对于投保者以适当的资金补贴，同时完善森林保险的风险补偿机制，给予超过赔付量的保险企业以补贴。与此同时，保险公司也要开发出符合林业生产规律和需求的产品，强化林业保险的宣传力度，让林业保险为林业资本运作保驾护航，鼓励林农参与林业保险业务，同时分散保险各个环节的风险。

（三）为林业企业上市创造有利条件

我国林业产业的发展比较滞后，主要是由于在计划经济条件下和林业生态、社会效益双重责任之下林业的市场不够活跃，一些生产规模较大，资本效益比较好，同时发展前景光明的林业企业，对于上市筹集资金的条件和要求了解不多，而要通过自身的努力实现上市的条件，其难度也相对来说比较大。与此同时，林业企业还有着它们生产的特殊性，即投入大、周期长、回报晚，对于创业型的林业企业满足上市要求很困难。在这个过程之中，地方政府没有对林业企业进行有效的支持和引导，限制了林业企业上市的进程。市场经济要实现的就是自由竞争，公平的竞争可以提高市场经济的运行效率，由此才可以促进社会利益的最大化。同时，为了满足创业板市场的要求，同时促进林业产业的迅速发展，我们需要建立林业企业上市创业板的要求，以促进更多的林业企业上市融资。

对于规模以上具备上市条件的企业，各地应该在税收和资金等方面进行帮助，组成工作组对当地的林业企业进行集中的培训和座谈，了解他们的心声，指导他们根据自身的特点来进行上市的运作，来到证券市场进行融资，让他们通过兼并和重组等多种方式建立大型林业集团企业，提高自身的综合实力，使自己具备上市条件。目前，林产工业作为林业产业发展比较迅速和成熟的产业之一，其业务规模和资金需求都比较大，可以选择在主板上市。与此同时，还有一些一产和三产的企业我们要引导他们通过股权的转换、市场并购和资产抵押等手段实现间接上市，小企业还可以挺进创业板，利用上市融资来促进内部结构的合理化和经营管理的科学化。我们还要呼吁《证券法》对于林业企业上市设立特殊的条款，实现林业生态价值与市场价值的转换，促进林业企业在生产之中注重生态效益，发挥证券市场对于林业产业发展的引导和推动作用，孕育生态的、可持续发展的林业龙头企业。

（四）加快构建林业融资的中介平台

随着林业产业与资本市场融合程度进一步深入，需要培植和发展一系列的会计事务所、林业审计和资产评估、咨询等中介机构，强化林业企业上市的研究和咨询工作，保证林业企业融资行为的顺利进行。从目前来看，我国从事林业和林产品加工领域的中介组织发展不够完全，要花大力气改进现状，建立一大批相关的专业性、有资质的机构。在林业企业上市风潮兴起之后，相关的券商也会成立林业行业的研究部门，进行政策和行业发展的评估工作，这样就搭建了林业企业融资行为的直通平台。

同时，行业内部要进行投资咨询中介队伍的建设，在各地的产权交易所和林业产业主管部门也要设立资本政策的研究部门，为林业产业化经营的龙头企业开展积极有效的咨询工作。还要在各大林业院校的林业经济专业之中，结合林业和林产品加工业的特点，培养通晓林业产业一产、二产和三产的专业性人才，让他们学习资本市场运作相关的专业课程，实现林业产业资本运作的创新，为社会提供这方面的专业性人才。

林业发展与资本市场的关系相辅相成，资本促进林业向着更加科学、绿色、可持续的方向大步迈进，同时林业的发展也会给资本带来丰厚的回报。在这二者之间，我们林业政策的制定者和林业工作者的任务是搭建一个有效的平台，让资本和林业这对新生代唱出最美丽的乐章。

第二部分 专题研究报告篇

按：本篇就林业产业会展经济、中国林业企业"走出去"战略路径和林产品贸易等问题进行专题研究，旨在推进林业产业与生态建设协调发展，促进林业产业结构调整和转型升级，带动农民实现增收致富。

中国林业产业会展经济报告

陈 伟

摘要： 本文对中国林业产业会展行业的特征及国内外市场环境进行描述，对本行业的上下游产业链，市场供需状况及竞争格局等进行了细致详尽的剖析，并以数家重点企业为对象分析相关经营数据，对林业产业会展业未来发展前景，会展业对林产品行业的影响做了全面、客观的分析和总结，为林业产业会展企业提供准确的市场信息和决策依据。

一、会展业的作用

会展业是城市经济发展到一定阶段的产物，是一个城市不断走向开放、走向繁荣的重要标志。发展会展经济，最终目的是为了发挥会展业的作用，将产业做强，城市做大，让人们生活更美好。林产会展业，从发展战略的角度考虑，就是要做好品牌化、专业化、国际化。在经济全球化的大趋势和世界城市竞相发展格局中，会展业要不断地完善自己，在实现自身跨越发展的同时，会展业成为提升优势产业、大力发展战略性新兴产业，促进区域经济发展的重要引擎，促进产业功能区结合紧密的展会，搭建对外开放交流合作的高端平台。

二、林产会展现状

自20世纪80年代中期至今，中国的林产会展业经历了迅猛发展，在急剧扩张的进程中开始进入了质变的阶段，我国林产会展业领先城市的行业展览会正向大型化、专业化、国际化的方向迈进。随着我国的林产会展业市场日益国际化，以及我国的林产会展企业日趋成熟，大型或超大型展会必将快速涌现，而展会规模的大型化不可避免将引起展览形式和管理模式的变革。中国正从一个林产大国迈向林产会展强国，我们有必要站在战略高度，考查和借鉴国际先进会展业国家超大型展会的发展经验，这有

作者简介： 陈伟，北京伟士佳合展览策划有限公司董事长。

利于预见我国大型林产会展的长远发展趋势，进而有针对性地进行宏观政策层面的指导和行业企业的战略营销管理。

（1）规模化与品牌化　展会的规模化与品牌化往往是相伴而行的。由于会展市场基础庞大等缘故，两者协同发展的趋势在我国表现得更为明显。规模化代表的是举办能力和组织能力的综合表现，那么品牌化代表的则是历史的沉淀、经验和影响力、实力的检验。

（2）专业化　展览公司的专业化：展会主办与承办、展会策划、展会管理、展会运作、展会服务、展会现场设计与搭建等专业化的体现。行业的专业化：如中国国际木门展、家具展、木雕展、红木家具展、木工机械展等专业化的展会。展览会从业者队伍不断扩大，专业化程度迅速提高。随着我国会议产业的快速发展，我国展会从业者队伍将会进一步扩大，各种专业培训、认证将越来越普遍，展会会展人员走向专业化。

（3）展览业发展迅速，优胜劣汰步伐加快　展览产业的快速增长在满足市场需求的同时，也能反过来刺激展会市场的发展。由于多种原因，我国前些年投入市场的展览中心，大多数在设计理念、功能配置等方面已不能有效满足我国会展市场发展的需求。2009年以来，以国家会议中心为代表的新型会议中心的投入运营，为我国会议市场的发展注入了新的活力。

（4）展览市场信息对称程度将不断提高　随着我国会议市场的发展和完善，展会市场信息交流的途径会进一步增加，展览市场的透明度将不断提高。

（5）绿色将逐步成为普遍的选择　置身于绿色、低碳国际潮流当中，我国的展会组织机构、展览公司、会议中心等，也正在积极努力，迎头赶上。在宏观经济部门中，会展业属于服务业。由于会展业本身是一种无污染产业，且对整个城市经济发展具有较大的带动和促进作用，因此对那些本身地域狭小，但在交通、通讯和对外开放度方面具有较大优势的地区来说，发展会展业常常成为城市经济发展的首选发展战略之一。

三、林产会展业基本情况

总体来看，我国林产会展业发展的历史还比较短，还处在发展的初级阶段，处在探索及积累经验的时期，也还存在一些不可忽视的问题，主要是以下几个方面：

（一）展会的发展状况

林产会展业"小、散、乱"的现象比较突出，缺乏有规模、上档次的会展品牌。展览行业是一个规模经济效应明显的产业，即当一个展览会达到一定规模时，收益增加的比率要大于展览生产要素投入的比率。因此，会展业的发展要特别注意树立品牌意识，多创造一些像广交会、世博会这样有规模经济和国际影响力的林产会展行业的精品品牌展会。

我国组展商数量繁多，大大小小展会也很多，但许多展览的规模都在1万平方米以下。过度竞争使得许多的公司和机构把大部分资金和精力都放在了拉展和拉参展商的事情上，而无暇顾及对展览专业观众的组织和对参展客商的服务，导致展览效果大打折扣。

硬件的问题：与软件发展不配套，从业企业、从业人员都存在一个素质提高问题。从行业组织结构看，与庞大的展馆数量相比，组展商、搭建商、物流公司等服务于展览产业的公司发展相对滞后。虽然数量不少，但公司普遍规模不大，竞争实力不强，形成了整个展览市场低水平的过度竞争，严重影响到中国展览产业的发展。

当前，展览场馆建设出现一股热潮，但布局、结构并不十分合理，存在低水平重复建设的现象。一些地方展览场馆的建设并没有认真考虑市场需求，没有认真考虑是否符合会展业发展的规律，更多的是体现了地方政府的意志，而不是一种满足产业自身发展需求的市场行为。这也反映出当前对会展业发展存在认识上的误区，以为只要有了高规格、大规模的展览场馆，就能兴办高质量的展览，就能发展当地的会展经济和带动其他方面的发展。其实，场馆本身只是一种条件，并不能自动创造市场。实践表明，展馆建设布局不合理，建设过多、过快，必然会造成场馆闲置和社会资源的浪费。

（二）展览企业发展的状况

当前国内的展览公司能够为参展商提供市场化的"一条龙"服务，不但囊括了整个展会运作过程中的各个环节，而且包括展会的后续服务。展览公司和行业协会、展馆合作紧密实现共赢，也方便了参展商和与会观众。

很多展会和行业年会、协会颁奖、国际会议和专业论坛同期进行，可以使参展商和与会企业、专家学者济济一堂，聚拢人气，充分利用展会和年会的机会，获取最新的市场信息，进行面对面的技术交流。

展览业的电子化水平和网络普及率很高。各大展会、展览公司、展览场馆的网站内容丰富，互动性强。许多展会都通过网络与参展商建立联系，利用电子邮件直接邀请专业人士参展。组展者、参展商和观众之间的交流通过计算机和互联网络可以方便地进行。也有一些企业和社会机构通过网络积极参与展览业的推广和宣传，例如中国国际木门展览会、东盟博览会、义乌森林博览会等。

林产会展的展览会，既有行业协会主办的，也有展览公司组织的，很多贸易展览每年定时定点举行，展会都是商业化运作。展览会的成功与否，取决于整个行业和相关企业对其的认可和展览公司自己的运作。展览会的举办者都与行业协会保持着密切的合作关系。

（三）展览企业的类型

现在中国会展业的发展在走两种极端，一是太行政化，二是太市场化。两者都有优势和劣势。但从长远的发展来看，这将严重制约国内展会的健康发展，影响展览业的可持续发展和壮大，政府和行业协会要重视目前展览业中存在的问题，调研探讨出可行的方案来，让国内的展览业能够健康有序发展，不断成长壮大，享誉国内，走出国门，走向世界。

1. 民营展览公司

民营企业的优势在于一般都是从小到大，从无到有，慢慢成长壮大起来的专业展览公司。对于展会的规模、运作有一套完整的经营模式和专业人员。对参展商和专业观众有一套完整信息渠道沟通和交流。民营企业非常注重对企业的服务意识和品牌提升。民营企业在经营企业的时候也在经营品牌，注重人脉和资源的积累。当民营企业把展会做到一定规模、品牌有一定知名度、在行业中有一定影响力的时候，民营企业会迅速发展，会得到行业的参展商和专业观众的一致认可。这时民营企业的优势会明显地显示出来，参展商不会受各种情况的影响。参展商会从自身企业的发展需要、参展目的和结果，考虑哪个展会适合自己企业参加。参展的目的是提升参展企业的品牌、知名度，推广技术，销售产品。大的展会和有规模、有影响力的、服务好的、比较专业、每年定期举办的展会无疑是参展企业唯一的选择。

民营企业初级阶段比较艰难，行业不认可、参展企业不认可、观众不感兴趣。企业本身不专业、服务不到位、规模比较小，影响力不够、创意不够、组织能力有限，资源匮乏、信息和研究、调查的资料不全面等，都是制约民营企业发展的因素。

2. 政府组织的展会

政府办展的最大优势是能够充分整合行业资源，除了会员资源，人脉关系也是政府最有价值的资源。因此，政府在办展览的过程中自然比展览公司有了更多可供利用的资源，也更容易得到行业协会的支持。

制度缺陷导致政府角色错位。政府的性质不应是一个盈利机构，而应该是一个行业服务机构，但中国政府有些背离了这个原则。政府办展也有其难以避免的操作劣势，在展览的操作经验上显得有些不足，在组织观众上也略显不足。

四、行业协会办展的未来思考问题

首先对政府、行业协会的地位、作用、职能等做一个定义，行业协会的身份比较特殊，其服务宗旨是为政府和企业提供服务。职责方面，协会作为行业的服务性组织，是政府与企业之间的桥梁，发挥的是纽带性作用，表现为及时地把企业的意见反映给政府、把政策及时传达给企业，为企业更好的发展提供服务；同时协会也及时了解行业内办展办会的信息，对违规的行业信息要及时通过各种方式发布，防止骗展行为的发生。

会展行业和协会的健康发展方面，不妨借鉴一些国外的先进管理经验。比如成立专门的、全国性的管理机构，出台相关的法律法规，整合行业资源，管理行业行为，并给行业协会一些优惠与扶持政策以及资金、项目等方面的投入等。行业协会的工作做好了，就能更好地促进协会组织的展会的发展，使展会能够真正做到为企业提高收益，让企业有意愿主动参加，而不是通过强令、指定等非市场行为强迫企业参展。只有这样，才能促进我国展览市场的正常发展，在推动行业进步中发挥应有的重要作用。

展会与行业协会之间的正确关系该是怎样的呢？展览行业究竟怎样才能健康发展呢？我们认为，一方面，展会实际上是一种市场行为，是为企业打入市场提供服务的平台，是企业更好地开拓市场的助推器；另一方面，协会也可以通过展会了解行业状况和企业需求，为服务企业和协助政府制定有关政策提供依据。同时，协会通过组织展会，也能从中获得部分活动经费，从而更好地开展行业工作。因此，把协会相关工作与行业展会结合起来,将对促进双方的健康发展发挥重要作用。

五、国内林产展会的概况

目前,全国的林产展会分为专业和综合类型的展会,有规模的、有一定影响力的和专业化的展会大概有十几个。有一定规模并得到市场的认可,是每个展会努力的结果,服务好每个参展企业和每一位观众是展览企业的宗旨。下面针对几个在国内乃至国际上都很有知名度和影响的展会,做一个全面的分析和总结。

(一) 第二届林博会暨第四届中国义乌国际森林产品博览会

2011 年 11 月 1~4 日,第二届中国国际林业产业博览会暨第四届中国义乌国际森林产品博览会(简称林博会)在义乌举行。本届林博会是中国名牌林业企业集体亮相、中国林产品精华荟萃、中国林业发展成果集中展示的盛会,是中国林产品走向世界的重要贸易平台、交流平台、信息平台。

第二届林博会暨第四届森博会,既是全面展示我国林业产业发展成就的一次盛会,也是加强我国与世界林业合作与交流的重要平台。本届展会由地方举办,实现中央与地方优势互补,充分利用义乌"国际性商贸城市"的市场资源优势,发挥浙江辐射功能强劲、林业产业发达的优势,展会规模、档次、规格之高前所未有,对我国现代林业建设、促进林业产业发展发挥积极的推动作用。

打造国家级会展平台,是国际贸易综合改革试点的一项重要内容。义乌以此次林博会暨森博会的举办为契机,进一步加快会展业发展,不断扩大展会规模,提升办展水平;同时,精心做好各项服务工作,把展会办成中国林产品走向世界的重要贸易平台、合作平台、信息平台,为推动我国林业发展、促进绿色增长做出积极贡献。

本届展会展览总面积达 8.1 万平方米,设国际标准展位 4 519 个,有来自境外 30 多个国家及地区和国内 31 个省(自治区、直辖市)的 2 000 余家企业参展,展会规模居亚太地区同类展会之首。除了有展览、交易活动,展会还举办了 38 项配套活动。

(二) 中国 - 东盟博览会林产品及木制品展

中国 - 东盟博览会林产品及木制品展作为中国与东盟十国共同举办的国家级、国际性展会,专业化水平不断提升,经贸成效越来越好,品牌影响力不断扩大,已成为中国与东盟开展全方位、多领域合作的重要平台。林产品及木制品展作为中国 - 东盟博览会重要的专业展,将进一步发挥中国与东盟林木业的资源优势,促进双方林木业的合作与发展。

展览会在中国 - 东盟自由贸易区全面建成之际,依托中国 - 东盟博览会的品牌影响力,展示中国与东盟林木业的广阔市场与合作机遇,推动中国林木企业快速开拓东盟市场,并引进东盟国家优质林木产品,丰富中国林木消费市场,进一步促进中国 - 东盟林木业企业间的合作。

展览会期间,还举办了 2011 国际林产品贸易论坛、中国林产行业新产品评选及产品发布、2011 年国际木文化论坛等，以及专家现场品鉴红木、木文化推广等活动。

林产品与木制品展览会由中国商务部、文莱工业和初级资源部、柬埔寨商业部、印度尼西亚贸易部、老挝工业贸易部、马来西亚国际贸易和工业部、缅甸商务部、菲律宾贸易和工业部、新加坡贸易及工业部、泰国商业部、越南工业贸易部及东盟秘书处联合主办，来自中国和东盟十国的 200 多家林产品与木制品原料商、采购商、经销商及相关企业参加了展览。

林木展集中展示中国和东盟国家代表性林木产品，专业性强，内容丰富。本届展会共设 6 个展区，集中展示中国与东盟国家互补性强、符合双方市场需求的特色精质商品，产业链涵盖红木家具，木门、木地板、木楼梯、木制品和木工机械。同时，会期将权威发布中国林业新产品和优质项目与技术，为林木业国际合作搭建专业平台。

中国—东盟博览会东盟共办机构和支持商协会共同组展。本届林木展组织力度大，博览会秘书处、博览会东盟共办机构和相关行业协会、中国林产工业协会等机构协力组展。会期还将举办 2011 年国际林产品贸易论坛、2011 年国际木文化论坛、全国林产行业新产品评选及产品发布、2011 年全国人造板市场研讨会、林业种植与技术加工项目对接会和 2011 年林产品及木制品展答谢酒会等系列论坛及活动。

中国和东盟国家企业参展报名踊跃。国内外企业报名参展踊跃，共申请使用展位 1 000 个。其中，国内使用展位 800 个，知名企业品牌包括嘉汉板业、建林集团、木之源巴洛克木业、吉林森工研报等；柬埔寨、印度尼西亚、老挝、缅甸、越南等东盟国家已申请展位 150 多个，其中柬埔寨、老挝和印度尼西亚等一批优质企业报名参展。

中国和东盟林木业发展合作空间大。林木产品是中国与东盟国家最重要的进出口货物之一，双方在林木产品的需求和产业结构上互补性强，合作空间大，双方均有进一步扩大市场的需求。自中国—东盟自由贸易区建立以来，2010 年中国与东盟林产品贸易额为 234.5 亿美元，同比增长 46.8%。印度尼西亚的胶合板、造船材，越南、老挝、泰国、缅甸等国家的花梨木、柚木等木材及木制品，已成为中国木材加工及制造的主要进口原料。

（三）CIDE 第十届中国国际门业展览会

中国国际门业展览会（简称 CIDE），有中国林产工业协会、中国建筑装饰协会联合主办。历经 10 年跨越式发展，因其成效显著，信息富集，得到行业的充分肯定和支持，成为引领行业发展的风向标和助推器，成为国内外门企参展首选平台。堪称辉煌的第十届门展，展览规模达 11 万平方米，与会观众94 238人次，与会国家 43 个，参展企业近1 000家，成为中国第一、世界顶级的行业大展。帮助参展企业拓展市场、发展渠道、提升品牌是中国国际门业展览会的三大核心任务。渠道下沉、增加产业链宽度、市场细分、完善采购商团集群、培育潜在用户、树立标杆企业、开展国际合作、服务整个行业、确保与会各方多赢是中国国际门业展览会专业化和品牌化的发展道路。中国国际门业展览会通过助推企业发展、助推行业发展来助推自身发展。经过多年的经营和积淀，中国国际门业展览会专业化、品牌化运作日臻完善，已经形成万商云集、千企竞秀的局面。商贸与创新产业文化相结合是中国国际门业展览会的一大特点。首届世界木门大会成功举办并发表北京宣言，标志着中国国际门业展览会全球对话通道已经建立并达到新的高点。揭晓木门十年"十大功勋企业、人物"，举办木门"十大人物"与产业媒体北京论坛，组织居室门模特大赛、举行中国住宅门文化展等多项产业文化创新活动，成为与会各方彼此借鉴、互助互动、更新观念和激发行业智慧碰撞的产业文化视觉盛宴。北京伟士佳合展览和北京中装伟佳展览策划有限公司，秉承诚信、务实、稳健的作风，坚持创建会展知名品牌，持续发展，回报社会的经营理念，以加强国际技术交流，促进产业发展为己任，以真诚服务为原则，为国内外客户提供全方位、高标准的专业化服务，努力创造优秀的企业和品牌形象，不断完善自我，努力朝着全球顶级专业门展企业的方向迈进。北京伟士佳合展览策划有限公司通过在国内、国际各类不同领域的会展实践，已积累了丰富的策划、运作、管理和中长期跟踪服务的经验，建立了一套专业化、标准化、规范化的会展服务信息系统和严格的企业管理体系，与各界同仁和展商奠定了友好、诚信、交流合作的基础。这是民营企业能够成功举办十届展会的关键，诚信是企业的宗旨，也是参展企业和观众最满意的结果。

（四）第十三届中国国际地面材料及铺装技术展览会

第十三届中国国际地面材料及铺装技术展览会，是亚太地区最具规模及影响力的专业地材贸易展会，中国国际地面材料及铺装技术展览会为快速且多元化发展的全球地面材料及铺装行业注入强劲的创新动力。本届展会由中国林产工业协会主办，历经12 年磨砺，展会稳步成长。2010 年所取得的成绩足以证明，展会在克服了全球经济危机所带来的负面影响后已呈现回升向好的发展态势。中国国际地面材料及铺装技术展览会，一个连接中国内地与全球地材市场的重要门户，给身处亚洲的制造商，开拓中国市场与世界其他国家及地区的业务，或是寻求进入亚洲市场的海外制造商，开拓零售渠道及挖掘新产品的企业提供了一个平台。全球经济一体化的进程不断加快，意味着国际品牌步入中国市场的同时也将有更多的中国品牌迈向国际市场。中国国际地面材料及铺装技术展览会已成为业内了解地面材料及铺装行业来年销售与采购的风向标。

上海企龙展览是上海乃至全国最成功的展览主办机构之一。经过多年的积累，公司迅速成长为中国最主流的展览会的组织者之一。无论在展览会规模还是在展览会质量上，获得海内外地材企业和买家的一致认可和推崇。在积极创立自有品牌展览的同时，公司也是众多海外知名行业大展在中国的最佳合作者。每年，公司组织众多中国企业以展团的形式参加在海外举行的各个行业的国际领先展览会，帮助中国企业开拓海外市场。

（五）第三届上海木门展

上海作为中国最大的经济、科技、贸易、金融和信息中心，随着城市改造加快，住宅数量持续增长，节能环保、绿色建材以及城市与建筑的可持续发展等成为上海城市建设的重中之重，这必将带动家居建材消费热潮的到来，目前以至今后相当长一段时间，家居将是市民消费的热点，上海家居建材产业迎来黄金发展时期。

中国房地产行业持续多年快速增长，建筑业继续成为我国的消费热点和经济增长点，随着社会对门窗幕墙行业认识的加深与国家政策的支持，加之日益精进的行业技术，2012年第二届中国上海国际门窗幕墙展览会必将是众多门窗幕墙企业展示新产品、交流新技术的首选平台。上海平台面向世界，上海作为国际大都市和亚太地区的经济焦点，是全球最大城市群——长江三角洲城市群的龙头，其市场潜力和辐射力无可比拟。上海依靠得天独厚的商贸中心和口岸优势，成为中国经济增长速度最快的城市之一，也是国内外物资采购和企业拓展市场的首选集中地。上海是中国的经济、金融、贸易和航运中心，拥有中国最大的外贸港口和最大的工业基地，是企业拓展商机、走向世界的最好平台和桥梁。

中国上海门业产业展览会基于这样的思路、鉴于上海的资源优势，于2011年8月在上海新国际博览中心成功召开，展出面积2万平方米、参展企业300家、标准展位800个、专业观众3万余人次，更有5大主题活动轮番上演，见证当今世界门业行业的卓越发展，引领中国门业产业发展的潮流，为广大门业企业打造一个面向世界市场的平台。

（六）中国（牡丹江）—俄罗斯（远东）国际木业博览会

中国（牡丹江）—俄罗斯（远东）国际木业博览会，突出"面向东北亚、辐射全世界、服务全中国"的定位和特色。博览会为国际林业发达国家和国内林业发达地区搭建起了交流、交易、合作的平台，特别是有力地促进了中俄之间的木业合作交流。

牡丹江市是东北亚陆海联运大通道的重要节点，是中国重要的沿边开放城市，这里的对俄贸易额占全国对俄贸易额的1/10。牡丹江市每年从俄罗斯进口木材达800万立方米，落地加工能力600万立方米，是中国最大的木材集散地之一和"中国国际木业之都"。国际木博会的举办，让牡丹江市在中俄木业合作乃至国际木业发展过程中发挥了重要的作用。牡丹江市委书记张晶川说："我们打造了以瑞典宜家、圣象木业、大自然地板等为龙头的1 600多户企业构成的木业产业集群。木博会规模不断扩大，层次不断提升，成为推动和展示全国乃至国际木业发展的重要平台。"

"中国（牡丹江）—俄罗斯（远东）国际木业博览会，中俄合作共赢"的展示标语吸引了众多参展商的眼球，响应国家的号召，鼓励走出去的机遇，催生了跨境连锁加工模式，建设内外办厂、连锁互动、优势互补的跨境连锁加工区，助推哈牡绥东对俄贸易加工区向中俄跨境连锁加工走廊升级发展。这是中国（牡丹江）—俄罗斯（远东）国际木业博览会最大的特色和特点，展会为两国的边贸交易做出了巨大贡献。

（七）第七届中国（菏泽）林产品交易会

中国林产品交易会是我国唯一经国家林业局批准的、具有行业代表意义的经贸盛会，是中国林产品行业规模最大、品种最全、规格最高的权威性交易会。常设会址在菏泽市中国林展馆。常设会址之所以设在这里，是与菏泽市植树造林、产业发展的优势密不可分的。菏泽市以林业资源为依托，培育了一大批植林龙头企业和特色产业集群，形成了展会带市场，市场带龙头，龙头带基地，基地连农户，集资源培育、林木加工、林产品交易三位一体的林业产业化格局，探索出了一条林茂粮丰的林业产业化之路。

林交会本着与国际接轨、突破创新、双向交流的原则，在内容和形式上坚持打造三大特色。一是专业化。拟设家具制品、林业机械、林业生态文化产业、林业综合四大展区，展位总面积 1 万平方米。重点突出了对家具和工艺品等专业采购商的邀请。二是突出特色。设置的林业生态文化产业展区，目的是为了进一步传播生态文明知识，弘扬生态文化，倡导绿色生活，树立人与自然的和谐统一。展区产品重点突出竹、木、藤、条、草、根雕工艺品。三是市场化。在办会的策划、招商、布展等各个环节，充分利用市场手段，吸收专业展会公司参与运作，聚集各种有利要素，促进交易会品牌的成熟和发展。筹备处多次与山东省家具协会、济南德瑞佳展览有限公司，就如何提高专业化运作水平、如何嫁接成熟的市场化运作模式进行了咨询与探讨。目前，与山东省家具协会、济南德瑞佳展览有限公司，就专业采购商、参展商的邀请、专业推广、展场形象设计、展场管理等方面签订了合作协议，已进入实质性的合作阶段。

第七届中国林产品交易会共策划了 6 项系列活动，包括开幕式、招待酒会、文艺演出、中国菏泽投资项目洽谈会、参展产品评奖与发布、大型林业展会推介会。本届林交会共设四大展区，展出面积达 1 万平方米，内容涉及木工艺品、家具制品、林业机械、园林花木等，国内外数千家具有影响力的生产加工企业以及贸易商将应邀参加本届林交会。林交会是林产品的一次盛会，为林业产业的稳定健康发展、产业链的展销和推广提供了广大的平台。

（八）第十四届中国北京家具及木工机械展

历时 14 年北京家具展已成为北方地区最成熟、最具知名度的名牌展会。展出的展品范围覆盖了家具、家居饰品、原材料和配件、木工机械以及各种木制品 5 个大项。此次展会也是为了顺应市场的需求，将热门的话题、展品展现在人们面前，展会也充分发挥了中国国际展览中心丰富的展会运作经验。除此以外，本次展会更是获得了北京及周边地区家具行业协会和家具城的大力支持和推荐，特别是香河家具城和展会组委会建立了深入的合作关系。组委会以此为依托将更有力地做好展会宣传、邀请经销商以及观众组织工作。

2011 年北京家具展保持北方家具名牌企业荟萃，红木家具为亮点的传统，力争建设家具行业国内外贸易、技术交流与合作的国际化平台，相信在中国经济稳步前进的大背景下，北京家具展将为业内企业提供广阔的空间与机遇！

（九）2011 年广州建博会子展会之地面铺装材料展

中国（广州）国际地面铺装材料展是"亚洲建材第一展"——中国（广州）国际建筑装饰博览会的核心子展。独立成展而来，逐步打造地材行业的专业平台，在行业的影响力不断提升。展会也充分利用了广州建博会的影响力和关注度，有意识地将建博会的整体资源优势与我国地板行业的发展趋势相结合，旨在为行业企业搭建一个品牌展示与推广、业务发展与开拓、专业沟通与交流的上佳平台。同时，展会与我国众多地板产业基地的政府机构及地方行业协会进行了深入的交流与合作，有效地提升了展会的专业品质。展会还最大程度地共享了广州建博会积累 12 年的广泛营销渠道和庞大观众资源，并大力扩展经销商、建材连锁超市、设计师、建筑师、房地产、酒店、海外商团等多种类型的专业观众的邀请力度，以最大限度地满足参展商的实际需求，从而为地板行业企业创造更多的发展机会。

广州地材展，通过邀请行业品牌企业及国外优秀同行、与重要产业基地及地方行业协会合作等多种方式，有效地提高了展会专业性，为行业打造了一个良好的交流平台。同时，随着地材行业企业向橱柜、衣柜、木门、楼梯等行业多元化发展趋势成为潮流，为地材企业的跨行业发展创造了良好的先决条件。广州建博会无疑是企业进行多元化发展的最佳平台，为地材企业的跨行业发展创造了良好的先决条件。

以上林业产业展会是国内乃至国际上都很有影响的展会，为林业产业企业提供了比较专业、比较好的展览展示的平台。每一届展会的主题都顺应市场的需求和供给关系，展会的活动也是多种多样，目的就是为参展企业和观众建立一个交流互动的平台，让展会更具有影响力和知名度，让参展企业从中获利。每一届展会都离不开政府和行业协会的大力支持，展会的成功与否，是政府、行业协会、展览企业、参展商共同努力的结果。要相互的密切配合，离开哪一方或哪一方不支持，展会都无法成功举办。举办一届成功的展会，对当地的经济效益拉动是非常巨大的，因此政府、行业协会要大力支持、给予规模比较大、品牌知名度比较高、定期举办的展览会优惠的待遇和专项基金的支持。政府、行业协会要协助展览企业办好每一届展会，为展会的可持续发展奠定良好的基础，为展览企业的成长壮大建言献策。政府在展览业中的作用：

（1）加强引导和培育，积极促进展览业的市场化和国际化 在城市会展产业发展过程中，城市政府的作用是一把"双刃剑"。一般而言，政府在会展业发展过程中的作用包括为会展业提供基础设施和政策优惠或专项补贴。但是，单纯的补贴、优惠或税收减免，会产生企业对政府的依赖效应，从而抵消企业进行创新和发挥主体作用的积极性。因此，政府的职能是创造有利于会展产业发展的环境，这种环境包括城市社会、文化、经济、法制等诸多方面，最终使得城市资源禀赋、城市产业特色的优势更加突出，成为会展产业的中心地域。

（2）加快品牌展会和高水准会展公司的培育 让品牌展会在本城市扎根，必须充分挖掘内在的优势；同时，随着展览的专业化和市场水平的提高，展览会的主办和组织工作更多地要依赖专业展览公司，只有专业展览机构的成长和壮大，才能提高展览会的整体水平，促进展览业的健康发展。要重视会议、节事活动的同步发展，发挥城市的资源禀赋优势，在"展"、"会"与"节事活动"中有侧重地加以发展。

（3）重视规模和品牌 与国外相比，我们的会展公司比较弱小，规模有限，经营范围较窄，档次也不高，没有自己的品牌，难以与国外强大的会展公司竞争。在这种情况下，会展业应该集中优势资源，努力提高展会组织、策划、服务的水准和经营管理水平，不断进行展会活动的创新，争创名优品牌。在目前的会展经济条件下，扩大会展企业规模的战略选择，要实现多元化与专业化的协调发展，提升会展业的市场竞争力。

六、国外展览会的形式及运作模式

加拿大的展览业在全球都是比较发达的，各类展会都是商业化运作。展览会的成功与否，取决于整个行业和相关企业对其的认可和展览公司自己的运作。加拿大商会组织众多，权威性强，除了一些综合性的商会外，不论大小行业，几乎每个行业都有自己的协会。展览会的举办者要么是有关商协会，要么与这些商会和行业协会保持着密切的合作关系。因此，一般情况下每个展览会的举办都会得到行业协会的支持，都能邀请到该行业协会的绝大多数企业参展。

加拿大政府部门虽然不参与展会的具体运作，但是大部分重要的展览场馆都是公有的，所有权属于加拿大国有公司或者当地市政厅。这样，加拿大展览场地的所有者和展览会的组织者往往是分离的。展览馆出租展览场地和设施，没有自己的展览项目；而展览会组织者一般没有自己的展览馆，办展时需要从展览场地的所有者那里租用展览馆和设施。

从整体上看，国际展业当前的发展水平与发展格局同世界经济发展总体状况是基本一致的。大多数发达国家拥有开展展览活动的良好基础，办展经验丰富、品牌展会众多，会展业竞争力强；随着世界新经济秩序的逐步建立和各国科技水平的普遍提高，国际展览业将呈现出以下发展趋势：

（一）展览业的发展更趋于专业化

在国际上，专业性的展览已成为会展业发展的主流，代表着会展经济的发展趋势。与一般的会展相比，专业展览具有针对性强、参展观众质量高、参展效果好等特点，因此近几年来综合性展览会的举办数量不断减少，许多综合性展览会都不同程度地转为专业性展览。原来的一些综合性的展览已经被细化分为若干个专业展，如汉诺威工业博览会就是由若干个专业展（如机器人展、灯具展、仪器仪表展、铸件展等）组成的综合展。此外，由于专业展览会能够集中反映某个行业或相关行业的整体状况、并具有更强的市场功能，因而从产生之日起就受到世界各国的特别是会展城市的青睐。如汉诺威的工业博览会、杜塞尔多夫的国际印刷、包装展，旅游城市纽伦堡的玩具，香港珠宝、玩具展，意大利米兰的国际服装展等。专业化是展览业发展的必然趋势，因为只有具有明确的展览主题和市场定位，展览会才对参展商或与会者有足够的吸引力。

（二）展览规模呈大型化趋势

随着展览业的竞争日趋激烈，各举办机构已不再局限于吸引本国、本地区的参展商，把目标更多地投向国际市场进而扩大国内甚至是地区范围内的影响力，力争提高国际参与程度。加之地方政府的大力扶植，特别是对大型展览场馆的基础设施的建设尤为突出，欧洲一些国家政府几乎投入了百分之百的资金。例如慕尼黑展览中心、巴伐利亚州政府和慕尼黑市政府投入的建设资金占 99.8%，几乎是全额投入。此外，政府往往还会给予启动资金，鼓励展览中心贷款，而贷款采取贴息贷款方式。例如慕尼黑展览中心，用了 12 亿马克，政府投了一半，另一半通过贷款，政府贴息 7 年。由于政府在政策等各个方面的大力支持，很多举办城市也想通过修建大型展览场馆举办一些大型的国际会展来提升城市的形象和扩大招商引资促进地区经济的发展，所有这些必然会导致展会的规模越办越大。

（三）业内强强联合，国际化运作，集团化趋势增强

并购和联盟已经席卷了全球经济的各个领域，成为国际市场的一大焦点。作为国际化程度很高的展览领域也不例外。展览企业通过资本的运作进行的兼并与合作，是一种典型的国际化运作。通过兼并合作，可以利用国内国际两种资源，开拓国内国际两个市场，以获得资源的优化配置。目前，世界上许多展览业的大组织、大企业纷纷开始联合，以期优势互补，提升实力，打造业内超级航母。展览业作为一个高额利润的行业，是一项投入大、回报快的产业，其利润率高达 25%，表现在微观领域，即对展览企业的资产总额、人力资源、技术力量等提出了很高的要求，因此行业内的竞争十分激烈。国际展览业的巨头们为了降低成本，减少风险以便维护高利润率，正在以兼并与合作的方式建立战略联盟，进行国际化运作。如世界上两家著名的展览公司"端德"和"克劳斯"联姻，共同开发通讯和计算机展览市场。欧美的展览业巨头开始用资金来购买竞争对手的展览主题，如美国的克劳斯公司，用 40 亿美元购买了南美的品牌展会及其相关产业。在展览行业内盛行一种理念，即与其群雄纷争，不如强强联合、合作经营；与其四面出击，不如集中资源，发展自己的核心优势项目。

（四）展览企业自身存在的问题

从掌握的情况看，第一，以相同名义申请举办展览会的企业过多过滥，多头对外难免良莠不齐，个别企业以往的不良表现影响了展览企业整体对外形象。过度竞争使得许多公司和机构把大部分资金和精力都放在了拉展和拉参展商的事情上，而无暇顾及对展览专业观众的组织和对参展客商的服务，导致展览效果大打折扣。第二，大多单打独斗，且经验不足，寻找的合作伙伴多为小公司，实力有限，知名度低，影响力小，缺乏相关产品的展览经验。第三，企业对市场缺乏深入了解，过于乐观，对开拓市场的难度准备不够，估计不足。第四，展览企业的服务意识淡薄，立足长远的目标不明确。对行业的理解还存在概念化思想，缺乏经验和调研的数据分析等。第五，展览专业人员缺失、人员培训不充分，都制约了展览企业的发展。展览企业不能有效地把经验、技术、理念和方法有效的融入到展览业中来，展览、展会的质量也得到提高。第六，参展企业、参观企业和参观人员的邀请没有一套完整的运作模式和相关数据的分析。

总体而言，国内的展览企业要想健康稳定地发展，政府要解决好审批工作，对没有实力或在行业中影响比较坏的、信誉比较差的展览企业，要给予一定的警告或不批准办展。对影响力比较大、信誉比较好、知名度比较高的展览企业要大力扶持。这样展览行业才能得到持续健康有序的发展。

七、国内未来展览业的发展趋势

（一）会展规模大型化

目前国际上对大型或超大型展会的概念并无明确定义。欧美发达国家的会展业是在长期的市场经济道路上自然发展而成的，其中不乏挫折和探索的历程。我国会展业经过 20 多年的腾飞，已经初现欧美会展强国具有的某些展会特征，同时又显现两种不同经济体制特征。探究发达国家的超大型展会，发现其基本的形成规律及趋势，对我国成为林产会展业强国不无借鉴意义。

纵观国际上会展业发达国家的展览会规模，当以德国的专业性展览会为最，我国的一些领先会展公司也在二十几年的短暂发展中建立起了较稳固的市场基础，为深入参与激烈的市场竞争积累了一定的实力。如以德国会展业作比较，可以看出我国的展览规模发展空间巨大。然而，我国大规模展会的展出面积已占全国展览会（会展中心举办）面积近50%，这表明展会规模的大型化发展速度已经高于行业发展的平均水平，大型化已成为我国会展市场发展的必然趋势，同时其规模特征正在逐渐接近国际上发达的展览业大国。

（二）超大型展览会形成的内在规律

1. 规模经济促使大型展会形成

众所周知，展会经济是一种规模经济。对组展商来说，展览会吸引的参展商越多，展出面积就越大，就意味着更高的直接经济回报，其展览规模的单位效益与组展成本之比就越高。同时，市场的激烈竞争又促使组展商将自己的展览规模做得更大，以保持自身的市场地位和影响力，最终取得和稳定所在行业和市场的领先甚至是垄断地位。

从中外展览历史考察，超大型展会的发展呈现出由最初狭窄的参展领域、较小的展出规模、较集中的展品范围开始起步，然后发展成为参展商渠道逐渐扩大，展览面积不断增长，展品范围多样化的明显特征。

会展业的国际化趋势也为林业产业展会规模提供了进一步扩大的空间，林业产业展览业要立足于本国，着眼于世界，把目标更多地投向国际市场，进而扩大林业产业展会在国际上的影响力。

林业产业会展业巨大的社会效益和经济回报也促使各国政府在政策和财政等方面给予大力支持，很多城市为提升城市形象、扩大内外交流和投资，促进地区经济的发展，投资兴建扩建大型展览场馆，鼓励大型国际林产会展业展会的举办，这些宏观政策和外部环境进一步刺激了林产展会的规模越办越大。在大型展览场馆和基础设施建设上，欧洲一些国家的地方政府几乎投入了百分之百的资金，我国的绝大部分展馆建设也都有地方政府参与投资兴建，这为林产展会规模的大型化发展提供了有利的外部条件。

2. 产业链聚合产生大型展会效应

对展览规模扩大的内在因素的研究有助于清晰把握行业专业展会日趋大型化的脉络和走向，对研究我国会展业未来的发展具有前瞻意义。

专业展会的初期创办一般都是以某一行业中较有市场潜力的某个领域为基础来确定其核心展览范围的。在初级市场获得了积极的行业反响后，组展商为取得更大的市场影响力，便想方设法增加和扩大原有核心展览范围的周边产品、技术和服务的展出，以此吸引处于该行业产业链中更多的相关公司参展。其结果，该专业展会将涵盖越来越长的行业产业链，形成门类齐全的行业供应商和采购商的聚会场所，超大型展览会在此进程中便逐渐形成。

任何一个市场根基稳固的品牌展会趋向大型化和超大型化是一种必然现象。从产业发展的角度分析，逐渐扩大的展览范围的涵盖面就是这个产业链延续的完整过程，展览规模的扩张正是上下游产业的聚合效应。我国的一些领先会展公司（如 CIDE 中国国际门业展览会）已经开始意识到，作为一个专业展览，展商需要了解上下游行业的需求，做整个产业链的展会的必要性。目前此类相关行业不同领域的专业展会在我国较大规模的展会项目中比比皆是。

3. 综合化特征显示大型展会的成熟阶段

在展会规模大型化的进程中，必然会出现展会的综合化现象。超大型展会新增加的专题展或同时同地举办的展览与母展最初的展览范围的差异会逐渐变大。产业链越长，其上游产品与间接的下游产品和技术之间的关系就更疏远。展览范围越广，展品的种类和用途就更综合。林产行业中展览会的综合化趋势是市场经济背景下产生的自然现象，是市场促使组展商最大限度地扩大展览规模，扩充展览范围，逐步由相对集中的专业展会走向规模超大型的综合性行业展会。其优势无疑是明显的，即加强了国际间的行业交流，密切了产业链各环节领域的沟通，汇聚了行业领先企业，集中展示了各行业领域最领先的产品技术，吸引了全球各地的观众。然而，其弊端也随着展会的日趋大型化和综合化逐渐显现出来。

任何一种市场形式的存在都有其两面性，市场的供求关系直接影响到专业展或综合展的市场生存和地位。展会的大型化产生的综合性特征，减弱了原有的专业化优势，不可避免地带有综合性展会的诸多弊端，因其行业领域覆盖面过大，目标定位变得分散，展商与观众的契合度降低，导致展览效果趋弱。

除此之外，行业专业化展会在向大型以上规模的发展进程中，还会出现一系列诸如硬件设施配套、大型项目管理、展会重新定位和战略性思考等的变化和差异，这些都会对展会的发展产生重大影响。

如何继续保持专业化展会的优势，同时避免大型化所引起的种种弊端？这是国内外会展业领先企业正面临的市场挑战。近几年来国际上综合性展览会在不断减少或变革，而诸多超大型展会也走上了革新和转型的道路。

（三）超大型展会的发展趋势

林产展会规模是一个国家从林产业、会展业大国向强国迈进的重要指标之一，它显示出林产会展业市场的特征由粗放型的数量级增长转向以大规模的高质量展览会为主导，并引领市场走向正规化和国际化。另一方面，当前全球林产会展市场上，专业性展览已成为林产会展业发展的主流，代表着林产业会展经济的发展趋势。通过研究当前国内外超大型展会的变革和发展态势，可以发现超大型展会有回归专业化内涵的显著趋势，主要有以下变化：

1. 专题展划分

展会规模扩大的常见方式之一是在原展的基础上不断增加相关产业链和新兴行业领域的专题展。同时，重新划分母展的展览范围，将某些相关行业领域展出规模增长明显的部分设为新的专题展。由此，超大型展会的展览范围就由一系列专题展构成。由大而全的展览范围划分成专业相对集中的专题展在我国大型的行业专业展中已有探索和实践，一些大型的政府主导型展会的市场化变革可借鉴此发展模式。

2. 展期拆分

这一发展模式就是，按展览范围的大类将整个展会拆分成不同展期逐次举办。这样可在很大程度上缓解场馆等硬件设施、接待管理和客商分流等方面的矛盾。我国的东盟博览会已进行了有益的尝试，如 2011 年的博览会分两期举办，一个是综合性质的展览，一个是专业的展览——林产品及木制品展，突破了长期困扰的展馆面积的瓶颈。此举既保持了东盟博览会的综合性特色和优势，又符合国际展览业的发展趋势，提升了东盟博览会的专业化水平。展会规模的适度扩大，使更多的企业获得参展机会。

展期拆分模式虽然是解决实际难题的一种应对办法，但无疑为今后我国超大型展会的发展提供了很有意义的解决方案，有利于进行前瞻性的战略规划。

3. 专题展独立举办

大型展会在上下游产业接续的过程中，一些专题展发展的规模和速度明显高于其它展，当其自身达到了可观的规模后，便可独立成展。这样既为母展释放出更多的场馆，又可再次成为一个新的展会，并重新整合其相关产业链。

某类专题展的快速成长与该行业领域的新增长点是密不可分的。我国是全球新兴的工业领域和新技术迅猛发展的地区之一，也是林业产业大国。会展公司可密切关注专题领域的新动向，抓住机遇，创造出新的展览项目。

4. 国际区域性参展采购合作

近些年在国内出现的一种新的合作模式叫"团购"，即每一届展会举办时都选定国内的一个政府或地区作为主要合作伙伴，以政府或地区的名义组织展团或贸易洽谈团参加该展，并展开政府层面的经贸交流活动和高层论坛。作为重点地区代表团分别到展采购并开展多种渠道的政府和行业交流活动，此合作模式使伙伴区域的观展人数成倍增加，参展商也会有所受益。作为每一届展会的"伙伴"组团参展，将行业间的商务活动升格到了政府间的经贸交流层面。每一届的伙伴不仅展示了最新的技术和产品，还带去了丰富的文化交流项目，高层政府官员频繁出席各种场合的活动，加深了行业间的经济技术和文化交流。

这类合作模式拓展了超大型展会的功能，提升了行业间经贸技术交流的合作领域，同时拓宽了国际展商和专业观众的参会范围，对国内的超大型展会具有很强的借鉴作用。

5. 展会品牌移植

欧美发达国家的国际展览巨头向世界新兴会展地区发展的普遍方式就是"展会品牌输出"。这一海外战略优势在于明确的品牌定位、雄厚的资本实力、先进的管理模式等方面。目前我国会展市场中，通过移植、并购、合作办展等方式办展。以 CIDE 中国国际门业展览会为例，2006 年北京伟士佳合展览策划有限公司和北京中装华港建筑科技展览有限公司强强联合，将原有二大展览公司的门业项目进行整合，共同出资组建了合资公司——北京中装伟佳展览策划有限公司。新组建的合资公司在全面继承原有公司门业项目的优秀团队、运作经验和成熟高效的管理模式的基础上，集中了多方面人脉资源和更广泛的国内、国际关系网络，致力于打造品牌化、国际化、可持续的"全球顶级门业展览盛会"。我国现阶段也开始出现一些走出国门，到潜在市场举办的品牌展，这说明国内一些具有前瞻意识的组展机构已经着眼于更广阔的国际市场。通过"借船出海"和独立组团形式尝试走出国际办展的第一步。

需要指出的是，组展商必须拥有自主品牌并负责实现办展理念，制定预算及掌控营销工作，才能树立顶级品牌。以此维持输出的展会具备国内领先展会的质量水平，保证展商获得满意的参展效果。因此展览公司在对国际宏观市场做了充分的战略布局后有目的有步骤地进入目标地区，首先移植的是先进的展会管理模式和品牌形象。品牌展移植的基本目的是：从国内以外地区获得更快速的增长，展示他们在相关行业领域的全球化的专业水准，以及为本国领先的展览会招徕新展商和观众。

我国展览企业应在以走出国门促进外销为主的基础上，进一步提升品牌展输出的观念，深刻领会国际品牌展移植的深层次涵义，在展出我国优质出口林产品和技术的同时，展示我国的国际化服务理念和准则，保持品牌展输出的生命力。

对于超大型展会的探索和研究刚起步，但具有前瞻意义的研究有助于我国参考和借鉴国外先进的会展发展理念和模式，总结国内已积累的宝贵经验，避免和缩短国外会展业发展中经历的曲折过程，为我国今后的会展业发展提供前沿性的战略思考。

八、会展的品牌特征

(一)会展品牌具备一般品牌的必要特征

会展品牌首先具有一般品牌的特征。根据现有理论，品牌是市场主体进入市场过程中区别于他人的市场标志，实现品牌化，在于建立信任，让市场主体放心大胆地来选择自己，从而占有市场份额。品牌的价值是市场经验长期积累的结晶，是值得信任的市场主体的识别符号。品牌凝聚了市场信任所必需的全部要素，包括产品的特性与功能、企业的理念与文化、交往的利益和体验、顾客的期待与情感、无形的资产与商誉，品牌成为市场竞争主体，已经成为现代市场全球化的秘籍。

品牌信任有两个来源。从历时态角度看，品牌信任来自市场经验，有赖于品牌与顾客坚持不懈的长期交往，是大量品牌实践日积月累的积淀。从共时态角度探讨，品牌信任来自品牌的功能结构，即它既是承诺，包括多年来积累的商誉、信用、形象，还有公关广告、销售渠道，承诺明确信任的内容，提供信任的依据。在市场交往各方的眼中，品牌由此成为市场信任的标志。

品牌承诺是市场活动的强有力媒介，主要包括质量、信用和公平三个层次的内容。质量是品牌的生命线，体现品牌的效用价值；信用以质量为根据，是品牌的次生承诺，体现品牌与市场体系负责任交往；公平是品牌的衍生承诺，体现品牌对市场环境相关利益诉求的尊重。

（二）会展品牌的独有特征

会展品牌区别于一般品牌的特点，在于会展不同于一般的商品或服务，是一种面向规模化经营的以现场聚集为形式、以表达展示为手段、以主题化时空为核心的营销沟通服务。作为一种平台式服务，其意义是在参展方与观展方之间建立沟通了解、创新竞争与供需合作的关系。其品牌承诺通常并不针对某一特定产品或企业形象，而是为所有规模化经营的参展商和专业观众提供专业化服务，保证商情商机的沟通服务质量，激励竞争创新的方向和水准，维护服务平台的诚信与公平。其品牌担保不仅来自会展平台，而且来自组展方背后的支撑力量，包括政府、协会甚至场馆，来自参与会展活动的参展商与采购商共同的信誉和努力。因此，会展品牌建设，不是组展一方可以独立完成的。

由于参展商和采购商往往是代表行业实力的品牌企业，所以品牌会展既是会展的品牌，又是品牌的会展。基于这样一种特定的服务平台，品牌会展的营销沟通服务便具备了两个层次。第一层次是组展方面对参展商和采购商，第二层次是参展商面对采购商，这使得会展活动的服务对象通常不是面对终端消费者，而是规模化经营的参展商和采购商。他们拥有规模化特征和专业化身份，以及作为特定行业的市场品牌参与国际竞争的潜在可能性。

正是平台式服务的属性、专业化沟通的特点和服务对象不寻常的身份，对会展品牌提出了不同于一般市场品牌的要求，那就是更强的专业性、更高程度的国际化和更具境界水平的营销沟通服务，以及对品牌诚信与公平的更迫切更严格的要求。这需要会展品牌在常规服务经营之外，既为服务对象也为自身谋求发展采取一系列品牌维护策略。

品牌会展有必要建立专门机构，专责管理自身与客户的品牌资产，健全其跟踪、收集与提供信息的机制，培训品牌维护人才，促进品牌维护的全面开展。相关机构需要聚集一批精通行业市场以及相关产品专利知识、性能特点、品牌经营和市场动向，又掌握行业法规、民俗习惯的专门人才。

只有针对会展品牌的具体特征展开上述工作，品牌会展才有可能与大规模、高效益和前瞻性联系在一起，体现出示范效应、聚集效应和可持续效应，一往无前地走向世界；也只有这样，品牌会展研究才有可能在问题导向和实证与量化方法支撑下，引导品牌会展开辟出一片崭新的天地。

九、林业产业展会的建设和发展

建设发达的林业产业体系是中国现代林业建设的三大战略目标之一。林业产业既是生态建设的战略产业，又是经济发展的基础产业，对推动文明经济和社会发展具有特殊的重要作用。充分利用好林业产业展览会的平台，对于优化林业产业结构也将起到积极作用。

木材加工业是林业产业的支柱产业，也是经济和社会发展的基础产业。木材加工产品广泛应用于工业生产、国防建设、人民生活之中，是国民经济和社会发展不可缺少又难以替代的重要资源，木材加工业的稳定健康发展与整个社会的经济发展和人民生活水平的提高息息相关。同时，木材加工业既是资源依赖性行业，又是资源可再生性行业。因此，木材加工业的发展还直接关系到生态环境的可持续发展，是关乎子孙后代的千秋大计。林产展览业的发展是给木材加工业一个展示、推广、宣传的一个平台，给众多消费者和木材加工企业提供面对面交流探讨的场所。

国内市场的对外开放将进一步扩大，国际市场也将对我们更加开放，必将促使我国的内需、外贸和经济活动更趋活跃；同时我国也是一个门类齐全的产业大国，必将成为"全球制造中心"和加工中心。随着引进外资规模的扩大和融资渠道的多样化，以及技术进步和科研成果的产品化，我国工业产值将继续快速增长，产业链将进一步建立和完善，这必将促进会展业的进一步发展，推动区域经济的兴旺繁荣。

会展经济的繁荣实际是行业发展的一部分，没有行业的发展就不可能有会展业的发展。同样，会展业的发展也必将对行业的发展起到推动作用。林产品企业在发展的过程中，迫切需要通过展会这种形式来推介自己，拓展市场、创建名牌；同样，国外的品牌、产品要进入中国市场，也往往先从参加展会开始，这些因素为展会的发展奠定了基础。通过办展会可以提高林产行业的整体水平，参展企业短兵相接，面对面竞争，会使产品从品种、质量、款式等各个方面都得到快速提升。同时，展会可以在短期内把国内、国外的产品、设备集中展示出来，便于企业引进先进的技术装备和管理经验，从某种意义上来说，展会可以起到"行业学校"的作用，为行业的快速发展创造条件。

林产会展业快速增长的同时，新的政策和规划不断体现出来。为了展会的不断创新，会展业的人员也要在不断创新和策划中成长，不断淘汰陈旧的思想观念，要不断地去接触新的知识，不断地去观摩和借鉴以前的成功案例，同时也要思想灵活，增强自主创新能力。

会展市场是很复杂的，要不断了解、不断分析才能为举办会展迈出更大的步伐。会展业是综合类的行业，因此我们会展业的人员要学的不单单是会展策划与管理方面的知识，涉及会展业发展相关的知识就应该去了解去认识。

中国林业企业"走出去"战略路径分析

程受珩 曹 川 刘 新 乔红芳 薛宏凯 宋绍坤

摘要：据联合国统计署统计，世界林产品贸易额已从 1991 年的 895.1362 亿美元增长至 2009 年的 3 574.454 亿美元，净增加 2 679.3178 亿美元，年均增长 8.8%。中国林业企业如何"走出去"，如何加快实施"走出去"战略，本文从战略性途径深入分析和阐述，引导企业按照市场导向和企业自主决策原则，有序到境外投资合作。

一、中国林业企业"走出去"是时代的必然要求

公元 1435 年，曾七下西洋的郑和在临终前上奏明朝宣德皇帝：今后，国家的安全将来自海洋，国家的财富将来自海洋……当年，郑和船队同非洲人进行贸易并当压舱物大量运回国内的，就包括非洲当地的珍贵木材。华人在海外开拓林业从一两个世纪前即已开始，从此生生不息，连绵不断直至今日，且存方兴未艾之势。

改革开放 30 年来，我国靠引进利用外资发展外向型经济推动经济增长，国家层面上虽重视"走出去"的发展战略，但有效措施不多，与我国经济国际化进程不匹配，到关键节点时也很难充分发挥调整经济结构的作用。"十二五"期间，"走出去"战略的实施将对我国转变经济发展方式和调整经济结构发挥作用。但虽然我国坐拥外汇储备第一，人均 GDP 迈向 4 000 美元，国家战略层面对全球配置生产要素，利用海外资源和能源，向海外转移过剩生产能力，拓展国际市场，减少国际贸易摩擦认识较为统一；但在体制机制、政策导向、途径和渠道等战术实施上还需做许多探讨。

（一）"走出去"战略因应世界林产品贸易的总体变化

目前世界性的国际贸易自由化渗透到每一个国家，随着消费者实际收入增加、全球生产能力和物流业发展，林产品贸易有加速增长之势。据联合国统计署统计，世界林产品贸易额已从 1991 年的 895.136 亿美元增长至 2009 年的 3 574.454 亿美元，净增加 2 679.318 亿美元，年均增长 8.8%（图 1）。

作者简介：程受珩，北京绿方舟林业投资管理有限公司董事长。

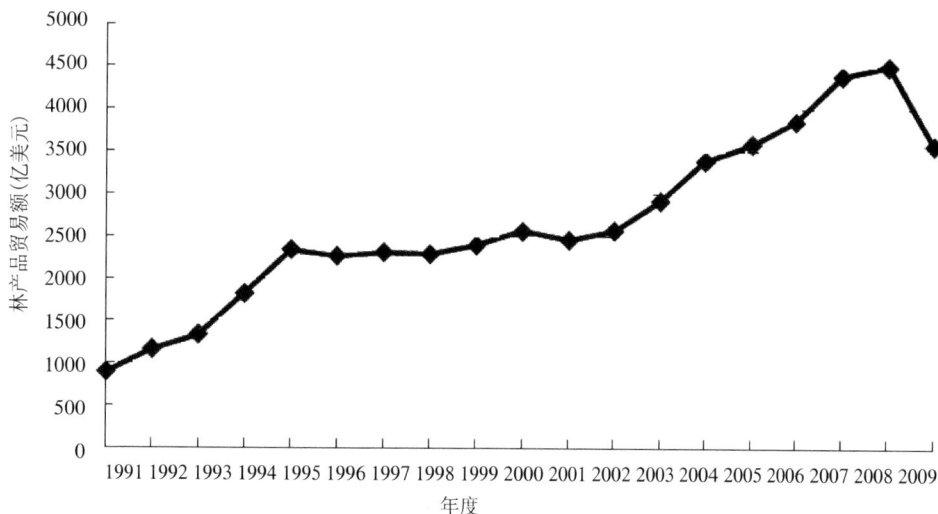

图1 世界林产品贸易规模变化情况

大体上可分三阶段:

1991~1995 年为第一阶段:全球林产品出口额从 1991 年的 895.136 亿美元发展至 1995 年的 2 338.484 亿美元,净增 1 443.348 亿美元,年均增长约 27.37%;此阶段平稳发展为主要特征。

1996~2001 年为第二阶段:此阶段受东南亚金融风暴影响,全球林产品贸易波动性较大。1996 年林产品贸易额下滑到 2 263.943 亿美元,比上年下降 74.54 亿美元,1997 年贸易额略有回升,但 1998 年又退回到 2 286.081 亿美元,1999 年止跌升到 2 392.321亿美元,2000 年再升至2 557.682亿美元,但 2001 年又曾短暂跳水,贸易额降至2 454.943亿美元。

2002~2010 年是第三阶段:其间以增长为主线但末期现拐点,2008 年全球林产品贸易达到了 4 507.251 亿美元,但受美国次贷危机引发的全球性衰退影响,2009 年世界林产品贸易有一定下降,为 3 574.454 亿美元,与 2002 年相比净增 1 007.297 亿美元,年均增 143.90 亿美元,平均增速为 5.57%。直到 2011 年增长势头才有所减弱。

而据海关统计,2010 年中国林产品进出口总值 962.7 亿美元,同比(下同)增长 37.1%,比我国进出口贸易增幅(34.7%)高 2.4%。其中,出口 487.8 亿美元,增长 34.3%;进口 474.9 亿美元,增长 40.1%(表1)。

表1 2010 年全国林产品进出口简况

亿美元

项 目	2010 年累计		12 月当月		
	绝对值	同比(%)	绝对值	同比(%)	环比(%)
进出口总值	962.7	37.1	100.6	28.9	5.7
出口总值	487.8	34.3	49.8	18.5	2.2
进口总值	474.9	40.1	50.8	41.0	9.4

（二）"走出去"战略对于我国的生存发展、更好地应对下一轮国际竞争、推广中国软实力都是关键一步

中共中央"十二五"规划中明确提出，要加快实施"走出去"战略，按照市场导向和企业自主决策原则，引导各类所有制企业有序到境外投资合作。维护我国海外权益，有效防范各类风险；积极参与全球经济治理和区域合作，促进国际经济秩序朝着更加公正合理的方向发展。

可以说在中国现阶段实施"走出去"战略，是中国利用国内外"两个市场、两种资源"，应对经济全球化挑战、提高我国经济实力和国际竞争力的必然选择，对实现我国经济持续稳定和快速发展具有重要意义。这是"十二五"中国转变经济发展方式和加快经济结构转型升级的必然要求，是我国加强国际资源合作、保障工业化和城市化需求的必然选择，是分散外汇储备压力、改善国际收支平衡的重要方式，是我国企业国际化运营的客观需要，是我国创造国际竞争新优势的重要战略途径。

在这方面日本的经验值得重视。日本早从 20 世纪初就在政府引导和鼓励下开展"生态移民"，经过几代人的辛勤耕耘，"亲日派"势力在不少国家扎了根，有效保障了日本在当地的利益和影响力。

（三）中国林业企业面临的国际竞争形势

1. 世界木材资源供给日趋紧张

由于木材具有的天然、绿色、环保属性，木材消费成为社会消费成熟化的重要标志。因此，林木资源也越来越引起世界各国的关注，森林资源控制已从经济问题上升为资源战略问题。基于此点，木材出口国开始逐渐限制木材资源出口。如中国最大的原木来源国俄罗斯现已把原木出口关税提高至合同金额的 25%，或不得低于 15 欧元/立方米。

2. 木材贸易的合法性要求逐渐提高

在当前全球气候变暖大背景下，森林与生态环境密切相关。因此，发达国家积极推动木材来源合法性标准，以保护原始森林。

如欧盟正开展的森林执法、施政和贸易（Forest Law Enforcement, Governance and Trade，简称 FLEGT）进程，并致力于与木材生产国签订《自愿伙伴关系协议》（VPA），以阻止非法生产的木材进入欧盟市场。凡被 FLEGT 进程认可的木材及其制成品，欧盟就纳入绿色公共采购范围，并阻碍欧盟内部可能助长非法采伐活动的投资。美国也在 2008 年将《雷斯法案》修正案延伸到植物及其制品（林产品）贸易，对非法采伐持打击态势，鼓励企业交易来自合法渠道的植物及植物制品（林产品）。英国也参照美国《雷斯法案》修正案，计划推出《禁止销售和流转非法采伐木材法案》。

3. 低附加值林产品出口竞争日趋激烈

由于林业产业属于绿色、低碳产业，资源国多通过政策性引导，发展本国木材加工业，并利用其劳动密集型的产业特点促进社会就业。

俄罗斯于 2007 年通过了《俄罗斯联邦森林法》修正案，通过延长森林租赁期到 49

年，下放采伐审批权到州一级政府，引导、鼓励、逼迫外资在俄罗斯境内开办木材加工企业，以提高林产品附加值。越南则发挥比中国更低的人力成本和更靠近原料基地的优势，吸引了 400 多个林业外商投资项目，出口额占木材产业出口总值 50% 以上，林产品出口到 120 个国家和地区，主要出口美国、欧盟和日本，成为中国的一个竞争对手。

（四）我国林业企业"走出去"的现状和存在的问题

1. 境外投资的现状

我国企业开展境外林业投资与合作始于 20 世纪 80 年代，至今已历时约 30 年坎坷时光。大体可分两个阶段：第一阶段即国有林业企业负担沉重，被迫跨境出国求生存，以东北森工企业为主；当时也有国企利用垄断专营权大挣其钱的黄金时刻，如当时的中国木材公司和一些省级外贸公司。第二阶段走出去的林业企业呈现多元化趋势，通过购买、租赁、联营、合作等多种形式开展境外林业投资；央企财大气粗，一般都投大手笔，但表现最积极活跃的则是股份制企业和私营业主，其中福建"莆田帮"和浙江人都很抢眼。

据不完全统计，中国目前境外投资林业的企业多达 130 多家，实力较强的企业约 10 家左右，其余多数是私营企业。境外林业投资项目劳务输出约 2 千人，林业境外投资存量资金不足 7 亿美元，境外租赁林地面积约 2 千万公顷，蓄积 20 多亿立方米。

2. 面临的问题

（1）我国对外直接投资规模本来就不大，而林业投资相比之下就更小，与中国引进外资规模差异大，面临融资瓶颈。

（2）我国海外投资经营业绩差，回报率还不理想，海外投资效益有待提高。

（3）目前走出去投资以国资为主，西方国家在与中国竞争节节败退之际多借此渲染"中国威胁论"，很多国家也将我国企投资认定是政府行为。

（4）我国对外投资政策有待改善，便利化程度有待提高。如对外工程承包和劳务输出资质申办设立的门槛高，虽然初衷是好的，但几乎成为大型国企专利，而对在外承揽下来的苦活、累活，大型国企很多都是再把工程转包出去。这样除了自缚手脚，并未起到太大作用，反而限制了中国在海外工程承包或劳务输出项目上的整体竞争力。这往往造成有枪（有资质）的不愿意打仗，愿打仗或能打仗的（民企）没有枪，还得多花钱去租枪。

（5）一些国家人为设置的投资障碍和新的环境保护主义形式，经常严重影响我国林业企业海外投资。

（6）不少出去的中国林业企业没有长远投资战略，一些人抱着"不管臭鱼烂虾，捞一把就走"的心态。由于急功近利，管理制度不健全，责任不明晰，就更谈不上风险防范机制，经营风险加大。

（7）一些中国走出去的企业社会责任意识差，在环保和劳工方面产生了不少负面国际影响。但不可因噎废食，还要看到企业之所以这样做，既有领导者自身素质问题，同时也与当地的商业环境恶劣有关。对此除加强管理，更多的应是宣传和引导，使企业家形成爱护商誉的自觉意识。

（8）走出去最大的瓶颈在团队和熟知中西思维定式的国际型人才。一支具有朝气、经验丰富的国际性经营管理团队，能在国外扑朔迷离的商业环境中迅速找到最简单的赢利模式，并实施操作挣到钱。正所谓千金易得，一将难求。

（五）利用好机遇之窗

中国改革 30 年来随着世界经济发展也经历了几次过山车式的大起大落，较多专家预测"十二五"期间，全球经济将逐步复苏，开始稳步增长，为国际投资创造有利环境。其中一个较为重要的趋势就是各新兴经济体的国际贸易和跨国投资将更加活跃，1970～2008 年，发展中国家对外投资占全球对外投资比重上升到近 20%，而发达国家则逐渐下降到 80% 左右。虽然发达国家目前仍是对外直接投资主体，而发展中国家正在追赶。可预见全球及各个投资热点地区全球对外投资将复苏和升温。但由于世界经济复苏基础不牢，国际金融危机影响仍在，若干国家和地区风险较大，全球经济复苏将充满变数和不确定性，这些也都制约着对外投资高速发展。

"十二五"期间，我国的大量外汇储备需要找出口，金融危机又使许多国家资金缺乏，中国的投资机会和选择多了。一方面是各国吸引中国投资合作意愿增强；另一方面因一些拥有关键技术或科研人员、营销渠道等战略性资产的企业一时要不起价，投资成本下降，我国处于较有利的投资地位。

预计在"十二五"期间，随着中国资源环境压力加大、劳动力成本上升和国际贸易摩擦加剧，逼迫企业到海外寻找新出路。但大批中国企业"走出去"如何契合国家的整体战略意图，国家在政策体系上如何更好地支持"走出去"还需体制内外做大量工作。

回顾中国几千年的发展历史，只要社会稳定，老百姓凭着勤奋劳作，国家也就很快富裕起来。如今，改革把大家的创富欲望都调动起来，几乎全世界只要有人的地方就有中国人。只要保持住中国人吃苦耐劳的精神，中国的走出去不论遇到什么困难就都能克服，因为靠中国人顽强的生命力总会找到出路的。但只有自尊、自重、自爱，进而再扩展到尊重他人、爱护弱者，我们的国家才能真正独立于世界民族之林，这也是比财富更宝贵的核心竞争力。

二、中国林业企业走到哪里去

如今我国的新社会阶层人士和民营企业正在学习进一步放眼海外，利用广阔的海外市场和海外某些区域成本相对低廉的条件，千方百计到海外去开拓，中国的林业企业亦应如此。

但中国林业企业走到哪里去，也还是很有讲究。虽然要到林木丰盈的地方去，但要有选择，不能一窝蜂，也不能盲目。

目前，全世界共拥有天然林地 36.82 亿公顷，林木总蓄积量为 3 864 亿立方米，其中俄罗斯占 20% 多、非洲占 17%、南美洲占 23%，它们是世界森林资源最丰富的三个地区，但总体情况又各不相同。

1. 俄罗斯

俄罗斯森林面积8.09亿公顷，蓄积量891亿立方米，其远东经济区和东西伯利亚经济区是俄罗斯最大的两个林区。俄罗斯多年是中国最大的原木来源国，再加上相邻的地理位置，其木材来源具有不可替代性。比较优势有：国家政治关系稳定、良好；政热经冷，双方都有发展经贸需求；区位运输优势明显；资源丰富；互补性强。

中俄两国签有中国在俄采伐森林和建立木材加工企业的合作协定。鉴于俄罗斯不断提高原木出口关税，并将加工木材的出口关税降为零，在俄投资森林资源，应以采伐＋建立木材初级加工产业链才合算。投资重点区域应考虑俄远东和西伯利亚地区，以此作为我国针阔叶树种的加工基地和资源储备基地。在俄罗斯一直活跃着多支从事森林采伐和木材加工的中国队伍，生意有赔有赚，合作形式包括木材贸易、采伐火烧林、租赁或承包森林、林业采伐、木材加工等形式。

俄罗斯虽然是"森林的海洋"，但就笔者在俄投资经验看，在俄中国林业企业经常遇到如下问题：

（1）社会和自然环境恶劣　俄罗斯冬天采伐季，需在－30℃严寒中伐木，条件艰苦；俄远东一些州黑道经济活动猖獗，常会殃及中国在俄企业和个人。

（2）部分中国林业企业影响恶劣　部分中国人在俄罗斯从事木材生意，采取"打一枪换一个地方"策略，违法采伐把市场"做烂"，也把中国人形象"做倒"，助长了俄某些管理机构借机刁难中国企业的心理。

（3）俄罗斯相关政策"趋紧"　表现为以提高原木出口关税来限制原木出口，逼迫外国企业上木材加工项目。2008年1月29日俄总理曾明确表示，国家对外国公司在俄森工领域投资的现行政策不会改变，俄政府不会改变提高原木出口关税的计划，投资者不会获得税收方面的优惠政策和项目实施优先权。

这些都说明中俄之间对于过去游击队式打一把就走的做法，时间之窗已基本关闭。

2. 非洲

非洲森林丰富，树种多样，名贵稀缺木材蓄积量大。非洲的森林集中在中、西南部非洲，这里的林地面积占非洲林地总面积的65％。仅刚果（金）就拥有热带雨林1.34亿公顷，占非洲林地总量的22％。刚果（金）、赤道几内亚、加蓬、刚果（布）、喀麦隆、中非共和国所在的刚果盆地雨林区是全球第二大热带雨林资源区，还有科特迪瓦、利比里亚等，都是林业投资的重点区域。

这一区域，与中国的政治关系良好，中国外交影响力大，资源丰富，中国对外援助基金的杠杆作用明显。

随着中非转型伙伴关系的确立和不断深化，中非林业合作及林产品贸易额达20亿美元以上。但同时非洲的木材开采也日益成为国际社会关注的焦点，其负面影响也波及中国。这是由于西方前宗主国为确保能控制木材资源，常以生态环境保护、打击非法采伐和相关贸易为借口，对中国从非洲获取木材施压。利用中非合作中的具体问题误导国际舆论，制造所谓"中国木材威胁论"和"中国转嫁生态危机论"，借以挑唆非洲国家对中国关系。再加上非洲一些国家部分官员腐败、政局易变、仍受制于西方等因素，使中非的具体合作项目遇到来自社会、管理、运营等方面的风险。

从战略层面上看，非洲宜投资高档木材开发和加工基地，把非洲建成我国珍贵木材资源储备基地。这个区域的主要问题就是政治风险大，政体稳定性差，经济秩序混乱，工作和办事效率很低。

3. 南美洲

近几年南美洲成为林业投资的小热点。这里的亚马孙盆地拥有世界上保存最完整、面积最大的热带雨林，面积达 550 万平方千米，分布在巴西、委内瑞拉、哥伦比亚、秘鲁、厄瓜多尔等国境内。雨林区内有乔木树种 2 100 个，珍贵树种多，其中 400 多种有商业价值，可大量采伐的有 24 个树种。该区域经济发展较好，对外贸易政策较宽松，政局稳定，森林资源丰富，且是与我国林业合作相对较少的地区。

特别是金砖四国之一的巴西拥有 330 万平方千米热带雨林，科技较发达，法制较健全，人民生活和城市化水平较高。南美洲人民对中国人民普遍友好，一些国家与中国保持着全面合作伙伴关系或战略伙伴关系。这些条件无疑都有利于中国林业企业走进去。

只是这里过去因是多个国家的殖民地，法制虽较为健全但较繁琐；一些国家民风淳朴，喜好享受生活，工作效率较低。能否抓住机会好取决于团队的操作水平。

4. 北美洲

北美洲区域一般意义上指美国和加拿大。该地区因经济发达，森林经营管理水平高，拥有高效的林业科技体系和完备的林业法律体系。虽然森林面积只占全球的 17%，但木材采伐量却占到世界的 40%。由于市场成熟，全球竞争力和创新能力强大，成为全球最大的林产品生产、加工、出口和消费地区，但对于刚走出去的中国林业企业来说，能否一步融入当地经济环境是很大挑战。

5. 东南亚地区

该地区特点是：与中国关系稳定，地理位置相对较近，经济互补性强，资源还算丰富。

只是这些地区的森林资源已被日本和世界上一些大型林业公司开发过，虽还有资源，但相对较为零散。

6. 欧洲（不含俄罗斯）

欧洲森林经营研究及利用水平较高，市场规范。我国林业企业目前主要在木材贸易方面与之合作，但欧洲在中小规模投资、技术和劳务合作方面也有机会。

7. 大洋洲

这一地区国家有澳大利亚、新西兰、巴布亚新几内亚、斐济、萨摩亚、所罗门群岛等。

该地区森林面积约 2.06 亿公顷，森林蓄积 10.77 亿立方米，森林覆盖率 24.3%。这一地区辐射松材贸易与我国正进行得如火如荼，虽然该地区太平洋岛国的热带珍贵木材已被日本公司和马来西亚公司深度开采，但还可投资建立热带材的培育和加工基地。

鉴于中国林业企业的团队管理水平、国际视野；再综合政治因素、投资环境和双边关系；结合世界森林资源供给的可能性、地缘性；中国林业企业境外林业投资要有中长期打算，投资合作地区重点考虑与中国政治关系好、森林资源丰富、投资环境较为稳定的发展中国家和地区。

三、中国林业企业"走出去"路径分析

中国林业企业"走出去"具有多种形式，呈多元格局，无论去开发林业资源，还是合资合作、投资办厂，对每一个林业企业而言，"走出去"是一个具体的战略性的系统工程。

首先，要在国内把企业搞好，使企业本身更符合现代企业的要求，在工作流程、制度规则、干部监管、行为教育和培训等方面更要多下工夫。同时还要大大提高员工的自我驱动力，让企业不断提升的文化氛围之灯也照亮"走出去"的征程。此外，在相关"走出去"的战略问题上，诸如：要不要和有无条件走出去、去哪里、怎样去，以及追求何种目标和结果、以何种方式用什么方法等，都必须根据各个企业自身的业务特点、企业战略、资源地情况、目标国局势等作出评估，并据以行事。

探讨中国林企"走出去"的这样重大课题，需要各界有识之士共同参与探讨。在此仅以几点看法抛砖引玉：

（一）找到"鱼群最多的地方"

海外投资犹如渔夫捕鱼，看清大势水流后，再顺水扬帆，与时俱进，找准机会点一网下去才能满载而归。有时利润丰厚的项目未必就是机会，应该找对自己最合适的项目才好——即能控制住的生意。

中国古代哲学思想讲"谋定后动"，即包含深奥哲学道理。这就像海洋中鲨鱼觅食。鲨鱼发现猎物后，一定要围绕目标反复巡察，确认无虞后，一击必中。找到一个好投资项目，还要反复调研，直到自己对它已有了"感觉"后再上，也就离成功不远了。

（二）投资要搞组合，并要尽量增加保险系数

走出去的林业企业在投资项目设计上应尽可能有中长期打算，这样企业壮大后才能培育起较长的产业链，以应对下一步大型跨国企业国际产业链的挤压和竞争。

当前世界处于后金融危机时代，资源丰富和产业欠发达国家都出台了一系列吸引外资的优惠政策，尤其森林经营属于劳动力密集型产业，我国具备劳动力比较优势，应顺势建立不同用途的森林培育基地或原料林基地。这就意味着以往到一国"砍完木头就跑"的"倒爷"心态和做法已不适应当今国际形势，更不能与中国目前的发展趋势和地位相适应。要转变投资思维方式，以投资加工园区形式来配套林地资源，在森林资源丰富区域，逐步建立起木材生产、加工、森林培育的综合性基地，形成中国的木材资源储备库。

如面对俄罗斯增加木材关税，限制原木出口、加工材免税的政策，可改变以前简单的租赁林地—采伐—销往国内的"搬运式"投资形式，考虑把木材加工基地前移，延

长产业链，代之以木材综合工业园区的合作形式。这样既拓宽了双边合作领域，提升合作质量，扩大产品辐射面，同时，国内产业链外移还可为当地增加就业岗位，增加当地税收，并能有效地解决贸易壁垒带来的一系列问题。

（三）盈利第一，现金为王

不论前景多么美好的项目，不能尽快挣到钱的项目就不能算好项目，常有企业离成功只差一步之遥因撑不住而败下阵来。所以，对企业来说"走出去"最实在的就是如何把钱挣回来。

而所谓前期的一系列投资策略、投资收益和成本分析；用底层木材贩子的大白话就是，"只有算得下账来，才能干！"

由于俄罗斯多年来是中国最大的木材供应地，现以俄罗斯远东林业项目投资的成本核算对比，试图勾勒一下这几年俄罗斯林业的大起大落及投资对策。

自从 1991 年苏联解体后，中国对俄罗斯的林业投资主要集中在木材采伐和原木进口，基本上大家都有钱赚，俄材一直占中国原木进口的大头。直到 2008 年前后，俄罗斯逐步提高原木出口关税，才把车轮阻碍下来。后俄罗斯看到原木出口市场份额丢失太快，不得不把原木出口关税暂时稳定在合同总金额的 25% 或最低 15 欧元/立方米（以防买卖双方故意做低合同价格）。但这样的关税支出已使俄罗斯原木进口利润大大缩水。由于俄罗斯鼓励在当地上木材加工项目，对板材不征税，不少中国公司又转而生产锯板材运回国。

2011 年前投资俄罗斯林业项目，粗加工做到锯板材，每立方米参考成本大致构成见表 2。

表 2　财务成本及费用

项　　目	森林采伐工程及木材加工
俄罗斯政府及林业部门收取费用	50.0 元/立方米（包括引进劳务许可证、邀请信、签证费、保险费、森林资源费、税收等）
木材采运生产成本（至贮木场）	约 330.0 元/立方米（其中工资及附加 110 元立方米，油脂燃料费 60 元立方米，木材运输费 90 元/立方米，机械损耗费 30 元/立方米，贮木场费 40 元/立方米）
锯材板材加工费	200.0 元/立方米
锯材板材运费	150.0 元/立方米（公路至港口）
锯材板材在俄港口港杂费	100.0 元/立方米（包括装卸和港口运输）
锯材板材海运费	250.0 元/立方米（运至中国华东太仓港以北地界）
折旧及摊销	用于计提折旧的固定资产设备按 10 年，加工厂房按 20 年，残值率为 10%；用于摊销的无形及递延资产按 5 年等额摊销
利息支出	贷款的年利率按 6.84% 计算，建设期利息计入总投资；生产期利息计入财务费用
其他费用	按有关提取标准上限计算
合计	锯材板材成本约 1 180 元/立方米

货币单位：人民币

当时的市场参考均价为 CIF 人民币 1 500 元左右。在俄罗斯林业投资的产品系列设计组合多是：优质原木缴纳高额关税出口也还能营利，普通锯材均价 1 500 元/立方米，如再考虑加工三剩物利用做木片，按基准年均价格上涨 3% ~10% 测算，运费年均增长 2%；管理费按生产成本 5% ~8% 测算，综合投资利润率可达到 20% 以上。

因这一盘账算下来后有利润，所以尽管这些年俄罗斯发生过不少对中国公司不利事件，但利之所趋，还是有各色人等怀揣着挣大钱梦想，前仆后继到远东投资林业。

（四）兵无定势，水无常形

这本为兵法心得，但都说商场如战场，兵法自然也得合理运用。

在国内写得再好的可研报告、商业计划书，设计得再好的盈利模式，考虑得再周全的风险防范措施，经常出国实施后赶不上形势的千变万化。

此时较为正确的应对之策，就是顺势而为，而避免"死扛"带来更大损失。如你不能改变环境，就要顺应环境。

向来俄罗斯林业公司因占地利之便，又多采用机械化作业，人均劳动生产率比中国公司高（最少能达人均 1 000 立方米/年以上），从事原木出口有诸多优势，利润也超过中国公司。常有许多二手或三手倒爷在边境向俄罗斯林业公司接货，靠挣差价"拼缝"。

但进入 2011 年以来，连俄罗斯公司都很困难了，确实是以前少遇。俄罗斯政府公开宣布的数据是木材采伐略有增加，但俄罗斯远东各州林业主管部门大部分都认为生产在减少。这有几个原因：①对公路、铁路等基础设施投资少；②铁路运输费用、燃料成本成倍上涨；③税收、人员工资也随之上涨。

尤其是 2011 年从第二季度以来，俄罗斯林业生产成本上涨过快，仅几个月时间就超过 20%，而大宗木材价格却涨不上去，一下把此前的利润都"吃"掉了。表 3、表 4 为俄罗斯林业公司的成本核算，由此可见端倪。

表 3 俄罗斯林业公司机械化采伐原木生产成本构成

（1）按费用构成

项　　目	美元/立方米	比例
临时设施	1	1.5%
采伐立木税	3	4.5%
耗材（及轮胎）	3	4.5%
利息、银行收费	3	4.5%
设备配件	5	7.4%
运营及管理费用	6	8.95%
油脂及燃料	9	13.5%
设备租赁	16	23.9%
工资及税费	21	31.3%
合计	67	100%

（2）按生产流程

生产工艺	比重	美元/立方米
采伐（采、集、打、造、清）	38%	25.46
运输（装、运、卸）	30%	20.1
修路（运材和集材筑路、维护）	19%	12.73
贮木、检尺与其他	13%	8.71
合计	100%	67

表 4　俄罗斯林业公司出口原木成本构成

项　　目	美元/立方米	比例
伐区直接生产成本	67	43%
销售成本（关税）	34	22%
运输成本（出口运输）	56	35%（陆路运输）
合计	157	100%

（五）因时而变或逆势进击

计划永远赶不上变化，企业的掌舵人随时要密切关注投资环境，以做到一叶知秋。一旦全球经济形势发生重大改变时，就要及早感觉到并调整经营策略，以防出现较大亏损。

像应对目前俄罗斯林业投资遇到的困难，就要及时应变寻找最佳对策。如：①寻找位置更佳的林分，通过降低采运成本盈利；②利用俄罗斯充沛的能源，向下游加工延长产品链盈利；③尽可能增加大径级、高品质木材产量盈利；④只做货值高的木材盈利，如白桦、柞木等；⑤如实在不行还可通过减产、暂时性转产或停产等待时机。

另一方面，往往危机的出现还带来了新的投资机会。目前远东俄罗斯林业企业普遍困难，也正是中国林业企业购并的时机。对于有充足融资渠道的中国企业来说，就可以较为从容地选择重组、购并俄罗斯林业项目。而在远东的许多俄罗斯林业公司，资源、道路、设备、人员和渠道都很完整，目前只是缺乏流动性资金。

因此，此时逆势进击，整合林业资源将是更快的产出途径。

（六）欲工其事，先利其器

打造中国林业的国际性企业要靠三个层面奋斗：国家层面、企业层面、个人层面。

现在，仅靠全国范围整合产业链已难以应对全球范围整合的产业链，这是中国林业企业面临的困局。因此已到了需依靠国家政策引领、政府机构幕后推动，企业之间用经济关系整合、正规军作战阶段。而在这其中，民企因灵活、韧性大，更容易被国际社会所接纳，理应发挥开路尖兵作用。

国家应从政策层面做相应调整，从融资、信息服务，政策性引导方面，帮助民企到已与我国签署双边投资协议、或自由贸易协定的国家投资。

呼吁国家加大金融支持力度，这是对"走出去"企业最重要、也是最实惠的支持。

建议可设立各种基金以使投融资渠道更灵活；改革信贷政策及方式，降低项目融资门槛，在融资期限、利率上应提供规模较大、期限较长、成本较低的资金支持，以鼓励中国林业企业海外投资森林资源类项目。

为保证中国进口木材的合法性，保持下游加工产业链的出口顺畅，中国森林认证单位应与主要木材资源出口国，如俄罗斯、非洲及南美洲国家建立国际木材合法性联合认证体系。使进口木材都能通过这一体系获得合法性认证，并可遏制木材盗砍盗伐现象。

（七）让资本发挥威力

做生意和做事都要看清大势水流：资产的资本化、证券化将成为中国今后的重大趋势。我们处于知识经济时代，全国有规模的企业发展到一定阶段都会面临重大业务转型及能否顺利再上新台阶问题。依靠上一轮成功经验有危险，因为这只代表着过去的辉煌。最痛苦的事之一就是不断打破自己业已成熟的经营或管理模式，创新即是在尊重国情基础上，不断学习国外更先进的经验和模式，才有可能跑赢国内固步自封的其他同业兄弟企业。

林业投资中实体经营与资本运作的关系，就是地上跑与天上飞的关系。企业经营得好就像稳坐钓鱼船，在此基础上再结合资本杠杆的倍增放大，就能速度大增。尤其中国林业的第三产业构成偏低，原因就是没有发挥资本市场威力，其实正好应是颠倒过来。让 VC/PE 投资，重组并购上市，资源整合等各种资本杠杆形式发挥巨大作用。

也只有能快速整合林业各项资源才能应对我们正面临的全球性资本快速整合阶段的到来。这样也将对劳动生产率的提高带来极大促进，如现在中国走出去林业企业人均生产率与国外较高管理水平森工采伐企业比较差距还是存在的。我们人均年采伐 500~1 000立方米，而国际性企业人均年采伐可到 6 000 立方米以上。

因此，面对险恶的国际竞争，中国林业企业要考虑的应对之策不仅是活下去而是如何快速长大、做出自己品牌，做成百年老店的问题。

学习还包括规避风险的投资管理模式，如国际上较为普遍的私募基金制投资模式，以控制风险，追求稳定收益率，并结合股东资源向产业链上下游延伸。这里的创新内容有：投资方式、采伐生产方式、木材贸易和粗加工合作方式的各个方面。对此国外已有400年历史经验，如最早荷兰东印度公司就是通过私募基金分摊风险，促使基金管理人不断创新，很快做成当时世界上举足轻重大公司的。

而反观中国，目前自己的跨国大型林业企业甚少，原因不仅有中国的经营环境、财政政策与较为发达国家甚至印度相比都有差距，亟待加快改善速度；也需要林业企业自身与资本更好联姻，让资本发挥更大威力。

（八）注重人才的吸纳与培养

跨国投资或购并，最重要的不是资金而是人才团队。能不能控制得住？管理得好？一个国际型企业是以企业文化统帅并能融入当地文化，员工应尽可能本地化，对当地干部的管理要没有心理障碍，使之认同并依循本企业文化。

在此就提出了更高一级要求，即走出去的林业企业，要做大还是做小？

企业犹如部队，一支军队统帅的眼光决定了这支军队能走多远。

如目标有限，只想做个"小买卖"小富即安，目标易得。只有能快速整合林业资源才能应对当下全球性资本快速整合阶段的到来。此时创新体现在一切都没有边界和限制，今天的老大随时可能被老五联合老六，结合大资金一下反超颠覆，只有变化才是唯一不变的。创新的要求和体现：经营、管理、科技都要创新。

在投资项目追求上"没有最好，只有更好"！这样就牵涉到企业不光要有亲兵团队和整编能力，还要具备统合能力。

所谓统合能力——不仅是消化、整合企业资源，而要统合政治、经济、社会等各个领域资源到一个企业战略规划目标下。这牵涉到"四个密集"原则和系统工程学的流程管理。

"四个密集"原则：人才密集、技术密集、资金密集、人脉关系密集。

系统工程学的流程管理也是西方管理学早已广泛运用的项目管理模式，其主要点即抓住四项：总体规划目标、详细操作计划、时间节点＋责任人、预算资金保证。

一个"走出去"项目的成功绝不止于采伐后运原料回来，应该是一家企业出去后带动一批下游加工企业出去；对建设加工园区的理解；低端加工业也有产业转移问题，前移既能降低成本，还可起到推广中国文化，体现软实力。

（九）走出去要注意做好的三件事

中国企业"走出去"后，一定要做好"文化先行、义利兼顾、合作共赢"三件事。

"文化先行"，我的理解是：要使准备"走出去"的企业员工懂得，我们出去代表的就是中国。要通过中国人的工作表现，使其显现出历史的深度，有情义，敢担当。须知，西方诸国在我们"走出去"前，已在世界许多地方占得先机，进而在那些地方留下了近现代文明。而我们应自觉地通过"走出去"之后的工作，使更适合世界许多地方的现代中华文明在那里传播开去。另外，"文化先行"还包括提高自身的文化、文明水准，积蓄和培养横贯中西的国际型人才，以适应海外事业需要。借助于国家力量、政府各部门力量、海内外各方人才力量、各相关国际机构力量，共同搞好"走出去"的百年大计，在世界上树立中国林业企业的良好形象，并肩负起中国企业对当地应尽的责任。

"义利兼顾、合作共赢"，具体为：依照当地法规经营、诚实守信；热心当地公益事业。在实现企业价值的前提下，在企业所在地多做善举，关注那里的民生，回报那里的社会及建立环境友好型、资源节约型生产模式。在创造利润、对中国员工负责同时，还应承担对驻在国员工、消费者、社区和环境的社会责任，保护当地环境，支持慈善事业，捐助公益事业，尽力参与解决当地就业、税收等，切实履行起企业的社会责任。

也常有企业出国后，似乎看到遍地是黄金，到处有机会，这时最要紧的是抵抗诱惑。面对回报率再高的投资项目，企业先要细数家底，看就现有实力能否消化。如超出目前的操控能力，就常会左支右绌，消化不良，甚至最后为他人做了嫁衣裳。

打造出中国林业自己的国际性企业要靠三个层面奋斗：

国家层面——企业层面——个人层面。

愿中国林业企业乘势迎风、大踏步地"走出去"，以满足时代的要求和期望。

2011 年中国林产品贸易分析

吴盛富　程宝栋　辛相宇

摘要： 2011 年，中国林产品贸易发展总体稳定，出口增速明显放缓。本文对 2011 年中国主要林产品进出口额及中国林产品主要贸易伙伴进出口额进行了总体介绍，阐述了中国林产品贸易市场结构的转变及房地产发展对中国木材加工业的影响，并从海关政策、出口退税等方面提出了政策建议，最后分析了 2012 年我国林产品进出口总体趋势。

2011 年，是"十二五"开局之年，也是林业改革和发展的关键一年。在国家利好政策的指引下，林业产业持续增长，林业产业总产值增速明显；据国家林业局统计，全国林业产业总产值（现价）达到 3.06 万亿元，比 2010 年同期增长 34.32%。分省区看，广东省林业产值超过 3 000 亿元，福建、浙江、山东、江苏 4 省林业产值均超过 2 000 亿元，以上 5 省林业产值合计占全国林业总产值的 45.3%。林业产业结构进一步调整，一二三产业产值所占比重由 2010 年的 39∶52∶9，调整为目前的 36∶54∶10，第二、三产业所占比重继续提高，其中林业第一产业为 1.02 万亿元，第二产业为 1.53 万亿元，第三产业为 0.28 万亿元。全年木材产量为 7 272 万立方米，比 2010 年同期减少 818 万立方米，同比减少 10.1%。全年累计生产人造板 16 543 万立方米，比 2010 年同期增长 7.7%。全年累计生产木竹地板 48 994 万平方米，比 2010 年同期增长 2.2%。全年累计生产木质家具 22 306 万件，比 2010 年同期增长 15.0%。

木制品属于劳动密集型产品，在我国具有传统优势，特别是改革开放 30 年来，我国林产工业得到长足发展，取得举世瞩目的成就。从产品的花色品种上，陆续开发出适销对路的新产品；从主要林产品产量上，接连创造历史新高，且众多产品的单产量均已达到全球最大产量；从产品质量上，正在逐步提高，并已经甩掉我国只能生产低档产品的历史。在满足我国消费者需求的基础上，还较大程度满足国际市场的需求，使国外消费者也分享到我国生产的价廉物美的林产品。

根据海关统计数据汇总分析，2011 年全国林产品进出口总值为 1 204.5 亿美元，再创历史同期新高，同比增长 28%。其中，出口 550.8 亿美元，增长 18.3%；进口 653.7 亿美元，增长 37.5%，贸易逆差 102.9 亿美元（图 1）。进出口仍然以木质林产品为主，进口木质林产品主要有原木、锯材、纸浆与废纸、木片等；出口仍以家具、纸

作者简介： 吴盛富，中国林产工业协会市场部主任、高工，研究方向：林产品贸易。程宝栋，北京林业大学林产品贸易研究中心副主任，研究方向：林产品贸易。

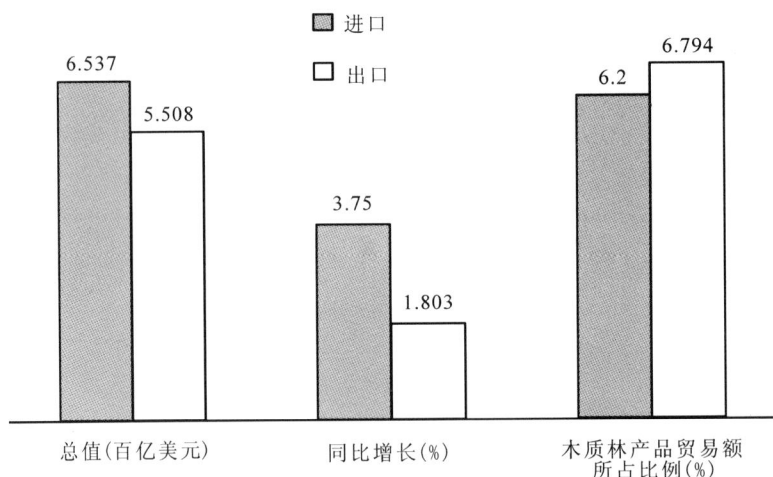

图1　中国林产品贸易总体情况

及其制品、木制品、胶合板、纤维板等。

　　木家具、纸制品、木制品、胶合板、纤维板等我国重要林产品出口总体保持上升态势，增长势头高于历史同期水平。但是，作为我国出口量最大的林产品——木家具出口增速明显下滑，并拉低了我国林产品整体出口。锯材、木片、原木、纸浆、废纸等5类重要木质原料类商品的进口增势明显，创同期新高；锯材的增幅最为明显，且增加的量大部分来自欧美发达国家。

一、林产品贸易发展稳定，出口增速明显放缓

　　中国出口木质林产品以家具、胶合板、纤维板、木地板、纸、纸板和纸制品为主。近几年出口产品结构变化不大，其中，家具又是中国木质林产品出口中最重要的产品。以2010年中国木质林产品出口为例，木家具在中国林产品出口中继续保持主导地位，是第一大出口林产品，出口额在全部林产品出口额中所占比重达到34.8%。纸、纸板和纸制品位居第二，出口额占林产品出口总额的21.9%。人造板是位于木制家具和纸产品之后的第三大宗出口林产品，占全部林产品出口总额的13.12%。中国主要出口木质林产品情况见表1。中国目前出口产品结构有了很大改善，但是依然存在优势产品竞争力不强，劣势产品发展缓慢等特点，产品结构还有待于进一步的优化。

表1　2010 年中国主要出口木质林产品情况

出口林产品名称	出口量	出口总额(亿美元)	出口额占总比例
木制家具	24747 万件	120.4	34.8%
纸和纸制品	600.3 万吨	75.5	21.9%
人造板	NC	45.40	13.1%

（一）进口方面

　　由于我国木家具、胶合板、中纤板、刨花板和实木地板产量的增加，使今年原木、

锯材等进口都大幅度增长，具体如图 2 所示。另外，造成锯材进口量大幅增加的主要原因是限制原木出口的国家逐渐增多以及流通问题，未来锯材或将逐渐替代原木流通。又由于房地产健康发展和人民生活水平提高，加上人民币汇率不断升值的影响，中产阶级开始有条件选购具有不同风格和质量的国外家具，来满足他们不断提高的物质生活水平和艺术鉴赏水平，年轻一代吸收外来事物程度高，他们的鉴赏水平的个性化程度大大高于中老年，且中产阶级的人数和分布量大面广，已经成为我国市场消费的又一主力军，导致 2011 年我国木质家具进口大幅度增长。

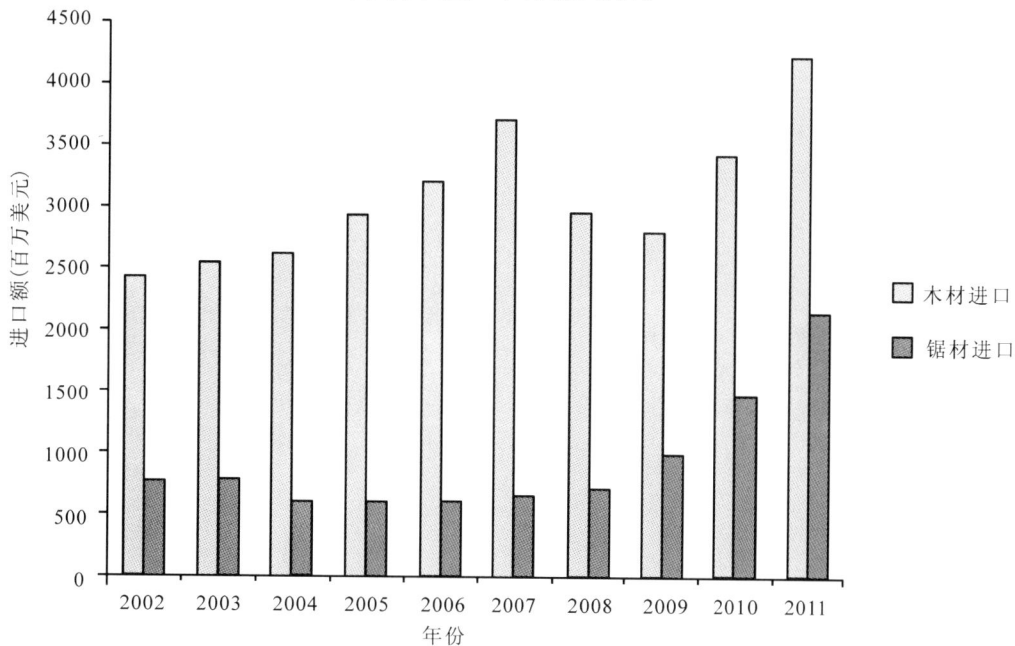

图 2　2002～2011 年中国木材、锯材进口趋势

（二）出口方面

2011 全年我国主要林产品进出口额高于历史同期，近两年主要林产品的进口增速明显，出口也显示出强劲增长，但林产品贸易顺差正在缩小，说明我国内需增长强劲（图 3）。

我国林产品出口占比较大的家具和纸、纸板及纸制品出口增幅明显下降是造成我国重要林产品出口增幅放缓的主要原因（图 4）。

高附加值的纸、纸板和纸制品，成为重要出口商品。随着我国制浆造纸工业的迅猛发展，我国不仅已成为全球纸和纸制品的生产和消费大国，而且在进口贸易方面亦逐渐由逆差国转变为顺差国，如图 5 所示。纸和纸制品已经成为仅次于家具的第二大出口产品。

二、林产品贸易市场结构开始转变

随着当前世界经济形势的变化，欧美传统市场林产品市场需求减弱，新兴市场国家林产品贸易增势良好（表 2）。

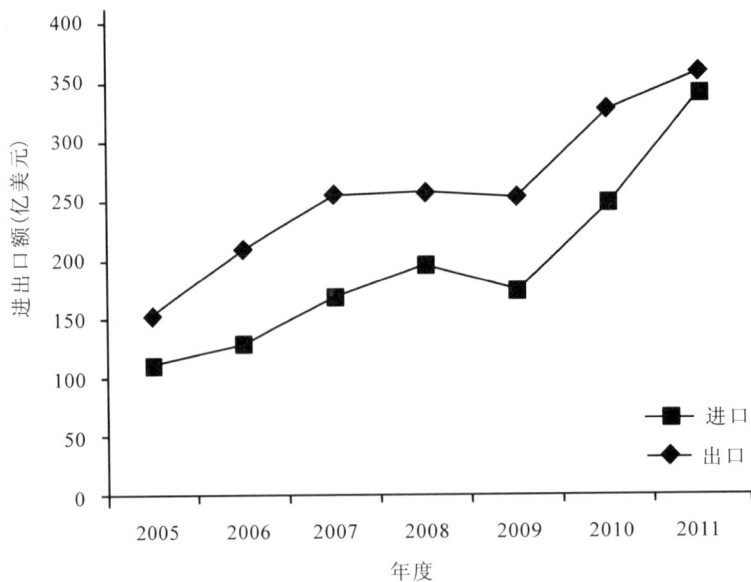

图 3　2005～2011 年中国主要林产品的进出口

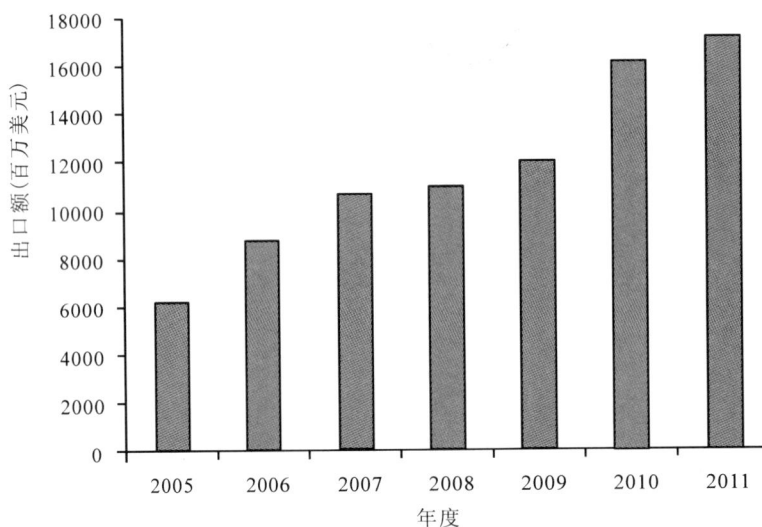

图 4　2005～2011 年中国家具出口趋势

表 2　中国林产品主要贸易伙伴进出口额及变动

地区或国家	进口(亿美元)	增长率(%)	出口(亿美元)	增长率(%)
美国	84.7	38.3	119.7	8.1
欧盟	81.7	43.9	96	9.6
俄罗斯	45.3	28.9	11.9	32.5
日本	19.9	2.8	59.4	24.2
巴西	21.9	10.9	3.3	73.3
印度	1.3	106.9	9.4	10.8
南非	2.8	103.2	4	39.1
东盟	246.4	44.7	78.1	21.6

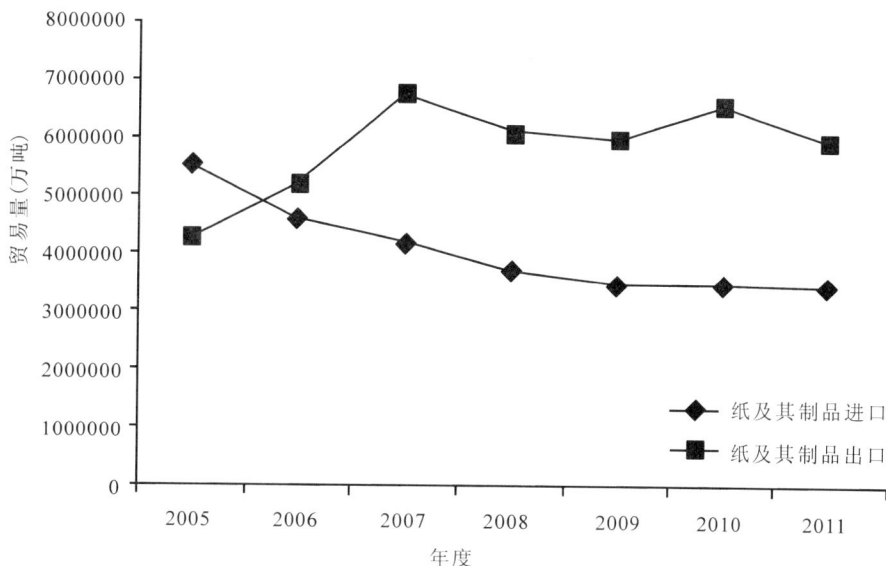

图 5　2005～2011 年中国纸及其制品进出口趋势

（一）欧美经济波及出口

美国、日本、中国香港、英国、德国是中国林产品最主要的出口市场。美国进口的人造板、木地板和家具等木材加工产品中，中国的产品几乎占了 50%。近年来欧盟的市场份额（如德国、英国）开始不断上升，但对日本、中国香港、美国等传统出口市场的出口集中度依然偏高，前五大贸易伙伴国占据了中国林产品出口近 50% 的市场份额。

当前，美国经济复苏进程缓慢，欧洲主权债务危机进一步加剧，由此造成欧美林产品市场需求下降，且贸易摩擦有所增加；同时受国际木材采购政策的影响，如美国《雷斯法案》的影响以及《欧盟木材法案》实施日期的临近，我国林产品贸易出口受阻，特别是美国"双反"调查对我国地板出口造成较大阻碍。因此，从总体上来看，2011年，我国与欧美等传统市场林产品贸易增速放缓。其中，进口保持高速增长，出口则出现下滑，全年我国与美国林产品贸易额为 178.8 亿美元，增长约 23%；与欧盟林产品贸易额为 201 亿美元，增长约 19%；日本灾后重建所需大量建材，推高了我国与日本的林产品贸易额，2011 年与日本贸易额为 79.1 亿美元，增长约 19%。

（二）新兴市场日渐活跃

国际金融危机以来，巴西、印度等新兴经济体由于内需强劲、外需恢复等因素，经济增长动能强劲。2011 年，我国与新兴市场和发展中国家的林产品贸易继续显示较大增长潜力，新兴市场在我国林产品贸易格局中越来越重要。我国对巴西林产品进出口额为 24.2 亿美元，增长 12%；对印度进出口额 10.8 亿美元，增长 15%；对南非进出口额 7.1 亿美元，增长 61%；对俄罗斯进出口额 57.6 亿美元，增长 52%。

2011 年，中国与东盟双边货物贸易实现稳步增长，随着中国与东盟关税的不断降低和自由贸易政策的逐步落实，贸易形势将持续向好。2011 年中国与东盟林产品贸易额为 321.3 亿美元，增长 41%。

三、房地产发展影响我国的木材加工业

（一）2011 年房地产形势

2011 年，中国商品房销售面积 10.99 亿平方米，比上年增长 4.9%，增速比上年回落 5.7%，比 1~11 月回落 3.6%；其中，住宅销售面积增长 3.9%，办公楼销售面积增长 6.2%，商业营业用房销售面积增长 12.6%。商品房销售额 59 119 亿元，增长 12.1%，增速比上年回落 6.8%，比 1~11 月回落 3.9%；其中，住宅销售额增长 10.2%，办公楼销售额增长 16.1%，商业营业用房销售额增长 23.7%。

2011 年，东部地区商品房销售面积 5.11 亿平方米，比上年增长 0.1%，增速比 1~11 月回落 4.6%；销售额 34 628 亿元，增长 3.8%，增速回落 4.3%。中部地区商品房销售面积 2.93 亿平方米，增长 11.3%，增速回落 2.8%；销售额 11 895 亿元，增长 29.4%，增速回落 2.9%。西部地区商品房销售面积 2.96 亿平方米，增长 8.0%，增速回落 2.7%；销售额 12 596 亿元，增长 23.9%，增速回落 4.4%。

2011 年末，全国商品房待售面积 27 194 万平方米，比 11 月末增加 1 763 万平方米。其中，住宅待售面积增加 1 322 万平方米，办公楼增加 115 万平方米，商业营业用房增加 203 万平方米。

（二）房地产行业可带动木材加工行业的发展

2011 年商品房销售面积约 10.99 亿平方米，比上年仍增长 4.9%。全年全国房地产开发投资 61 740 亿元，扣除价格因素实际增长 20.0%，其中住宅投资增长 30.2%。房屋新开工面积 19.01 亿平方米，比上年增长 16.2%，其中住宅新开工面积增长 12.9%。全国 2011 年新建的一千万套经济适用房提前完工，已陆续投入使用。中央加大三农的扶持力度，使农民增加收入，城市建设住房和广大农村的建设住房是我国木家具的重要销售空间。

四、贸易壁垒对我国林产品贸易影响日趋严重

由于我国出口市场高度集中，对少数国家市场高度依赖，使得部分国家为维护其本国产业利益及其他原因不断设置障碍阻止中国林产品进入该国市场。它们惯用的手段有反倾销调查、设置苛刻质量与技术标准、林产森林认证等，这对中国林产品对外贸易产生重大不良影响。美国、欧盟和日本频繁以反倾销、技术性贸易壁垒等手段阻碍中国林产品的出口，如 2003 年 7 月的欧盟胶合板反倾销案、2004 年美国的木制卧室家具倾销调查、加拿大的木地板反倾销案，2005 年美国的木地板"337"法案等，都对中国林产品出口贸易造成严重影响。欧盟也于 2006 年对中国家具进行反倾销行动，这些都是西方发达资本主义国家设置的贸易壁垒。技术性贸易壁垒，如家具的甲醛含量、

木材的来源合法性以及包装物的可回收性指标等，也对林产品出口造成了严重影响。金融危机暴发后，更加剧了国际贸易保护主义的抬头，劳动密集型的产品如木制品、木家具等遭遇的贸易摩擦不断增多。

（一）我国成为反倾销、反补贴重灾区

中国集中遭受反倾销和反补贴以及双反贸易保护，表明一方面中国制造业发展迅速，国际市场竞争优势明显；另一方面国际社会在其国内产业不景气、就业压力增大的同时，对我国进行打击报复集中。采用反倾销和反补贴以及双反贸易保护措施对其国内产业保护作用不大，但对遭受壁垒的国家影响巨大，部分案件，其政治影响可能大于经济影响。

为了避免或减少遭受反倾销和反补贴以及双反贸易保护措施，我国政府需要加强应对，研究反制措施。早在2008年9月，中国将美方对标准钢管等双反措施诉诸世贸组织争端解决机制，起诉美国针对中国标准钢管等四项产品发起的反倾销、反补贴案（以下简称"双反"案），WTO上诉机构于2011年3月11日发表上诉报告，推翻了美专家组做出的大部分裁决，在中方严重关切的双重救济问题上，支持了中方的主张，WTO认定美方对华采取的"双反"措施违反世贸规则。今年12月19日，美国联邦巡回上诉法院就《GPX国际轮胎公司和河北兴茂轮胎有限公司诉美国政府案》做出判决："反补贴法律对非市场经济国家不适用"，这意味着中国轮胎企业在美国反补贴案中"战胜"美商务部。

应对是个案和暂时的应付，不是解决问题的根本，既然贸易保护措施具有很强的非经济色彩，还是需要非经济方法以辅助解决。相对于政府而言，一个行业是稚嫩的，一个企业是弱小的，行业和企业需要在政府的指导和引导下才能健康成长。

1. 补贴政策问题

反补贴涉及的很多补贴项目都是中国从计划经济体制向市场经济体制转变过程中遗留下来的，中国多级政府的行政体制，以及各部门的职能交叉，导致每一级政府、每一个部门都掌握一定资源和资金，每个政府部门都有自己使用资源、资金和其它行政职能的一套办法，导致中央政府主管部门难以把握各级地方政府的补贴行为。

补贴调查主要针对我国对出口产品的财政支持，涉及我国宏观经济管理和产业政策，对我国政府经济管理方式产生深刻影响。本案涉及反补贴调查的各级政府部门如发展改革委、财政、科技、国土资源、外经贸、国资、国税、地税、工商、统计、物价、海关、银行、电力部门，以及中央、省、市、县、乡、镇、村等各级政府。

在政府各部门都有各自资金和资源的情况下，尤其是地方政府在制定各种各样的扶持政策时，欠缺专业知识和意识，没有提前参考WTO有关规则，制定出的补贴政策就有可能被人抓住把柄。尽管初衷是善意的，但结果可能是负面的。

2. 美国有法不依问题

按照美国司法制度，反补贴法不适用于非市场经济国家。资料显示，在加入WTO谈判中，中美曾签订协议规定我国15年内仍为非市场经济国家，因此反补贴法一直被认为不适用于中国。但美国政府强词，中国虽然不是市场经济国家，中国的市场经济

体制改革已经允许对中国实施反补贴措施。

由于美国受金融危机影响，产业持续低迷，就业率低而直接影响社会稳定，且多年来反倾销对提振美国经济和就业效果并不明显；而且美国政府认为中国产品之所以低价，很大程度上是由于中国政府补贴，因此反补贴为一个别具杀伤力的武器，美国方面也期待获得更好效果而使美国产业得到更好利益。

愿 WTO 上诉机构对标准钢管等的裁决和美国联邦巡回上诉法院对轮胎案的裁决，同样能适用多层实木复合地板"双反"案税率的结果，将来会有怎样的改变？我们拭目以待。

3. 倾销幅度人为计算问题

当前，一些国家利用贸易纠纷案件，把反倾销作为贸易保护的工具，人为地夸大对方国家所谓倾销的幅度，尤其是把一些发展中国家和转轨国家作为"非市场经济国家"，采用与这些国家经济毫不相干的第三国（替代国）的市场价格来计算这些国家产品的正常价值，而不从这些国家产品的实际成本和价格出发来计算，这不能真实反映出口国经济的现实，导致误判。这种歧视性的做法，不公正待遇，使我国出口产品本来没有倾销而被裁定为"倾销"，本来倾销幅度轻微而被裁定为高度倾销，给出口造成人为的壁垒，给国际贸易公平秩序造成人为摩擦和动荡。

我国政府赞成和支持反倾销这一措施，并一贯反对以倾销方式扭曲公平贸易竞争的秩序，反对以倾销损害贸易伙伴国相关企业的利益。但坚决反对滥用反倾销，把反倾销变成进行贸易保护或歧视政策的手段。

（二）我国林产工业遭受的贸易保护主义威胁正在蔓延

由于木制林产品是技术含量低、劳动密集型产品，适合在我国发展。相比之下，国外同类产业由于不具备市场竞争优势而纷纷倒闭或下滑。我国是贸易保护主义的重灾区，近几年来，仅木质林产品遭遇的所谓"反倾销"、"反补贴"、"双反"案件多达15 件，此外还遭遇各种名目繁多的诸如 337、332 调查等技术壁垒和绿色壁垒。随着森林问题涉及环境、生态、碳汇、可持续发展、气候变化等影响越来越广，政治敏感性不断增强，森林问题已成为国际热点问题并直接关系国家权益和未来发展空间。美国的《雷斯法案修正案》和《欧盟木材法规》将给我国木制林产品进出口带来不可估量的影响。

三年前美对华的木地板、胶合板 332 调查虽然以我方胜诉告终，但无果而返的美国产业界一直未停止其制造贸易壁垒的步伐，直接导致此次多层实木复合地板的双反。

有迹象表明，美国正在搜集中国出口美国其它木地板、胶合板存在补贴和倾销的证据。这说明，美国对华地板"双反"调查范围可能从多层实木复合地板扩展到实木地板、强化地板、竹地板以及胶合板等产品；另一方面，如果我国多层实木复合地板大规模退出美国市场，则势必增加对其它国家的出口量，其它国家也极可能效仿美国对我国地板产品展开贸易壁垒措施。

（三）我国林产工业企业应探索出新思路应对贸易壁垒

中美贸易摩擦从传统壁垒（反倾销）向新型壁垒（反补贴）延伸，增加了应对难度，国内法律界已渐渐探索出了应对思路。然而，一方面政府和部门应加快在市场经济中转换角色，更多地成为市场的监督者、引导和疏导者，而非管理者。另一方面作为应诉的主体的企业而言，有几点值得注意：①做国际标准化的账目。许多国内企业未按"国际会计准则"要求做账，因此大部分的会计账簿都得不到国际承认，这在采集证据时，对企业极为不利。②经营要规范。必须按照市场经济规律来运作，否则对方不会采信我方提供的证据材料。③建立起完善的文件行文和保存制度，杜绝白条行为和领导一言堂。有正规和完善的文件材料，向国外法院提供的证据才具可信性，从而被国外法院接纳。

作为面向国际市场的我国生产企业，需站在国际市场的高度定向企业、审视问题，及时预防可能出现的问题，防止企业遭受难以承受的巨大损失。对于自己不能达到如此高度的企业，如能借助一定外力或依靠第三方也不失为良策。

五、政策建议

自我国改革开放以来，我国在实施对外开放的过程中，国家政策一直抱持着双重的目标，一是引进资本和技术，改进和提升产业结构，所谓"用市场换技术"、"用空间换时间"；二是在引进技术和资本的同时，引入先进的工商制度，所谓"用产权换体制"。笔者认为，它在我国30年来经济和市场的发展中起着引导作用，特别是改革开放前期对国人观念的转变起着巨大作用。但时至今日，发现已经不合时宜，并且产业进步，光靠引进解决不了核心问题，而在制度层面，再合理、再先进的制度如果不进行国情消化，不在经济和社会制度上进行整体的配套实施，必然会落入变形的结局。具体到木制品的政策，不妨先从以下四个方面先行展开论述。

1. 海关政策

各国政府和行业专家均认为，目前海关 HS 编码已经不适应当前市场经济的发展，但每个国家又无法一时改变这种全球性操作并且是协调一致的规则。海关 HS 编码对我国具有传统优势的木地板产品的出口，已经产生一种阻滞作用，带来不利影响和一些混乱，它对新型行业和产品的影响将更大。为此我国对进出口量大的产品在现有国际通行的 HS 编码基础上，设立我国内部的 11~12 位编码，对业已明确具有发展前景并制订国家标准的产品赋予自己的编码，也为我国进口产品进行明码细分。为国内市场提供详细的产品信息，为我国政府和行业提供一手详细信息，为我国政策制定提供科学依据。

2. 出口退税

出口退税作为一种鼓励出口的有效措施，在改革开放前期，对于扩大中国初级制成品的出口规模起到了举足轻重的作用，推动了中国对外贸易的发展，刺激了中国经济。林产工业在20世纪末的快速发展也得益于出口退税政策。但是，随着中国经济的发展，出口退税政策制约了我国工业产品的升级，成为保护落后的一种措施，并有可能将中国拖入到比较优势陷阱中，使得中国长期被锁定在价值链底端。结合我国当前对外贸易现状以及外汇储备现状，出口退税政策可以逐步取消，将退税的财政预算，利用 WTO 框架范围内允许的措施，合理的转移到行业或企业，如扶植企业创新。一方面减少了遭受双反调查的风险，一方面提高了企业创新的积极性。

3. 提高产品附加值

提高产品附加值离不开技术创新，为了鼓励企业等进行技术创新，一方面政府应积极改善产业技术创新环境，营造技术创新氛围，完善行业人力资本培育的制度。另一方面，企业与企业之间，企业与科研机构和大学院校之间，要充分交流沟通，细化产品市场，提高行业门槛，最大限度限制同质低质低价的产品涌入市场。由于技术创新具有很强的外部性，企业单独研发会因为研发投入过高，产出得不到有效收益从而影响技术创新的积极性，所以在加强创新能力建设上，应从传统研究机构的开发创新为主转变到组建产学研联合体，促使技术与产业全面的、提前的互动整合。

4. 进口木材政策

第一，建立国际木材合法性联合认定体系。国际社会在非法采伐问题上对我国的不利舆论，显然不利于我国木材进口贸易的可持续发展。面对当前国际社会对木材合法性的日益关注，要使我国进口木材满足合法性要求，在关于木材采伐的合法性问题没有形成国际共识之前，我国政府应考虑将取得资源出口国的法律认证作为解决木材贸易合法性问题的第一步工作。在各国政府相关部门中，认定木材合法性最有发言权的应该是各国林业主管部门。因此，为了获取进口木材的合法性证明，我国林业主管部门可以和主要的木材资源出口国，如俄罗斯、马来西亚、加蓬、巴布亚新几内亚等，建立国际木材合法性联合认定体系。这样既能提高透明度免于受国际上百般指责，又便于行业与企业管理。

第二，通过政策引导实现进口市场多元化。实施进口市场多元化战略，保持原有传统进口区域如俄罗斯、马来西亚的进口，加强新的进口市场非洲和拉美等地区市场的开拓，避免由于进口市场过于集中而带来的木材产业安全形势的恶化。

六、结 论

结合当前的国际经济形势，林产品贸易专家分析，未来我国林产品进出口贸易将在重重挑战影响下有所放缓。

林产品贸易专家认为，从总体上来看，我国林产品贸易发展的国内外经济环境将更趋复杂，不确定性和不稳定因素增加。近期，全球经济复苏势头进一步放缓，经济下行风险增大，欧元区经济"二次探底"，主权债务危机仍在蔓延，全球金融市场波动加剧，国际大宗商品高位波动，很多国家通胀仍然维持高位。外部需求下降与成本上升叠加在一起，外贸企业特别是中小林业企业面临的压力越来越大，经营困境日益凸显。与此同时，国内经济增速放缓，进口增速也会有所回调；人民币升值压力不断增大，房地产调控政策全面加码，以及受同期基数较高等因素的影响，2012 年我国林产品进出口总体增速将放缓。

第三部分 行业年度报告篇

按："十一五"以来，中国林业产业发展连续迈上两个大台阶，林产品生产和贸易大国地位进一步确立。产业规模取得新突破，结构调整迈出新步伐，产业素质实现新提升，特色产业集群初步形成，龙头企业逐步壮大，林产品质量继续提高，产业化经营势头良好，工农合作更加紧密，产业带动能力持续增强。本篇收录了林下经济、纸浆生产、花卉产业物流、野生动植物繁育利用产业、森林旅游业和沙产业等行业年度发展报告，展示了"十二五"开局之年林业产业所取得的成绩。

中国林下经济发展现状与思考

张东升 于小飞 陈 军 邓丛静 李梓雯

摘要： 林下经济作为一种人工生态经济复合系统，具有投入少、见效快、易操作、潜力大等特点，是一种新型林业发展模式，对缩短林业经济周期，增加林业附加值，促进林业可持续发展，开辟农民增收渠道，发展循环经济，巩固生态建设成果，都具有重要意义。本文根据我国林下经济发展的现状，针对在发展林下经济过程中所遇到的实际困难，就林下经济发展中的主要问题深入思考，提出如何发展好林下经济产业。

林下产业是一种有别于传统林业生产的参与式林业与农业经营方式，是采取以保护生态环境为基本原则的绿色可持续发展循环经济模式，是协调森林保护与发展经济非常有效的模式。林下产业自 21 世纪初开始在我国兴起，随着林下经济活动成就的取得，林下产业得到社会的普遍重视。温家宝总理在辽宁抚顺农村考察时提出："能够保护好生态环境，发展好林下经济很重要"。国家林业局贾治邦局长在全国林业产业大会暨中国林业产业联合会成立大会讲话中提出了"要在发展林下经济上取得突破"的要求；全国政协人口资源环境委员会副主任、中国林学会理事长江泽慧在接受记者专访时指出，林业和生态建设要着力推进八大科技创新，其中重要内容之一是改善民生、服务林改，要改善民生、服务林改就必须大力发展林下经济。在各地政府、主管部门、科研人员和农林业从业者等多方力量的推动下，林下产业在全国范围内得以迅速发展，成为与传统林业和现代农业并存的林业发展形式。可以说，林下产业已成为当代林业发展的主流形式之一，在巩固天然林保护工程和退耕还林成果、促进乡村经济发展、保护林业资源、改善生态环境、解决林区贫困等诸多方面均具有重要作用，是生态、经济和社会效益的综合体现，具有广阔的发展前景和空间。

一、林下经济的概念与范畴

林下经济是指以林地资源为基础，充分利用林下特有的环境条件，选择适合林下种植和养殖的植物、动物和微生物物种，构建和谐稳定的复合林农业系统，或开展其

作者简介： 张东升，国家林业局林产工业规划设计院科技所所长、博士，研究方向：循环经济。

他活动，进行科学合理的经营管理，以取得经济效益为主要目的而发展林业生产的一种新型经济模式。

林下经济的内涵是发展农林复合经营，以生产多种木质与非木质林产品为目的的经济形态。林下经济的外延还应包括利用森林的生态功能和社会文化功能，开展诸如生态旅游、休闲度假、观光采摘等多项活动，以满足社会需求而发展的林业经济。

林下经济与农林复合经营有颇多共同点：二者皆为农业与林业的混合培育模式，而且均可兼顾经济效益和生态效益。它们之间的区别表现在以下几个方面：一是培育对象的侧重不同，林下经济是以林为主，在生产林产品的前提下提高土地利用率，增加单位面积经济产量和经济效益，农林复合则不一定以林为主；二是土地利用类型不同，农林复合经营的土地利用类型多是农耕地，而林下经济的土地利用类型是林地；三是发展的目的不同，农林复合经营的目的主要是改善农田的生态环境条件，而林下经济的主要目的是在不破坏林地生态功能的前提下，优化区域产业结构，发展林业经济；四是发展的阶段不同，农林复合经营是一般的农业生产活动，而林下经济是在这种经营活动基础上发展起来的全新经济形式，它以生态经济和循环经济为指导，更加强调整个过程充分利用生态学原理和生物种间的互利关系，做到资源的高效和循环利用；五是概念和范畴不同，农林复合经营主要表征经营活动，林下经济主要强调发展经济，而范畴更加广泛。可以说，林下经济主体来源于农林复合经营，但是又不同于农林复合经营，在内涵和生产格局上，更强调其经济属性。

二、林下经济发展现状

进入 21 世纪以来，我国林下经济发展迅速。林下经济的发展与产生，有其深刻的社会背景。20 世纪 90 年代末，国家确立了以生态建设为主的林业发展战略。随着国家林业建设中心的战略性转移，我国生态建设取得了明显成效，国家整体生态环境逐年改善，生态建设成果举世瞩目。由于生态建设的需要，大量森林停止采伐，这就不可避免地给林业产业建设和林业经济发展带来许多新的问题。发展新型林业产业，尤其是发展非木质资源林业产业就成为支撑国家生态建设战略，促进林区经济发展，推动林业可持续发展的重要途径和选择。

林下经济是林业产业的重要内容，国家林业局一直非常重视发展林下经济。贾局长在 2007 年全国林业产业大会暨中国林业产业联合会成立大会讲话中提出了"要在发展林下经济上取得突破"的要求，强调要在发展林下经济上取得突破，要探索高效适应的林地复合经营模式，扶持林下产品加工业，以加工业的大发展带动种植养殖业的大发展，全面提高林下经济的效益。根据国家林业局 2011 年最新公布的数据，2011 年全国林业产业总产值达到 3.06 万亿元（按现价计算），比 2010 年增长 34.32%。在林业第一产业中，包括干鲜果品、茶、中药材以及森林食品等在内的经济林产品种植与采集业产值为 6 319.82 亿元，所占比重最大，为 57.16%。

在国家的政策引领、财政扶持和技术支撑下，近年来全国各地发展林下经济的热情空前高涨，林下经济产业得到长足发展。各地涌现出了许多发展林下经济的成功典型。据全国绿化委员会办公室于 2007 年 5 月 22 日报道，2007 年北京市委、市政府和首都绿化委员会提出"发展林下经济 1 万亩，形成林下种植、林下饲养的循环经济产业链"的工作目标。北京市政府还把"大力发展林下经济，建立林菌、林药、林禽、林草、林粮示范点 20 处，促进农民增收致富"列入 2007 年在关心群众生活方面拟办的 58 件重要实事之中，并涌现出通州区永乐店镇的林菌、林禽循环利用的林业发展模式；平谷区黄松峪镇在林间空地上间种防风、黄芩、金银花、柴胡、西洋参等药材半野化栽培，积极培育主导产品市场的林药模式；延庆县北张庄镇在坡地上栽植四倍体刺槐，林间种植牧草，发展奶牛、肉用羊等养殖业，四倍体刺槐的叶子和牧草，可喂养牛羊，槐花作为优良蜜源植物的复合林牧模式等一大批成功典型。据国家林业局退耕还林办公室 2005 年 7 月报道，2005 年以来，河北省南部地区已在各市县初步建立退耕还林林下经济试点 40 余处，总面积 5 万多亩，年增效益 5 000 万元以上。河南省清丰县依托林地资源大力发展林下经济。确立了"典型引路，示范带动，政策倾斜，协调发展"，走"公司＋基地＋农户"的路子，发展一批，巩固一批，成效一批的工作思路。这方面的例子举不胜举。天然林资源保护工程实施以来，广大国有林区也在积极发展林下经济产业，成效非常明显。2009 年全国国有林区林下经济产量见表 1。

表 1　2009 年国有林区林下经济产量

指标名称	单位	产量	135 个木材采运企业	20 个重点营林局
11 种主要林产品	吨	28 216	25 649	2 567
中药材	吨	11 682	11 478	204
食用菌	吨	46 740	46 407	333
山野菜	吨	19 915	17 576	2 339
大牲畜	万只	343	42	301
家禽	万只	424	417	7
森林观光人数	人	4 393 597	3 880 171	513 426

数据来源：《中国林业统计年鉴》（2009 年）

总之，我国林下经济产业发展开端良好，势头迅猛，前景光明。

三、发展林下经济的生态意义

（一）增强生态系统的稳定性，保护生态平衡

生态系统通过发展、变化、调节达到一种在结构和功能上相对稳定的状态。在自然条件下，生态系统总是朝着种类多样化、结构复杂化和功能完善化的方向发展，直到使生态系统达到成熟的最稳定状态为止。

研究表明，生态系统组成成分越多样，结构越复杂，调节能力越强，其系统的结构也就越稳定。我国山区林地较多，生态环境还比较脆弱，发展林下经济有利于增加区域内生态系统的生物多样性，增强自身调节能力，使系统结构更加稳定，是对我国生态建设的有力支撑。

（二）提高林地资源利用效率，实现良性循环

在我国传统林业的基础上，林下经济作为一种人工生态经济复合系统，构建了更为复杂的森林生态系统，通过在时间、空间、功能三维角度上的科学设置与合理配置，大大提高了林下土地资源的利用效率，同时提高了林下生态系统中能量循环和转化利用效率，极大增强了我国森林系统对各种自然能源的利用能力和生产能力。据测算，发展林下经济的森林生态系统，其生物量是对照系统的 4.24 倍，光能利用率比对照提高 12.09%。而且发展林下经济，林农在林地的劳作时间将大大延长，对树木的松土、浇灌、病虫害防治等会更加及时，对树木的生长和林分质量的提高大有裨益，形成了林下经济与森林高效生长互惠互利的良性循环发展模式。

（三）实现理性"回归大自然"

自然生态系统是十分高效与和谐的，物质和能量在系统传递的过程中被充分利用，没有所谓的废物，一种生物排出的废料正是其它生物的生存养料，也无所谓污染，一切都可以由自然所消化和净化。自然界的这种高效利用、和谐共处的模式，是我们发展林下经济最好的榜样。在传统林业阶段，大面积采伐导致我国森林资源锐减，环境恶化。之后我们逐渐意识到森林在维护生态平衡方面的重要作用，进入生态林业阶段。有些学者提出我国林业应该回归"原始森林"状态，严格限制对森林的开发利用，制约了林业自然经济禀赋的发挥，人为限制了林业在我国经济建设中应有的贡献。从生态经济学的角度来看，"回归大自然"并不是历史倒退，回到原始的生活状态，而是在遵循自然生态规律的基础上，利用现代化的科学技术，为人类提供更为丰富的物质资源和生活享受，同时与大自然和谐共处，共同进步，这才是理性的"回归大自然"。

四、发展林下经济值得关注的主要问题

（一）基础调查和科技支撑

首先对林下资源进行清查研究，摸清本底和现状。例如，需明确资源的种类、数量、质量和分布，以往发展林下经济的经营模式、市场和效益状况。在此基础上，才能根据市场需求和产供销关系择优开发，及时调整种植、养殖、加工等产业的品种和规模。

林下经济虽来源于农林复合经营，但又不完全等同于农林复合经营，它自身的很多特定规律性研究开展时间尚短，各地的立地条件复杂，物种繁多，结构与模式各异，需要加强相应的基础性研究，特别是生态经济学研究。

（二）物种选择和结构构建

发展林下经济必须遵从生态规律，在确保优化生态系统结构、不降低林木生态功能的前提下进行。首先是需要选择适宜的物种在林下种养，确保物种间的相互关系以互利为主；对单个物种只造成轻微的负面影响，而对其他物种的正面影响相对显著。

同时，可能的条件下增加物种数量，极力构建较复杂的生态系统，增加物种多样性。

（三）林下产业链的形成和延伸

种植、养殖是发展林下经济的基础和重点，但是必须强调形成并拉长和拓展产业链，以适应市场经济的发展需求。林下产业涉及生产、加工和流通销售等诸多环节，故而林下产业面临的竞争不只是单个企业的竞争，而是整个产业链的竞争。近年来，我国林下经济总量显著增长，产业结构不断优化，但是我国林下产业由于起步较晚，基础薄弱，规模不大，布局分散，在产业链的结构和市场发育等方面的问题还比较突出，尤其是林下产业链中各环节间的联系普遍较为松散，上下游产业间还亟待进一步相互延伸和拓展，尤其需要加强各环节的相互作用、相互促进和协同发展。由于产业链的形成涉及供应链、价值链、产业组织和循环经济等相关理论，我国对林下产业的产业链乃至整个林业产业链的研究亟待加强。

（四）研究尺度的拓展和分异

空间尺度应注重微观和宏观的结合。微观上要加强林下生态系统物种间竞争机制及时空配置的定量研究，为系统的物种选择及模式优化提供必要的理论依据；要深入揭示系统的生物多样性、结构多样性和功能多样性的原理，为高效、稳产、高产的发展模式提供理论依据。宏观上，要加强系统景观特征和地域差异的研究，深入研究林下经济区域性生态、经济和社会效应及其影响机制。

时间尺度应注重长期性和动态性。由于林木生长周期长，而各类林木及农、牧、草等均存在物候期，并有一定的差异性，其生育过程受气候因素的影响。因此，长期性与动态性研究工作对全面揭示林下经济功能特征及其影响机制十分必要，建立长期性试验研究基地则是最有效的途径之一。

（五）研究内容的丰富和加深

随着林下经济的发展，其研究内容将不断丰富与加深，诸如：林下生态系统区域性景观配置与结构优化技术的研究；林下生态系统结构调控及可持续经营管理技术研究；生物技术在林下经营物种选择中的应用；林下经营模式中水热传输及其耦合过程的试验与模拟；林下经营系统养分循环的试验与模拟；林下经营系统生态过程分形特征的研究；资源紧缺区林下经营系统种间关系特殊性的研究；城郊结合区林下经营系统空气质量效应及其影响机制的研究；林下经营生物多样性效应的研究；中国林下经济资源调查和信息管理系统的研究；林下经济系统区域性生态、经济及社会效益的计量与评估等。

五、结论与展望

林下经济作为一种人工生态经济复合系统，具有投入少、见效快、易操作、潜力大等特点，是一种新型林业发展模式，对缩短林业经济周期，增加林业附加值，促进林业可持续发展，开辟农民增收渠道，发展循环经济，巩固生态建设成果，都具有重要意义。针对目前我国各地在发展林下经济过程中所遇到的实际困难，未来的研究应主要集中在以下两方面：在微观层面上，注重林下经济发展模式的精细化研究，形成技术集群与配套，以便在全国范围内推广；在宏观层面上，加强林下经济和地域差异的研究，形成全国林下经济产业区划。

中国纸浆生产情况及存在的问题

房桂干

摘要： 2011 年，我国纸及纸板生产量、纸浆产量、纸浆进口量同比大幅增长，成为世界第一大纸浆进口大国。本文以翔实的数据阐述了我国纸浆制造行业生产现状，从国际市场情况、国内行业发展情况、竞争状况及风险、国内纸浆制造行业的供需状况及趋势进行了详细的分析。为战略投资者选择恰当的投资时机和公司领导层做战略规划提供了准确的市场情报信息及科学的决策依据。

2011 年我国纸及纸板产量为 1.103 4 亿吨，同比增长 19.03% [1][2]。自 2008 年以后，我国首次超过美国成为世界第一大纸及纸板生产国和消费国（表 1）；2010 年，我国纸及纸板生产量和消费量分别达到 9 650 万吨、9 565 万吨，远高于美国，但是我国的人口基数较大，人均年纸品消耗量 68 千克，远低于美国人均年纸品消费量 242 千克。在未来相当长的一段时间内，我国纸及纸板的生产将保持较高的增长速度，以满足我国工业生产发展及国民生活质量提高的需要。

表 1　2001~2010 年中国和美国纸及纸板生产量和消费量　　　　　　万吨

年度	纸及纸板生产量		纸及纸板消费量	
	中国	美国	中国	美国
2001 年	3 639.10	8 124.88	4 174.97	8 841.72
2002 年	4 206.10	8 187.91	4 803.80	8 959.45
2003 年	4 741.90	8 071.22	5 320.28	8 900.20
2004 年	5 407.20	8 208.44	5 969.15	9 056.47
2005 年	6 040.50	8 369.73	6 444.21	9 084.37
2006 年	6 939.40	8 431.69	7 118.49	9 119.62
2007 年	7 796.50	8 391.60	7 799.50	8 790.82
2008 年	8 368.50	8 017.84	8 423.56	8 188.20
2009 年	9 011.70	7 135.55	8 887.96	7 128.65
2010 年	9 650.10	7 578.58	9 564.78	7 432.58

注：数据来源 ForesSTAT 2010 A

作者简介： 房桂干，中国林业科学研究院林产化学工业研究所研究员、博士生导师，研究方向：林产化工。

[1]资料来源：中纸投资研究中心. 2012 年. 中国纸业发展报告. 中国纸业杂志.
[2]资料来源：联合国粮农组织. Forest STAT 2010A.

一、中国纸浆生产情况

（一）2011 年中国纸浆生产总体情况

根据有关数据测算，2011 年我国纸浆消耗量 9 194 万吨，同比增长 8.66%。2011年，我国的木浆消耗量为 2 226 万吨，其中，生产量 790.5 万吨，同比增长 8.60%，木浆进口量 1 435.5 万吨，同比增长 24.72%；2011 年废纸浆消耗量 5 700 万吨，同比增长 7.45%；2011 年非木浆消耗量 1 269 万吨，同比降低 2.16%（表 2、表 3）。

2011 年我国纸浆（原生浆及废纸浆）产量为 2 276 万吨，同比增长 1.99%。图 1～图 2 是 2010 年世界前十大纸浆生产、进口国统计情况。2010 年我国是世界第二大商品纸浆生产国、第一大商品纸浆进口国。

表 2　2011 年中国造纸工业纸浆消耗量及生产量　　　　　　　　　　　万吨

项　目	2010 年	占比例（%）	2011 年	占比例（%）	同比增长（%）
总量	8 461	100	9 194	100	8.66
木浆	1 849	21.85	2 226	24.21	20.39
进口木浆	1 151	13.60	1 435.5	15.61	24.72
木浆生产量	708	8.37	790.5	8.60	11.65
废纸浆	5 305	62.70	5 700	62.00	7.45
进口废纸浆	2 092	24.73	2 247	24.44	7.41
非木浆	1 297	15.33	1 269	13.80	-2.16

注：表中 2010 年数据来自《2011 中国造纸年鉴》，2011 年数据根据中国造纸协会统计数据测算。

表 3　2001～2011 年中国造纸工业纸浆消耗量　　　　　　　　　　　万吨

年　份	2001	2002	2003	2004	2005	2006	2007	2008	2009	2010	2011 *
总消耗量	2 980	3 470	3 910	4 455	5 200	5 992	6 769	7 360	7 980	8 461	9 194
木浆	690	740	820	970	1 130	1 322	1 450	1 624	1 808	1 859	2 226
占比例	23.2%	21.3%	21.0%	21.8%	21.7%	22.1%	21.4%	22.1%	22.7%	22.0%	24.2%
废纸浆	1 310	1 620	1 920	2 305	2 810	3 380	4 017	4 439	4 997	5 305	5 700
占比例	44.0%	46.7%	49.1%	51.7%	54.0%	56.4%	59.3%	60.3%	62.6%	62.7%	62.0%
非木浆	980	1 110	1 170	1 180	1 260	1 290	1 302	1 297	1 175	1 297	1 269
占比例	32.9%	32.0%	29.9%	26.5%	24.3%	21.5%	19.2%	17.6%	14.7%	15.3%	13.8%

注：2011 年数据根据中国造纸协会统计数据测算。

（二）2011 年中国造纸工业的原料结构

以木材为制浆造纸的主要原料是现代制浆造纸工业的基本特征。国际造纸工业造纸纤维原料结构为木浆 62.6%，废纸浆 34.0%，非木浆 3.4%。我国森林资源相对匮

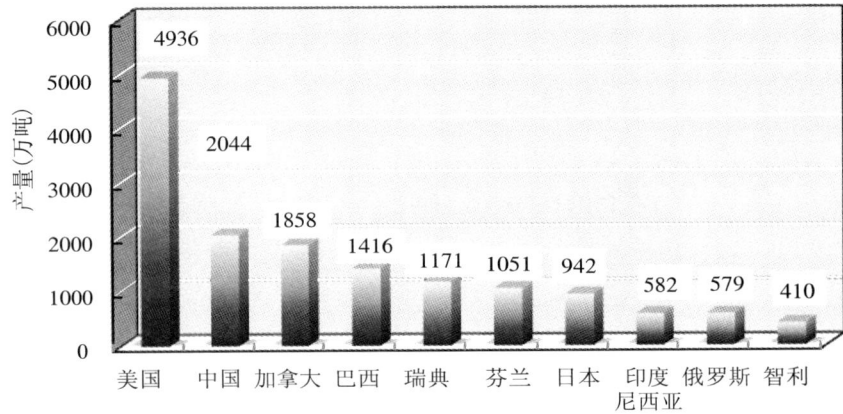

图 1　2010 年世界前十大纸浆生产国

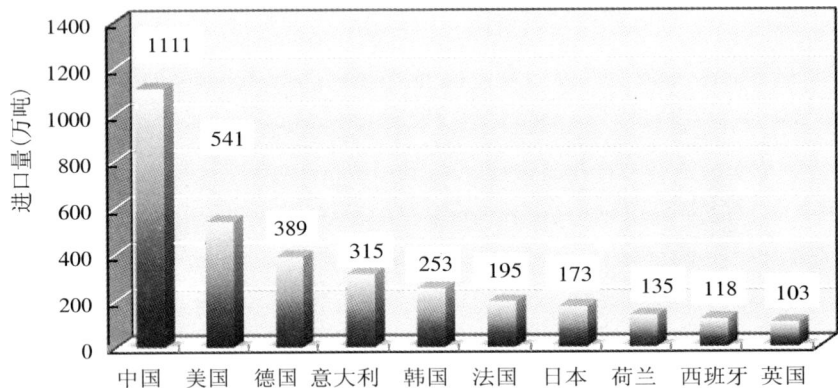

图 2　2010 年世界前十大纸浆进口国

乏，长期以来非木浆及废纸浆所占比例一直较高，远远高于国际平均水平。

2011 年我国木浆消耗量为 2 226 万吨，其中木浆生产量为 781 万吨，同比增长 10.31%；木浆进口量 1 445 万吨，同比增长 25.54%，原料结构中木浆使用量有较大幅度提高，占纸浆总消耗量的 24.21%。木浆比例提高主要来源于国内木浆生产量的提高及进口纸浆的增长。2008 年以后我国木浆进口浆均超过 1 000 万吨，特别是 2011 年进口木浆达到历年来的最高值（表 4），我国造纸工业对国际纸浆市场的依存度仍然很高。由于受到国际木浆供应能力的限制，提高国内木浆产量仍然是我国造纸工业的努力方向。

表 4　2011 年中国木浆生产及进出口情况　　　　　　　　　　　　　　　　万吨

年份	2005 年	2006 年	2007 年	2008 年	2009 年	2010 年	2011 年
生产量	408.0	564.5	643.5	710.5	591.9	748.3	790.5[①]
进口量	850.6	890.9	935.4	1 032.6	1 442.2	1 213.7	1 435.5
出口量	4.0	6.9	8.1	2.8	3.8	4.9	5.1[②]

注：2005～2010 年数据来源于 2010 FAO ForesSTAT A；①②根据相关数据测算得出。

造纸原料结构中废纸浆的比例一直占有很大比重，2008 年以后我国废纸浆使用比例达到 60% 以上，2011 年废纸浆所占比例为 63%，为我国造纸工业的产量增长提供了可能。但我国废纸浆的生产中，进口废纸量一直占很大比例，进口废纸量难以大幅度增长，扩大国内废纸回收量是国内废纸生产厂增加产量的首要任务。

2011 年我国非木浆消耗量为 1 269 万吨，占纸浆总消耗量的 13.8%，同比降低 2.16%。受造纸工业淘汰落后产能的影响，虽然我国非木浆中的竹浆、蔗渣的使用量有一定幅度增加，但麦稻草浆的产量有所下降。

（三） 2011 年中国木浆生产情况

我国现有化学木浆主要生产企业 20 家（表 5）。木材纤维原料主要使用马尾松、落叶松、杉木及思茅松等针叶木、桉木、杨木、相思木等阔叶木。化学木浆生产工艺主要使用硫酸盐制浆方法，只有我国东北的两家企业使用亚硫酸盐法工艺生产。生产规模由早期的 10 万吨以下发展到现在的 10 万 ~ 30 万吨，目前拥有 2 条单线产能 100 万吨生产线：海南金海浆纸业有限公司年产 100 万吨漂白硫酸盐阔叶木浆线（2005 投产），山东亚太森博浆纸有限公司年产 100 万吨漂白硫酸盐阔叶木浆线（2010 年投产），生产规模和技术先进性位居世界前列。2011 年投产的漂白化学木浆企业为湛江晨鸣纸业有限公司，年生产能力为 70 万吨。

我国现有主要漂白化学机械浆生产企业 18 家（表 6）。生产工艺主要有 BCTMP 及 P-RC APMP，生产用纤维原料主要为杨木、桉木和马尾松。2011 年投产的漂白化学机械浆生产企业有：①金东纸业（江苏）有限公司，年生产能力为 30 万吨，生产工艺为 P-RC APMP，生产设备由奥地利安德里茨公司提供，使用木材原料为桉木、杨木；②郴州裕农纸业有限公司，年生产能力为 15 万吨，生产工艺为 BCTMP[c]，生产设备由瑞典美卓公司提供，使用原料为桉木、杨木。

目前我国已建成的大型木浆生产线还不多，制浆造纸工厂生产的木浆大多自产自用，生产商品木浆厂很少，商品木浆的产量远远不能满足国内生产需要。

表 5 中国主要化学木浆生产企业生产能力

企业名称	浆　　种	生产能力（万吨/年）
海南金海浆纸业有限公司	漂白桉木浆	120
湖南怀化骏泰浆纸有限公司	漂白针叶木浆	40
山东亚太森博浆纸有限公司	漂白阔叶木浆	131.5
福建青山纸业股份有限公司	本色针叶木浆	25
泰格林纸湘江纸业有限公司	本色木浆	17
吉林开山屯晨鸣纸业有限公司	漂白亚硫酸盐木浆	15
玖龙兴安浆纸（内蒙古）有限公司	本色针叶木浆	12
广西南宁凤凰纸业有限公司	漂白针、阔叶木浆	15
云南云景林纸股份有限公司	漂白针、阔叶木浆	10
广西贺达纸业有限公司	漂白桉木浆	8
广西国发林纸有限公司	本色木浆	8

（续）

企业名称	浆　　种	生产能力（万吨/年）
吉林石砚白麓纸业有限公司	漂白亚硫酸盐木浆	6
山东晨鸣纸业集团股份有限公司	漂白阔叶木浆	15
山东太阳纸业股份有限公司	漂白木浆	25
广东鼎丰纸业有限公司	漂白木浆	25
广西劲达兴纸业有限公司	漂白针、阔叶木浆	9.8
湖南绥宁县宝庆浆纸有限公司	本色针叶木浆	10
岳阳纸业股份有限公司	漂白针叶木浆	6.5
山东日照华泰纸业有限公司	漂白阔叶木浆	10
湛江晨鸣纸业有限公司①	漂白桉木浆	70
合计		578.8

注：①2011 年投产

表6　中国主要化学机械浆生产企业生产能力

企业名称	工艺类型	生产能力（万吨/年）
山东晨鸣纸业集团股份有限公司	BCTMP、APMP	32
山东博汇集团有限公司	BCTMP	24
江西晨鸣纸业股份有限公司	RTS-TMP	17
河南焦作瑞丰纸业有限公司	P-RC APMP	15
岳阳纸业股份有限公司	P-RC APMP	14.5
华泰集团有限公司	BCTMP	10
河南濮阳龙丰纸业有限公司	P-RC APMP	10
新乡新亚纸业集团股份有限公司	P-RC APMP	10
中冶美利浆纸有限公司	P-RC APMP	10
山东中茂圣源纸浆有限公司	P-RC APMP	9.3
福建南纸股份有限公司	BCTMP	17
广西金桂浆纸有限公司	P-RC APMP	30
山东太阳纸业股份有限公司	P-RC APMP	30
中冶纸业银河有限公司	P-RC APMP	10
山东泉林纸业有限公司	P-RC APMP	30
宁波金翔纸业有限公司	P-RC APMP	25
山东正大纸业有限公司	BCTMP	9
金东纸业（江苏）有限公司①	P-RC APMP	30
郴州裕农纸业有限公司②	BCTMP	15
合计		347.8

注：①②2011 年投产

（四） 2011 年中国废纸浆生产情况

2011 年我国废纸浆消耗量为5 700万吨，同比增长 7.45%。由于国内需求和各类商品出口量的增加，推动了对各类包装纸和纸板的需求不断增长，新上箱板纸和瓦楞原纸较多、规模也较大。2011 年，广东华泰纸业有限公司、玖龙纸业(控股)有限公司、吉安纸容器有限公司及福建联盛纸业有限责任公司等新上了以废纸为纤维原料的纸及纸板生产线，合计产能 370 万吨，具有生产规模大、生产技术先进的特点(表7)。

表7 2011 年投产的以废纸为原料的生产线

企业名称	生产纸种	生产能力(万吨/年)	建设地点	投产时间
广东华泰纸业有限公司	新闻纸	40	广东江门	2011 年 6 月
吉安纸容器有限公司	涂布白板纸	60	浙江海盐	2011 年 6 月
玖龙纸业(控股)有限公司	高强瓦楞原纸	40	江苏太仓	2011 年 1 月
	白纸板	60	广东东莞	2011 年 6 月
	牛皮箱纸板	45	天津	2011 年 6 月
	高强瓦楞原纸	35	天津	2011 年 6 月
	涂布白板纸	60	天津	2011 年 6 月
福建联盛纸业有限责任公司	瓦楞原纸	30	福建漳州	2011 年 2 月
合计		370		

（五）2011 年中国非木材纤维制浆生产情况

我国的非木材纤维原料制浆造纸企业主要有47 家，使用竹材、芦苇、蔗渣及麦草等原料进行生产，总计生产能力为 484.5 万吨/年(表8)，其中，主要竹浆生产企业 14 家，生产能力为 138 万吨/年；主要芦苇浆生产企业 11 家，生产能力 122 万吨/年；主要蔗渣浆生产企业 12 家，生产能力 97.5 万吨/年；主要麦草浆生产企业 10 家，生产能力 127 万吨/年。近年来，由于草浆污染问题及淘汰落后产能的压力，大量中小型草浆厂被关停并转，我国非木纤维制浆的原料结构发生了明显变化，草浆生产能力持续下降，而竹浆及蔗渣浆产量增长较为迅速。

表8 我国主要非木材纤维制浆生产企业

企业名称	原料种类	生产能力(万吨/年)
贵州赤天化纸业股份有限公司	竹材	25
四川永丰纸业股份有限公司	竹材	24
四川金安纸业有限公司	竹材	8
四川瑞松纸业有限公司	竹材	8
四川天竹竹资源开发有限公司	竹材	5
宜宾纸业股份有限公司	竹材	5
重庆理文造纸有限公司	竹材	15
赣州华劲纸业有限公司	竹材	5

（续）

企业名称	原料种类	生产能力(万吨/年)
江西宜春中竹纸业有限责任公司	竹材	5
福建邵武中竹纸业有限公司	竹材	8
广东鼎丰纸业有限公司	竹材	12
广西两面针纸业公司	竹材	8
广西华劲集团股份有限公司	竹材	5
广西田东金荣纸业有限公司	竹材	5
山东沾化海韵生态纸业有限公司	芦苇	20
泰格林纸集团沅江纸业有限责任公司	芦苇	18
泰格林纸集团岳阳纸业股份有限公司	芦苇	15
金城造纸股份有限公司	芦苇	10
新疆博湖苇业股份有限公司	芦苇	10
内蒙古塞外星华章纸业股份有限公司	芦苇	10
武汉晨鸣汉阳纸业股份有限公司	芦苇	10
湖北赤壁晨鸣有限责任公司	芦苇	10
江苏双灯纸业有限公司	芦苇	8
吉林华金苇业有限公司	芦苇	6
海拉尔晨鸣纸业有限责任公司	芦苇	5
广西贵糖股份有限公司	蔗渣	15
广西南宁糖业股份有限公司蒲庙造纸厂	蔗渣	12
广西田阳南华纸业有限公司	蔗渣	10
广西来宾东糖纸业有限公司	蔗渣	10
广西农垦糖业集团天成纸业有限公司	蔗渣	9.5
广西冠桂糖业有限公司	蔗渣	8
广东江门甘化集团股份有限公司	蔗渣	7
广西崇左东亚纸业有限公司	蔗渣	6
广西南宁制糖造纸厂	蔗渣	5
广西丰糖鹿寨纸业有限公司	蔗渣	5
广西马山和发强纸业有限公司	蔗渣	5
广西横县君盈纸业有限公司	蔗渣	5
山东泉林纸业有限责任公司	麦草	30
中冶纸业银河有限公司	麦草	25
中冶美利纸业股份有限公司	麦草	15
山东博汇纸业股份有限公司	麦草	10
华泰集团有限公司	麦草	10
新乡新亚纸业集团股份有限公司	麦草	10
漯河银鸽实业集团有限公司	麦草	10
山东华金集团有限公司	麦草	7
青岛海王纸业股份有限公司	麦草	5
江苏新大(五洲)纸业有限公司	麦草	5
合计		484.5

二、中国纸浆生产特点

通过充分利用国内外木材资源，推进林纸一体化工程建设，加强国内废纸回收利用和关停落后草浆生产线，提高了国内木浆和废纸的供给能力，改善了原料结构。木浆用量由 2005 年 1 130 万吨增加至 2011 年的 2 226 万吨，占总用浆量的 24.2%。其中，国产木浆用量由 371 万吨增至 781 万吨，比重由 7.1% 提高至 8.5%；废纸浆由 2 810 万吨增至 5 700 万吨，比重由 54.0% 提升至 62.0%；非木浆用量基本保持稳定，但在纸浆纤维原料中的使用比重下降较多，由 24.3% 降低至 13.8%。

2011 年我国造纸工业引进技术装备与国内自主创新并举，新建了一批技术起点高、装备先进、单机生产线规模大的项目，2011 年新投产了大型漂白硫酸盐木浆生产线 1 条（产能 70 万吨/年）、漂白化机浆生产线 2 条（产能为 45 万吨/年）及以废纸为原料的生产线 8 条（产能 370 万吨/年），总计生产能力 485 万吨/年。

三、中国纸浆生产存在的问题及对策

1. 原料供求矛盾加剧，进口依存度高

由于原料林基地建设缓慢，木材供应有限，非木浆发展受到清洁生产技术开发滞后制约，国内废纸回收率偏低等因素的影响，我国造纸原料自给率长期偏低，原料供需矛盾加剧。2011 年，进口木浆 1 445 万吨，比 2005 年 759 万吨增长 90.4%。我国造纸工业对进口纤维原料的依存度达到 40% 以上。加快推进林纸一体化工程建设，突破非木浆清洁生产技术瓶颈，提高国内废纸回收的比率，减少我国纸浆纤维原料对国际市场的依赖程度，促进我国造纸业健康发展。

2. 落后产能比重仍然较高，节能减排任务艰巨

我国造纸工业中技术装备比较落后的产能仍占总量的 35% 左右，物耗、水耗、能耗高，是造纸行业的主要污染源，其 COD 排放量占行业总排放量的 47%，急需加大改造或淘汰力度。"十二五"期间，淘汰落后纸及纸板产能 1 000 万吨以上。造纸工业发展"十二五"规划对纸浆生产线生产起始规模进行了要求，化学木浆新建项目要求单条生产线产能不低于 30 万吨/年，化学机械木浆、化学竹浆、非木纤维制浆及废纸新建项目要求单线产能不低于 10 万吨/年；扩建项目，化学木浆为不低于 10 万吨/年，化学机械木浆、化学竹浆及废纸浆为单线产能不低于 5 万吨/年，非木纤维制浆为 3.4 万吨/年；淘汰 5.1 万吨/年木浆生产线、3.4 万吨/年化学机械木浆及化学竹浆生产线，及 1 万吨/年以下废纸浆生产线。

3. 自主创新能力不足，大型关键制浆造纸设备依赖进口

我国造纸工业自主创新能力建设比较薄弱，引进技术消化吸收再创新不足，在新工艺、新装备和新产品的开发上缺乏自主创新的产业化重大成果、大型蒸煮、筛选、漂白设备，高得率制浆设备，高速纸机流浆箱、靴式压榨、压光机、复卷机等关键设

备基本依赖进口。"十二五"期间制浆造纸装备自主化比重将由 30% 提高至 50%。

四、结论

2011 年，我国纸及纸板生产量为 1.103 4 亿吨，同比增长率为 9.95%，纸浆消耗量为 9 194 万吨，同比增长 8.66%。其中，木浆消耗量为 2 226 万吨，废纸消耗量 5 700 万吨，非木浆消耗量 1 269 万吨。2011 年，我国商品纸浆产量（原生浆及废纸浆）产量为 2 276 万吨，同比增长 1.99%。2011 年我国纸浆进口量为 1 435.5 万吨，为世界第一大纸浆进口大国。

2011 年我国造纸工业通过引进技术装备与国内自主创新并举，新建了一批较大规模的纸浆生产线，先后投产大型漂白硫酸盐木浆生产线 1 条、漂白化机浆生产线 2 条及废纸原料的生产线 8 条，年生产能力 485 万吨/年。由于受到原料林基地建设缓慢、非木浆发展受到清洁生产技术开发滞后制约、国内废纸回收率偏低等因素的影响，我国造纸原料自给率长期偏低，每年需要进口大量的纸浆和废纸以满足生产发展的需要。我国造纸工业对进口纸浆及废纸的依赖程度仍然较大，只有加快推进林纸一体化工程建设，突破非木浆清洁生产技术瓶颈，提高国内废纸回收的比率，才能减少我国纸浆纤维原料对国际市场的依赖程度，促进我国造纸工业可持续健康发展。

中国花卉产业物流发展报告

中国花卉协会秘书处

摘要： 花卉物流既是花卉产业发展的重要环节，又是中国目前花卉产业发展中的薄弱环节。大力发展现代花卉物流业，努力突破产业发展瓶颈，可以确保花卉产品质量，提高花卉产业效益，是加快中国花卉产业现代化的战略性选择。本文分析了花卉物流存在的主要问题，并提出详细的发展对策和建议。

未来 10 年，是中国花卉产业由数量规模型向质量效益型转变的重要时期，也是中国由花卉生产大国向花卉产业强国迈进的关键时期。花卉物流既是花卉产业发展的重要环节，又是中国目前花卉产业发展中的薄弱环节。大力发展现代花卉物流业，努力突破产业发展瓶颈，可以确保花卉产品质量，提高花卉产业效益，是加快中国花卉产业现代化的战略性选择。

一、中国花卉物流业取得的主要成绩

21 世纪以来，中国花卉产业规模不断扩大。2010 年，全国花卉种植面积 91.76 万公顷，销售额 862.00 亿元，出口额 4.63 亿美元。随着生产和出口规模的扩大，中国花卉流通呈现出大规模、长距离的特点，对花卉产品物流服务规模和质量提出了更高的要求。中国花卉产业的蓬勃兴起，带动了花卉物流业的迅速发展，取得了很多积极成果，主要体现在以下四个方面：

（一）花卉物流环境显著改善

近年来，国家陆续出台了《物流业调整和振兴规划》、《农产品冷链物流发展规划》，为推动花卉物流发展奠定了坚实基础。与此同时，海关、质检、商务和交通等部门积极采取措施，为花卉物流快速发展创造了条件。以中国最大的鲜切花主产区云南省为例，各部门为促进花卉物流陆续出台的措施有：一是海关对花卉等鲜活产品实行 24 小时预约通关制度，对花卉种球、种苗和种子进口实行免税政策。二是海关对商品进口实施分类通关政策，低风险、高资信度的企业和产品可直接进入放行环节，比传统通关模式节约了 0.5 ~ 3 个小时。三是检验检疫部门在机场、陆路和铁路通关点设立切花检验检疫窗口，实行现场检验检疫；在花卉通关主要场所设立熏蒸处，改进熏蒸处理技术，既保证花卉除害，又不影响花卉品质；实行企业检验检疫分类管理制度，将企业自检和国家抽检相结合，大大提高了切花通关速度。四是在"十二五"期间，国家将加快国际货运航道建设，将昆明等花卉主要集散地纳入区域物流节点名单，采取"建立安全农产品示范区"、"鼓励发展外向型物流企业"和"建设专业物流体系"等一系列措施，进一步推动花卉物流步入发展新阶段。

（二）花卉物流集散能力显著增强

花卉专业市场是花卉物流的重要节点，具有储存、加工、配送、网上交易等功能。目前中国已建立花卉专业市场 2 865 个，这些市场的建立和发展，使中国花卉物流集散能力显著增强。如，江苏省常州市武进区夏溪花木市场是中国花卉苗木的重要集散地，市场交易额年均以超过 30% 的速度增长，2011 年市场交易额突破 100 亿元，拥有产品展示、信息发布、网上交易、物流配载和市场服务五大中心，其中物流配载中心提供运输、配载、装卸、搬运、包装、流通加工、物流信息处理、结算、需求预测等一条龙服务，较好地反映了花卉市场的物流集散能力。云南省昆明市斗南花卉市场是中国最大的鲜切花集散地，每天在斗南市场交易的切花在 400 万 ~ 600 万枝，最高时节达到 700 多万枝。位于斗南的昆明国际花卉拍卖市场是目前中国惟一运行的花卉电子交易市场，该市场解决了云南 60% 的切花前端物流工作，即从田间地头到交易市场的切花运输工作，代表了中国花卉物流集散的最高水平。

（三）花卉采后处理水平显著提高

花卉采后处理是花卉物流体系中的重要环节。经过科研人员的不懈努力，中国花卉采后处理水平已有很大提高。有很多以外销为主的鲜切花出口企业，以高品质、无公害为目标，开发出适合鲜切花出口的保鲜技术体系，经保鲜处理的鲜切花质量受到外商的好评；针对以内销为主的鲜切花生产企业开发高效、优质、低价位的采后处理系统也取得了积极成果，花卉分级、包装、保鲜和冷藏技术在切花主产区已经逐步推广实施。一些外国公司在中国组建了自己的花卉采后处理车间和冷藏设施。例如，澳大利亚大型花卉加工企业林奇公司在中国建厂，专业从事花卉冷藏、检验、检疫、分级、包装、熏蒸和失活处理工作，花卉日处理能力 200 万株。外国花卉加工企业的进入，对提高中国花卉采后处理水平，进而提升中国花卉产品质量都具有重要的推动作用。

（四）花卉物流公司初步发展

目前，围绕花卉批发和零售市场的花卉物流业已初步形成，一些地区花卉专业物流公司初具规模。以中国最大的切花生产基地云南省为例，全省共有 52 家注册的花卉类物流企业，其中 12 家实力较强的物流企业拥有冷藏库、冷藏车等冷链基础设施。随着花卉物流企业的发展，花卉逐渐成为该省物流主要运输产品和运营重点，每年有大约 20 万吨切花销至国内 70 多个城市和 40 多个国家和地区，日发送量约为 500 ~ 700

吨，每天从昆明至全国各地的航班有数百航次，占航空公司日货运量80%以上。同时，国际花卉物流公司开始进驻中国，如全球最大冷链物流服务商"怡之航"、欧洲最大花卉物流服务商丹麦 CC 公司与广东陈村花卉世界联手，开始合作打造花卉物流服务平台。

二、中国花卉物流业存在的主要问题

在充分肯定成绩的同时，我们也清醒地认识到，中国花卉物流发展还处于起步阶段，与发展现代花卉业和扩大花卉出口的需求相比存在较大差距。具体说来，还存在以下四个方面的主要问题。

（一）税费负担过重

公路收费高，是中国物流业面临的共性问题，有1/3 的运输成本来自路桥费。此外，花卉运费尤其是切花空运高额运费，严重制约了中国花卉出口。2008 ~ 2010 年间，全国花卉平均每亩收入达到6 000 元以上，其效益远远超过一般大田农作物。但是，长期以来，中国花卉产品产后损失严重。据估计，鲜切花在采后流通过程中的损耗率通常为30%以上，在远途运输过程中的损耗率为40%以上。

（二）装备技术落后

采后预冷技术和低温环境下的分级、包装、加工等商品化处理手段尚未普及，运输环节温度控制手段原始粗放，花卉生产基地、批发市场、区域性花卉配送中心冷冻冷藏设施缺乏。例如，台车是花卉物流的重要装备，使用台车进行切花运输，可以实现切花带水运输，保证运输过程中切花有完整的水链供应，对花卉物流的发展影响重大。目前，由于台车研发推广应用滞后，致使国内鲜切花无法带水运输，干运及挤压式包装使切花损耗率高达20%。

（三）标准化和信息化程度低

中国花卉产品的包装、运输的行业标准和国家标准尚未制定，从花卉保鲜、包装、检疫、海关直至运输、结算等服务环节，标准化和信息化程度低，也没有实现一体化运作，导致中国花卉物流集散范围小，速度慢，成本高。如云南到泰国曼谷的花卉公路运输，需要20 ~ 24 小时，然后再转口销往世界各地。而在花卉发达国家荷兰，其生产的花卉产品经过拍卖后，24 小时内即可运送到世界上80 多个国家。

（四）花卉物流企业发展滞后

中国花卉运输主要依靠社会物流公司，花卉专业物流公司虽有所发展，但总体规模小、实力弱，专业化程度很低。中国花卉产品具有较强的比较优势，但中国花卉出口仅占花卉销售额的3% ~ 4%，且大部分是低端产品，在国际市场上缺乏竞争力。其主要原因之一是花卉物流企业发展滞后，削弱了中国花卉产业在国际上的竞争优势。

大力发展现代花卉物流企业，已经成为提高中国花卉产品质量、降低花卉物流成本，增强国际竞争力的关键。

三、中国花卉物流业发展的对策与建议

物流业既是基础性产业，又是涉及诸多部门的复合型产业，融合了运输业、仓储业、货运代理业和信息业等，是服务业的重要组成部分。从国际经验看，建立标准化、一体化和信息化为特征的现代花卉物流体系，可以确保花卉产品质量，提高花卉产业效益。大力发展现代花卉物流业，既是花卉大规模流通、适应城乡居民需求升级和农民增收致富的需要，也是提高中国花卉产品国际竞争力的需要，意义深远，作用重大。

今后 10 年，中国花卉产业要以推进现代花卉业建设为主题，以转变产业发展方式、提升花卉产品质量效益为主线，着力构建花卉品种创新、技术研发推广、生产经营、市场流通、社会化服务和花卉文化等六大体系。"十二五"是中国花卉物流业发展的关键时期，我们要进一步理清思路，明确目标，认真谋划，以市场为导向，以企业为主体，以先进技术为支撑，加快建立现代花卉物流体系，以花卉物流服务促进花卉产业发展。今后一段时期，中国发展现代花卉物流业的主要工作目标和任务是：

（一）搞好规划和布局

要在《全国花卉产业发展规划（2011～2020 年）》的指导下，编制《全国花卉产业市场和物流体系建设实施方案》。要根据市场需求、产业布局、商品流向、资源环境、交通条件、区域规划等，确定花卉重点物流区域、物流通道和物流节点城市，依照鲜切花、盆栽花卉、绿化观赏苗木不同类别的特点，优化花卉物流结构，争取政策支持。

（二）加强基础设施建设

要加快节能环保的各种新型冷链物流技术的自主研发、引进消化和吸收。鼓励花卉生产和物流企业加强保鲜、冷库、运输、查验等物流基础设施建设，重点加强冷藏、配送和处理中心建设，以及现代搬运装卸工具、冷藏设施、冷链运输车辆、全程温度监控设备和与花卉物流相配套的查验与检测基础设施建设，逐步建立健全花卉物流体系和冷链运输系统。

（三）提高标准化和信息化水平

要加快花卉物流通用基础类、技术类、信息类、管理类、服务类等标准制定，逐步建立和完善花卉物流标准化体系，并加快推广实施。要积极推进花卉企业物流管理信息化，促进信息技术在花卉物流企业中的广泛应用。要加快花卉物流公共信息平台建设，包括全国性和区域性的花卉物流公共信息平台建设。

（四）加快培育花卉物流龙头企业

要培育一批经济实力雄厚，经营理念和管理方式先进、核心竞争力强的大型花卉

物流企业，鼓励它们通过参股、控股、兼并、联合、合资、合作等多种形式进行资产重组，尽快做大做强。此外，还应考虑跨国合作，引进国外设施设备先进的花卉专业物流公司，推动中国花卉物流企业发展。

（五）加大宣传，提高认识

要加大宣传力度，进一步提高全行业和全社会对现代花卉物流重要性的认识，努力改善花卉物流环境，扩大花卉物流需求，推进物流服务的社会化和专业化。

为实现上述目标，需要政府、企业、协会齐心协力，共同努力，采取有效措施，切实推动中国花卉物流业发展。这些措施包括：

1. 加强组织和协调

花卉物流体系建设环节多、链条长，是一个跨部门、跨行业、跨区域的系统工程，需要多方面的配合与支持。应积极调研，探讨组建"中国花卉协会市场与物流分会"，以加强花卉物流的组织化程度。同时，应加强与商务、海关、质检等有关部门的配合，协调解决花卉物流发展中的突出矛盾和重大问题，确保花卉物流业的健康有序发展。

2. 积极争取政策支持

要积极争取国家和地方政府对花卉冷藏、配送、检测等基础设施建设的扶持；争取涉农政策的支持，切实减轻花卉物流企业税费负担；在新兴市场开发方面，还应争取政府设立专线价格补贴。

3. 努力创造良好的物流环境

在有效监管的前提下，要积极争取有关部门支持，在行政审批方面，简化审批程序，缩短审批周期，特别是在优化口岸通关作业流程方面，争取实行申办手续电子化和"一站式"服务，提高通关速度和效率。

4. 鼓励创新

要开发中国自有标准的花卉运输专用设备——台车的推广应用，这对盆栽花卉和鲜切花物流尤为重要；要在花卉主要生产基地、中转市场、消费城市加快冷藏、配送和处理中心建设；要积极发展冷链运输车辆及制冷设备；要积极发展冷链物流全程监控及追溯系统等。

5. 多渠道增加投入

花卉物流业的发展，主要依靠企业自身的投入，但同时要多渠道争取资金。对列入国家和地方规划的花卉物流园区和物流基础设施建设项目，鼓励其通过银行贷款、股票上市、发行债券、增资扩股、企业兼并、中外合资等途径筹集建设资金。银行金融机构要积极给予信贷支持。对涉及全国性、区域性重大花卉物流基础设施项目，政府应根据项目情况和财力状况适当安排中央和地方预算内建设投资，以投资补助、资本金注入或贷款贴息等方式给予支持，由企业进行市场化运作。

6. 推进对外开放和国际合作

一方面，要加强国内花卉物流企业同国际先进物流企业的合作、合资与交流，引进和吸收国外先进经验和管理办法，提高花卉物流业的全球化和区域化程度。鼓励龙头企业、花农合作组织牵头在日本等海外市场设立物流站点，开展出口花卉加工、分级、包装、运输服务和信息收集反馈工作。另一方面，政府有关部门应充分利用 WTO、自由贸易区、区域经济合作机制等平台，与有关国家和地区相互进一步开放与花卉物流相关的分销、运输、仓储等领域，特别是加强与日本、东盟、欧盟和中亚国家双边和区域性花卉物流合作，开展花卉物流方面的政策协调和技术合作。

关于中国野生动植物繁育利用产业的政策导向

王维胜

摘要：近年来，林业部门加强政策指导、技术扶持、规范管理，促使野生动物繁育利用产业在我国得到迅速发展，2011 年估算总产值已突破1 000亿元。本文从我国野生动植物繁育利用产业的特点分析，在强化宏观规划、引导结构调整和适当投入扶持方面提出政策建议，为解决"三农"问题开辟出一条新的途径。

野生动植物资源具有多样性、生态性、可再生性等显著特点。发展野生动植物繁育利用产业，不仅符合加强生态建设的要求，也是传承民族传统的需要，并且还与市场需求多样化、消费品天然化趋势相吻合，具有难以估量的巨大潜力和市场空间。近年来，林业部门加强政策指导、技术扶持、规范管理，促使该产业在我国得到迅速发展，2011 年估算总产值已突破1 000亿元，为医药、民族工艺等产业提供了有力保障，在局部区域甚至成为农村经济发展和农民增收的主要动力。我国野生动植物种类多、分布广，并且资源繁育方式可不占用耕地，又与我国当前农村经济模式相适应，发展野生动植物繁育利用产业具有得天独厚的优势。特别是在其他产品市场逐步趋于饱和的情况下，对野生动植物产品一直呈现旺盛需求。为此，建议国家抓住时机对该产业强化宏观规划、引导结构调整和适当投入扶持，可望为解决"三农"问题开辟出一条新的途径。

一、野生动植物繁育利用产业的特点

我国野生动植物种类十分丰富，仅脊椎动物就达6 000 种左右，高等植物达3 万多种，适生条件多种多样，经济利用价值各不相同，是发展野生动植物繁育利用产业的物质基础。由于野生动植物资源的特性，该产业与其他产业有明显不同的特点，其市场空间也难以由其他产业来填补，具有巨大的发展潜力。

作者简介：王维胜，国家林业局野生动植物保护与自然保护区管理司动管处处长、高工，研究方向：野生动物保护与管理。

1. 野生动植物繁育利用，对加强生态建设具有积极的促进作用

野生动植物是自然生态系统的主要组成部分，决定了野生动植物适生于森林、湿地、草原、荒漠等各类自然生态系统，只要按照其自然生态习性开展繁育，不仅不会危害生态，还能有效发挥其在维护生态平衡中的作用。如：在森林湿地区域散养林蛙有利于防治森林病虫害，在森林里散养鹿类、麝类、雉类等草食动物可提高林地肥力和有益于林木生长，林下散种野生植物大多数情况下不会影响到林木生长。此外，通过野生动植物繁育来满足市场需求，可有效遏制对非正常渠道来源的野生动植物及其产品的需求，有利于遏制乱捕滥猎、乱挖滥采、走私野生动植物等非法行为。如：我国梅花鹿繁育的成功，为市场提供了大量鹿茸等产品，盗猎野生梅花鹿的现象极少发生，其结果有利于保护野外资源和维护生态平衡。

2. 野生动植物繁育利用，为经济发展提供了多种多样的物质资源，并具有不可替代性

在我国，野生动植物繁育利用涉及诸多行业，具体包括医药、传统工艺及装饰品、毛皮及高级皮革、乐器、名贵家具、食品、保健品及化妆品、花卉、园艺、生态旅游等领域，现阶段相关产品已多达数千种，并且由野生动植物提供的物质材料具有特殊性，难以被其他物质所替代。如：麝香、羚羊角、獐宝的特殊药用功效，红豆杉中提取的紫杉醇和喜树中提取的喜树碱被用于治疗癌症，麻疯树中提取的植物油可望替代燃油，等。可以预计，由于野生动植物种类的多样性，随着科学技术的不断进步，今后还将有更多的物质材料从野生动植物中源源不断开发出来，这与经济发展对物质资源的需求日益多样化趋势相一致，呈现出巨大的开发潜力。

3. 市场对野生动植物资源的需求旺盛，资源缺口很大，使野生动植物繁育利用产业具有广阔的市场空间

野生动植物资源属于稀缺资源，与正常需求相比，缺口很大。以麝香为例，年均需求量在 2 吨以上，但从保障中医药可持续发展的角度核算，现阶段每年启用的麝香量已不足 500 千克，按货值计算每年资源缺口额约 2 亿元。类似的情况在其他野生动植物种中比比皆是，如蛇类、穿山甲、高鼻羚羊、石斛、红豆杉等。据初步统计、测算，我国现阶段野生动植物原料缺口货值达 500 亿 ~ 600 亿元，即使大量转由进口解决，也还有货值约 200 亿元的野生动植物原料没有来源，只能实行限产，制约了经济发展。如果大力发展野生动植物繁育，以现阶段水平核算，仅提供原料一项年产值就可以提高 500 亿 ~ 600 亿元，其延伸的制成品价值则将高达数千亿元。此外，科技进步对野生动植物新产品的开发，国际上追求天然食品及天然原料的趋势，观赏野生动植物生态旅游的兴起，还将进一步拓宽野生动植物繁育利用产品的市场，因此，其发展空间十分广阔。

4. 野生动植物繁育利用，适宜于偏远落后地区，可为当地经济发展和群众脱贫致富开辟新的出路

我国野生动植物分布的一大特点，就是大多分布于偏远落后地区。受各种条件限制，这些区域常常不适于发展工业或高新技术产业。但其自然条件和保存的生态系统恰恰适宜开展野生动植物繁育，加之野生动植物不危害生态、其产品价值高昂的特点，是当地经济实现新增长和促进群众脱贫致富的新途径。林业部门于20世纪90年代中期在黑龙江林区指导推广林蛙养殖，在林间溪流中繁殖孵化的林蛙个体在林下散养，现年产量已达到1.5亿只左右，产值约6亿元，解决就业人口约3万人，成为当地经济一大新亮点；在云南省，林下松茸采集出口，年出口创汇5 000多万美元，位居云南省出口创汇第一位，带动了一大批农民增收。再以野生动植物原材料高达数百亿元的市场缺口核算，如果这一市场缺口转化为繁育产值，总体上可解决数百万农村剩余劳动力就业问题，其延伸效益更为巨大。

5. 野生动植物繁育利用，与传扬民族传统有着密切的关系

我国野生动植物繁育利用历史悠久，有许多民族传统就是起源于野生动植物繁育利用或依赖野生动植物资源，如传统中医药(涉及野生动植物原材料上千种)、民族乐器(二胡、手鼓)、传统雕刻工艺(牙雕、角雕)、传统马戏表演、民族服饰，等等。这些民族传统涉及的野生动植物资源一旦告罄，相关民族传统的继承和发扬必然受到严重影响，甚至面临危机。

人多地少，一直是我国农村经济发展的一大瓶颈。在农村土地资源十分有限且必须首先确保基本农田用于粮食作物生产的情况下，利用野生动植物的生态特性，在森林等生态用地上发展野生动植物繁育，不仅可有效促进资源增长和改善生态环境，还可缓解野生动植物原材料严重不足的矛盾，进而维护相关中医药、毛皮及高级皮革、保健品及化妆品、食品、名贵家具等制造业的可持续发展，并将对民族传统的继承和发扬发挥积极作用。同时，由于野生动植物繁育适应偏远地区的特点，以及该产业的巨大市场空间，还可以为发展农村经济和解决剩余劳动力就业问题提供一条新的出路。

二、野生动植物繁育利用产业现状和存在的问题

近年来，在我国不断加强生态建设进程中，林业部门对引导和扶持野生动植物繁育利用产业日益重视，不断加强政策指导、扩大种源储备、积极提供技术及市场信息服务、实行规范管理，特别是提出了"以利用野外资源为主朝利用人工繁育资源为主转变"的战略方向，促使该产业迅速呈现出勃勃生机。据初步统计，截至2011年底，全国野生动物养殖单位及养殖户达25 000家左右，野生植物种植单位及种植户近20 000家，开发利用及进出口企业约15 000家，年总产值达1 000亿元，形成了由龙头企业、繁育基地和养殖、种植户构成的资源繁育、加工利用和销售出口"一条龙"产业链，市场出路稳定，在局部地区对促进当地经济发展和农民增收取得了明显成效，还有效保障了一大批传统产业的可持续发展。

虽然我国野生动植物繁育利用产业近年来发展迅速，但与社会需求的快速增长相比，仍处于滞后状况，主要体现在三个方面：一是繁育资源总量严重不足，市场缺口高达数百亿元；二是深加工技术落后，没有充分开发出资源价值，如林蛙油、紫杉醇等出口到国外，经再次加工后的价值将提高数倍甚至数十倍；三是野外观鸟和观赏野生动物等生态旅游还几乎是空白，而在许多国家已成为促进旅游业发展的重要动力，

甚至是部分国家的一大支柱产业。尤其值得重视的是，由于产业发展跟不上市场需求的增长，巨大的市场空间不仅没能转化为生产力，还导致走私、乱捕滥猎、乱挖滥采等违法现象屡禁不止，反而给野生动植物保护形成了巨大压力，国际社会借此指责我国保护政策的情况也时有发生。

还必须看到，在野生动植物繁育利用产业具有巨大市场空间的情况下，该产业却表现出继续发展乏力的迹象，具体可归因于以下几方面的问题：

1. 种源储备严重不足

开展野生动植物繁育，首先必须有种源作保障。虽然林业部门多方筹集资金建立了一些种源基地，但由于国家投入极为有限，除少数种类的野生动植物种源保有量达到一定规模外，绝大多数种类的野生动植物种源保有量极少或根本没有。繁育单位在没有种源的情况下，要么是根本无法开展繁育活动，要么是购买非法从野外猎捕的野生动物或非法从野外采集的野生植物，还有的铤而走险从走私渠道获取种源。这不仅严重制约了野生动植物繁育利用产业的发展，还危及野生动植物保护，并损害了我国的国际声誉。

2. 技术支持体系不健全

野生动植物种类多，生物学特性千差万别，因此，其繁育技术也各不相同，特别是与我国农村传统种养技术有很大差别，需要提供专业技术支持。但现实情况是，我国尚没有建立起野生动植物繁育技术支持体系，林业部门虽然一直通过其建立的种源基地提供一些技术支持，但因种源基地数量、规模极为有限，技术支持还只能覆盖很小的范围。在这一现实面前，绝大部分从业人员只能自找门路或自己摸索技术，导致技术成本、技术风险增加，延长了投入产出周期，还常常出现因从业人员不懂技术致使宝贵的野生动植物种源大量死亡的现象。此外，由于科技投入不足，还有很多种类的野生动植物的繁育技术没有攻克，也是一大重要制约因素。

3. 市场信息服务尚不到位

不同的野生动植物原材料或产品大多有特定的需求方，如：制造二胡需要蟒皮、生产喜树碱需要喜树枝叶等，难以通过普通市场进行销售，需要有相应的市场信息服务，以建立高效的流通渠道。但由于缺乏有效的市场信息服务渠道，特别是偏远地区从业人员组织化程度不高，大多只能自己寻找市场，不仅增加了风险和成本，还常常出现市场急需的野生动植物原材料或产品积压在繁育者手中找不到出路的现象。

4. 生产高端产品的深加工能力较弱

虽然大多数野生动植物制成品在国际市场上价格十分高昂，但我国出口的却大多是初加工产品，甚至是直接出口原料，其原因就是我国深加工野生动植物原材料的能力较弱，生产高端产品的企业少。由此导致的后果是，国外企业占据了野生动植物加工生产的大部分利润，并在很大程度上左右市场，我国野生动植物繁育利用的市场出路也因此很不稳定。

5. 规范管理措施有待加强

野生动植物资源不仅具有资源特性，还具有生态习性，必须统筹兼顾保护和繁育利用，其关键是要切实防止走私或非法从野外获得的野生动植物进入流通领域。此外，随着人类文明程度的提高，改善野生动物驯养繁殖条件，防止残酷对待野生动物行为，也是必须面对的现实。这对强化规范化管理的要求越来越高，既要保障合法来源的野生动植物原材料或其产品的高效流通，又能有效阻击非法繁育利用行为。为此，国家林业局和国家工商总局于 2003 年开始推行了公告制度和野生动植物产品统一标识制度，收到了很好成效。但这一措施的推行需要有相应的执法力量作保障，否则，就难以从根本上遏制走私、非法从野外获得或非法繁育利用的野生动植物及其产品进入市场的现象，乱捕滥猎野生动物和乱挖滥采野生植物等破坏资源的趋势就难以从根本上得到扭转，国际社会的指责甚至是抵制我国野生动植物贸易的事件就还会发生，最终影响到该产业的发展。

三、政策与建议

野生动植物繁育利用产业发展现状与社会需求的巨大差距，显示出该产业的广阔前景。但要真正实现资源保护和繁育利用产业的协调、可持续发展，还迫切需要采取一系列扶持、提高、规范等措施，解决导致产业继续发展乏力的各方面问题，具体建议如下：

1. 统筹规划，因地制宜，分类指导

编制全国性野生动植物繁育利用产业发展规划，根据各地自然条件和社会经济需求，提出适宜发展的种类及其繁育利用方式、规模，防止"一哄而上、盲目发展"的情况，并将繁育利用活动按资源消耗型、特殊需求和观赏娱乐等不同用途进行区分，分别予以相应的政策指导，确保有关政策适应该产业的特点。

2. 加大基础投入，制订鼓励扶持政策

根据产业发展对种源的需求和对专业技术的依赖，在种源储备、技术攻关等产业基础领域，由国家列专项给予资金投入，增扩建一批野生动植物种源基地，组织繁育利用科技攻关队伍，为产业的继续发展提供种源和技术保障，打破制约产业发展的瓶颈。针对我国野生动植物深加工技术较为落后的情况，国家可以适当扶持龙头企业的研发活动，甚至组织专业技术力量与龙头企业共同开发研究，尽最大可能挖掘野生动植物资源的延伸价值。同时，考虑到野生动植物繁育利用产业兼顾生态保护、民族传统等公益性质，国家还应研究制订必要的鼓励扶持政策，在税收、信贷等方面对该产业给予一定的优惠，在贫困地区还应适当安排专项扶持基金，从而有效吸引社会资金、人才等资源进入该领域，增强行业实力，提升行业整体水平。

3. 健全组织体系，扩展技术支持和市场信息服务

以保护管理体系为主线，整合相关民间团体、科研单位、中介机构、种源基地、龙头企业等力量，形成较为完整的组织体系，为从事野生动植物繁育利用的企业和个人，提供专业技术支持和市场信息服务，使从业人员能够更好地将本地优势与技术、市场因子结合起来，准确定位，明确目标，降低技术成本和市场风险，实现产业的稳

定发展。通过健全组织体系，还将提高行业的组织化程度，有效防止虚假信息坑害农民等情况的发生。

4. 强化宏观调控手段，建立市场准入机制，加大执法监管力度

严格控制资源消耗总量，对特殊需要的野生动植物资源实行"定点、定向、定量"管理制度，优先保障重点领域和重点产业，提高资源利用效益。在流通领域，各有关部门要协调一致，共同推行野生动植物及其产品认证制度、公告制度和统一标识制度，把住市场准入关，严格禁止非法来源的野生动植物及其产品进入市场。同时，各执法部门要加强协作，确保监管到位，遏制非法繁育利用行为，从而为合法从事繁育利用的企业和个人营造良好的国际国内市场环境。

野生动植物资源严重不足和市场需求日益增长，两者之间的巨大反差，恰恰为野生动植物繁育利用产业的发展提供了市场空间。抓住这一机遇，利用野生动植物繁育能有效兼顾生态保护和适宜偏远农村地区的特点，在我国大规模开展生态建设的进程中，国家及时统筹规划、加大基础投入、完善扶持政策、规范执法监管，以科学合理的方式利用生态用地发展野生动植物繁育利用，不仅将极大提高生态用地的生产力，还将更好地维护民族传统的传承和相关重要产业的可持续发展，并且在社会资金、人才、技术和信息等资源通过野生动植物繁育利用产业流向偏远农村地区的过程中，对当地农村经济发展和农民增收产生巨大的促进作用。

中国森林旅游业发展情况报告

屈作新

摘要： 2011 年我国生态旅游主体的森林旅游表现出强劲的发展势头，在森林旅游业蓬勃发展的同时，一些问题也逐渐暴露出来。本文对该行业的市场现状进行深入的调研分析，主要分析了该行业的市场规模、竞争状况和重点企业经营情况、行业内重点企业的市场占有率，同时对该行业的未来做出分析预测，为企业了解该行业、投资该领域提供绝佳的决策参考。

2011 年，是世界经济低迷的一年。三大经济体的不景气，对未来经济走势的不看好，使得人们的消费受到遏制。但在衰退中的一些国家，旅游业却温度不退。根据联合国世界旅游组织（UNWTO）的统计数据，在 2011 年前 8 个月，全球范围内的国际入境旅客数量达 6.71 亿人次，同比增长了 4.5%。其中，那些危机深重的国家，例如希腊、爱尔兰、葡萄牙以及西班牙更是增长最高的国家，分别增长 14%、13%、11% 与 8%。吸纳投资、带动基础建设、创造就业岗位，旅游业证明了自身是最能抵御经济危机以及最能刺激贸易的产业之一。这也充分显示了旅游业的强韧，让我们对旅游业未来的发展充满了信心。

同时，2011 年也是我国旅游业的丰收年。来自中国旅游研究院的数据显示，2011 年前 3 季度我国旅游总人数为 20.8 亿人次，同比增长 12%；旅游总收入 1.66 万亿元，同比增长 17%。

与此同时，作为生态旅游主体的森林旅游表现出强劲的发展势头。截至目前，全国林业系统共建立森林公园 2 583 处，规划面积约 1 678 万公顷，其中国家级森林公园 747 处，旅游收入 881 007 万元，旅游接待人数 45 562 万人次，其中海外旅游者 1 622 万人次。建立森林和野生动物类型自然保护区 2 035 处，规划面积 12 353 万公顷，其中国家级自然保护区 247 处。此外，建立了多处湿地公园、植物园、野生动物园、狩猎场、沙区景观旅游区等等，基本形成了以森林公园为主体、森林公园、湿地公园和自然保护区旅游小区、林业观光园、狩猎场等其他类型森林旅游景区协同发展的森林旅游发展体系，并达到了保护自然资源的同时，推动林区产业结构的合理调整，提高林

作者简介： 屈作新，中国森林国际旅行社总经理助理，中国林业产业联合会森林旅游分会秘书长。

区群众收入的目标。

在森林旅游业蓬勃发展的同时，一些问题也逐渐暴露出来。比如旅游产品的单一、产业内管理办法法规的不完备、区域的不均衡发展等问题都亟待解决。如何在法规的框架内快速健康地发展森林旅游、如何结合不同地区的资源特色构建独特的经营管理模式；如何在实际操作中按照保护开发的原则，有效率、有效益地进行森林资源的利用，如何在越加激烈的竞争中建立森林旅游产业及产业内各个企业的竞争优势都需要认真讨论，反复斟酌。

2012 年中国旅游的宣传主题为"欢乐健康游"，倡导亲近自然、归顺自然、保护自然的森林旅游无疑是发展中国旅游业的重点。

一、中国森林旅游业的发展概况

随着旅游消费者需求的逐渐转变，对回归自然、保护生态、健康旅游的追求，森林旅游自在中国出现便迅速发展。森林旅游的迅猛发展，推动了林区产业结构的合理调整，成为林区群众提高收入的重要途径。森林公园建设发展迅速，已成为我国珍贵森林风景资源保护和林区自然文化遗产保护的一项重要内容。森林公园建设，为丰富人们的社会文化生活，满足人们日益增长的户外游憩需求提供了良好机会。森林旅游产业规模不断扩大，经济效益快速增长，带动功能日益增强。

2000～2010 年我国森林公园数量从 1 078 个增加到 2 583 个，年均增长 9.13%，为森林旅游的快速发展创造了理想的休闲场所。森林公园接待旅游人数从 2000 年的 0.718 亿人次增加 2010 年的 3.961 亿人次，年均增长 18.62%。森林休闲旅游的快速发展，森林公园旅游直接收入从 2000 年的 12.93 亿元增加到 2010 年的 294.94 亿元，年均增长 36.71%。从森林休闲旅游产业发展状况看，由于我国森林旅游资源分布不均，产业体系不健全，导致不同森林景区、不同地区和不同季节旅游市场冷热不均。森林公园休闲旅游发展面临着产品供给与市场需求结构不相适应的矛盾，景区开发与生态环境保护之间的矛盾，产业发展与管理体制约束之间的矛盾。从森林休闲旅游要素构成看，休闲者的空闲时间、休闲观念和价值取向远远不能满足森林休闲旅游市场发展的需要，森林旅游资源的景观价值没有得到充分挖掘、特色不明显，森林旅游景区环境价值的生态服务功能没有形成有效的休闲体验，森林休闲旅游服务体系有待完善、服务水平有待提高。

我国已初步形成了林区独具特色的以森林景观为主体、地文景观、水体景观、天象景观、人文景观等资源有机结合而形成的多样化的森林风景资源的保护管理和开发建设体系。这一体系的建立与发展，不仅使我国林区一大批珍贵的自然文化遗产资源得到有效保护，而且有力地促进了国家生态建设和自然保护事业的发展。森林公园建设已成为我国自然文化遗产资源保护体系中不可忽视的一支生力军。

森林休闲旅游的重要载体主要是各级各类森林公园，森林公园是以森林为主体的自然类郊野公园。享有"植物王国"、"动物世界"、"绿色海洋"等美誉的各类森林公园，已成为人们"回归大自然"的好去处。

世界上首个森林公园是 1872 年由美国建立的黄石国家公园，根据 1872 通过的美国国会法案，黄石国家公园是"为了人民的利益被批准成为公众的公园及娱乐场所"，也是"为了使她所有的树木，矿石的沉积物，自然奇观和风景，以及其他景物都保持现有的自然状态而免于破坏"。森林公园自从其诞生的那天起就承担着休闲旅游场所和保护环境及生物多样性的双重功能，也标志着森林休闲旅游作为一个产业，或是一种生活方式开始受到国家和地方政府重视。

张家界国家森林公园是中国于 1982 年建立的第一个国家级森林公园，截至 2010 年底，中国国内建立了各级各类森林公园2 583处，总规划面积达 1 677.7 万公顷，其中国家级森林公园 747 处。

中国的森林公园设立的最初目标是基于环境资源和生物多样性保护，大多数森林公园脱胎于以营林和木材生产为主要目的的国有林场，森林休闲旅游功能价值尚未被充分认识，发展速度缓慢。1982～1990 年只建立了张家界、千岛湖等 16 处国家级森林公园，平均每年不到 2 处。早期建立的国家级森林公园有地方政府和林业部门联合建设，基础设施投入大，开发力度强，现在这些国家级森林公园大部分都成为著名的森林休闲旅游景区。

1991～2000 年，中国森林公园发展更为迅速，尤其是前 3 年，国家级森林公园从 16 处一下子增加到 234 处，增加了 218 家，平均每年 70 余处。这种异常的发展速度对森林公园的成长产生了正负两个方面的影响：正面影响是扩大了森林公园规模，保护了森林资源，增强了社会影响力，确立了森林公园在自然资源保护和林业产业发展中的重要地位；负面影响是急速增长导致森林公园建设的投入不足，在评价标准不完善、政策法规不健全的条件下，森林公园的资源质量难以得到保证，造成了森林公园资源质量良莠不齐，难以形成高品质的森林旅游景观，也给行业管理工作带来了难度。

1994～2000 年，我国森林公园数量增长明显放缓，7 年时间只增加了 110 处，达到 344 处，开始重视森林公园的管理，政策法规和资源评价体系逐步完善。林业部 1994 年 1 月发布实施了《森林公园管理办法》；1994 年 12 月组织成立了"中国森林风景资源评价委员会"，规范了国家森林公园的审批程序，加强了审批过程的技术支撑；1996 年颁布了《森林公园总体设计规范》(LYPT 5132—95)。1999 年国家技术监督局颁布了《中国森林公园风景资源质量等级评定》(GBPT 1805—1999)，森林公园设立、规划、建设和资源开发利用有了制度上的保障和评价标准。随着森林公园数量的增加，管理的规范、制度保障体系的逐步完善，森林休闲旅游开始受到重视，各森林公园增加了相应的旅游服务项目。

2000 年以后，森林公园休闲旅游功能价值备受关注，首先是多年来森林公园建设带来的综合效益得到了社会广泛的认可，引起了地方各级政府的高度重视；其次是实施天然林资源保护工程以后，国有林区的木材采伐量锐减，促进了森林资源利用方式的转变；最后是旅游消费结构的转型与新休假制度的实施，为森林公园发展休闲旅游创造了有利的外部环境。

国家林业局在 2001 年召开的全国森林公园工作会议中明确指出：森林公园建设是一项社会公益事业，是中国生态建设和自然保护事业的重要组成部分，是展示中国山川秀美的重要窗口，是中国生态文化建设的重要内容。发展森林旅游是建设现代林业产业体系的重要内容之一，是推动林区社会经济全面发展的重要途径。要以"建绿色生态、办绿色产业、创绿色文明"为宗旨，把森林公园建设成为山川秀美的典型代表，使森林旅游业真正成为中国林业产业中的优势产业和强势产业。

从森林公园发展的数量来看：2000~2010 年，中国森林公园总数从 1 078 个增加到 2 583 个，增加了 1 505 个，年均增加 150 个左右；国家级森林公园从 344 个增加到 747 个，增加了 403 个，年均增加近 40 个，2000~2005 年期间增长较为迅速，年均增长超过 50 家左右（图 1）。

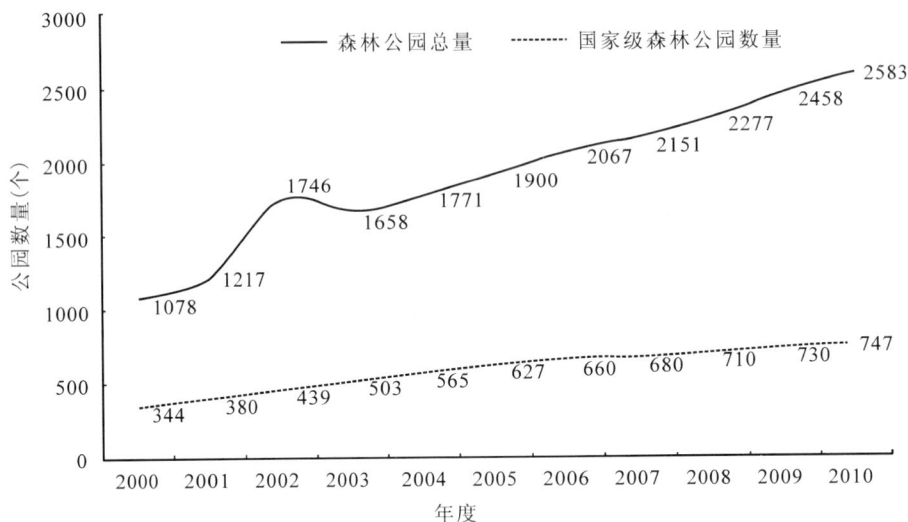

图 1　2000~2010 年中国森林公园与国家级森林公园数量变化

从中国森林公园发展规模来看：2000~2010 年，中国森林公园面积从 983.8 万公顷增加到 1 677.7 万公顷，年均增加 69.4 万公顷。值得注意的是随着森林公园数量的增加，单位森林公园的面积在逐渐降低，2000 年各级各类森林公园的平均面积为 0.9123 万公顷，2010 年森林公园的平均面积 0.649 5 万公顷；国家级森林公园平均面积 2001 年为 2.082 2 万公顷，而 2010 年则缩小为 1.576 5 万公顷左右；2001 年为非国家级森林公园平均面积为 4 146.7 公顷减小到 2010 年 2 723.5 公顷，无论是国家级还是各省地方级森林公园平均规模在缩小。

从国家级森林公园地区分布看：一是林业资源比较丰富的地区森林公园占据"半壁江山"。2010 年全国共有森林公园各级各类 2 583 处，其中山西、黑龙江、浙江、福建、江西、山东、河南、湖南、广东、四川森林公园数超过 100 个，10 个省份森林公园达到 1 611 个，占全部森林公园数的 62.4%。吉林、黑龙江、浙江、江西、山东、湖南、四川、陕西国家级森林公园超过 30 个，8 个省份国家级森林公园达 310 家，占全部国家级森林公园总数的 41.5%（图 2）。二是边远省份的森林公园面积接近全部森林公园面积的一半。2010 年全国共有森林公园面积 1 677.7 万公顷，其中内蒙古、吉林、黑龙江、西藏、新疆森林公园面积超过 100 万公顷，面积达 7 970 156 公顷，占全部森林公园面积的 48.3%（图 3）。

如图 3 所示：①重点国有林区所在的省份拥有较大面积的国家森林公园。这一结

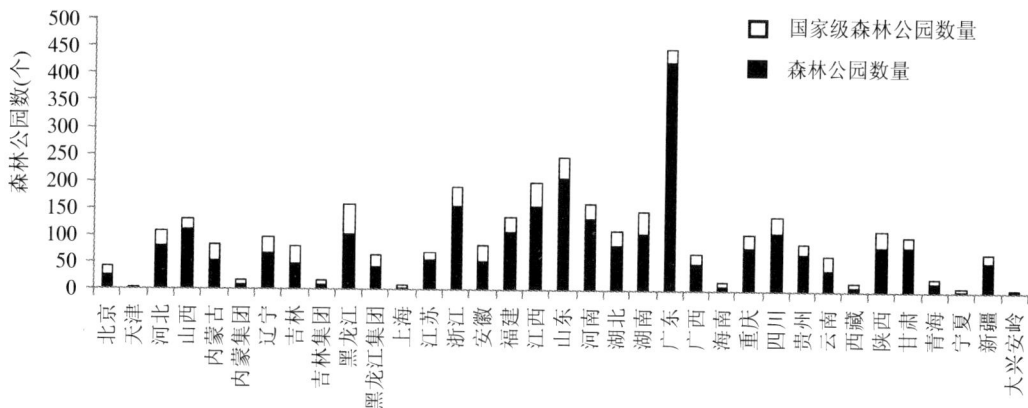

图 2　2010 年我国各省份(集团)森林公园的数量

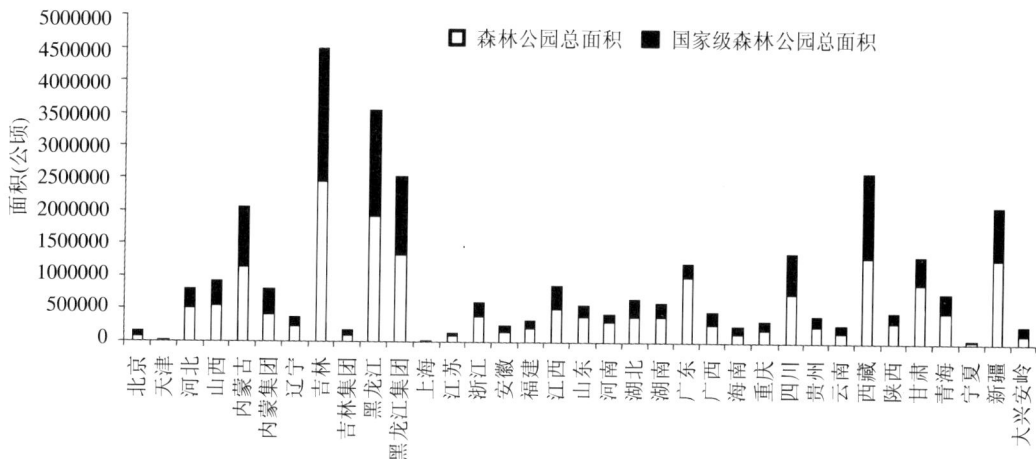

图 3　2010 年各省份(集团)森林公园面积

果反映了森林公园以丰富的森林资源为依托的基本理念，也印证了森林公园是中国生态建设和自然保护体系的重要组成部分之一。②一些具有丰富、高品位森林风景资源的区域已纷纷纳入到森林公园管理体系中，建设了较多的国家森林公园。这说明经过近 30 年的建设，森林公园事业已具有很大的影响力，并得到了各地充分认可。③一些经济发达省份国家森林公园发展呈现数量多面积小的局面。与此同时，一些疆域辽阔，资源丰富但经济发展相对落后的省份则呈现出公园面积大而数量少的局面，如西藏、新疆就是典型例子。

二、中国森林旅游行业特征

（一）森林生态系统类型多样，资源优势明显

中国地域辽阔，地形地貌复杂，从南到北跨越 5 个气候带，不同的气候、地貌和水热条件形成了我国风格各异的陆地生态系统森林景观和丰富的动植物资源，为发展

森林旅游提供了优越的条件。丰富的自然资源又与积淀丰厚、内涵深远的人文景观融合，形成了各具特色的森林旅游资源。

中国是世界上森林生态系统类型最多的国家之一。作为森林旅游产业发展基础的各类自然资源，经过合理开发，以森林公园、湿地公园、植物园、野生动物园等方式向旅游者提供各种选择，区域发展热点凸显。

（二）森林旅游发展体系初步形成

多年来，以森林公园、湿地公园、自然保护区为主要依托的森林旅游业一直保持着15%左右的年增长速度，森林旅游年接待人数超过4.5亿人次，占国内旅游人数的1/5，森林旅游已成为我国旅游业的重要组成部分，并在推动我国旅游业又快又好发展中显示出强劲动力。

中国森林旅游产业经过多年的发展，基本形成了以森林公园为主体、森林公园、湿地公园和自然保护区旅游小区、林业观光园、狩猎场等其他类型森林旅游景区协同发展的森林旅游发展体系。

（三）森林旅游人数不断增长，成为休闲养生的重要手段

森林旅游依托大量的森林资源和原始生态系统，为游客创造出宁静和谐的环境，且负氧离子含量较高，有利于游客健身强体和改善睡眠，森林休闲旅游作为健康养生的重要手段将越来越受到旅游者的重视。目前，英国、德国、西班牙、意大利到森林旅游的人数大约分别占本国人口的39%、50%、38%、46%，中国森林旅游的人数所占本国旅游人数的比例只有20%左右，但是却以年均增长率高于国内旅游业年均增长率6%的速度增长。

（四）国内旅游市场是中国森林旅游游客的主体

截至目前，数据显示中国森林旅游游客以国内游客为主，国内游客约占总游客人数的97.5%，海外游客的比重很低。

随着人们收入的增加，旅游观念的转变，国内旅游消费市场出现了结构性的变化。观光、休闲、度假这三大旅游消费市场均有所增长，而增长速度最快的主要是休闲旅游市场。森林旅游作为一种健康的、文明的、亲近自然的旅游方式，越来越受到旅游者的青睐。在闲暇之余，回归自然，在森林中放松身心越来越成为一种时尚。此外，由于世界经济的低迷，国外游客来中国旅游的热情下降也是中国森林旅游业呈现此特点的重要原因。

（五）森林旅游产业技术含量与产业关联不断提升

随着森林旅游业的不断发展，其与其他产业的相互影响不断显现。发展森林旅游，需要金融、铁路交通、餐饮住宿业等相关行业的支持，同时，旅游产业促进其他产业的发展。

发展森林旅游的初衷源于对自然生态系统的保护与对林业产业的改革，促进经济

的发展。任何行业的发展，效率的提高以及竞争力的形成都与技术水平息息相关。生态学、地理学等学科的理论与实用技术对森林生态旅游发展过程中资源的保护起着积极的重要的作用。

（六）政府及相关组织倾力合作，对森林旅游产业高度重视

强有力的政策，是2011年旅游业发展的最大动力。2011年5月11日，国家林业局和国家旅游局在北京共同签发《关于推进森林旅游发展的合作框架协议》；国家林业局森林公园保护与发展中心成立；《国家级森林公园管理办法》正式施行；全国森林旅游工作领导小组成立；国家林业局组织编制《全国森林旅游发展规划（2011~2020）》；全国森林旅游工作会议召开；2011中国森林旅游博览会开幕；国家林业局与海南省政府在海口市共同签订《关于加快推进海南森林生态旅游建设战略合作协议》，这些都体现了政府对森林旅游的高度重视与支持。政府的关注与支持，是森林旅游得以快速发展的重要动力。

三、中国森林旅游业市场分析

（一）森林公园的游客构成分析

2000年后，随着居民对旅游需求层次的提高和休假时间的延长，到户外森林休闲旅游的人数呈现快速增长的态势。2000年以来，中国森林公园休闲旅游逐渐受到广大游客的青睐，森林公园接待的旅游人次从2000年的0.718亿人次增长为2010年的3.96亿人次，年均增长18.62%。中国森林旅游游客在经历了2003"非典"以后的高速增长后，步入了平稳增长期，在今后的10年将又进入一个高速增长期（图4）。

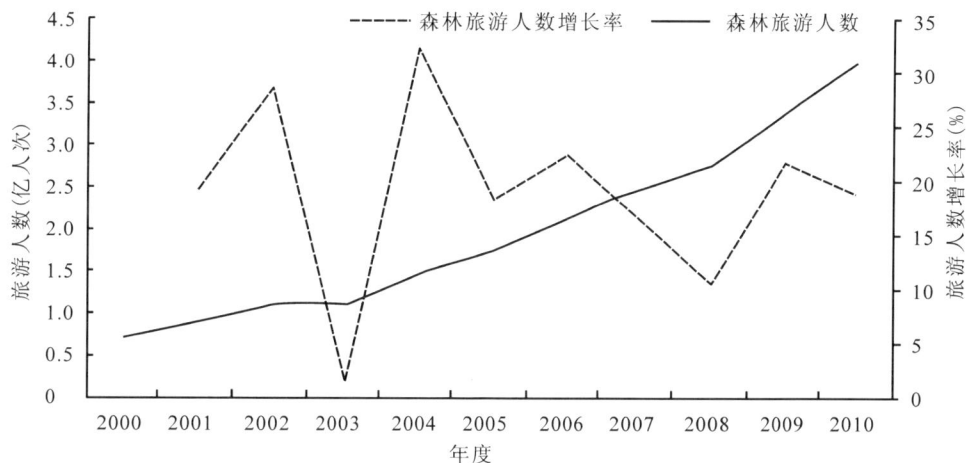

图4　2000~2010年中国森林公园游客人数及增长率

从中国森林公园接待的游客构成看，国内游客占总游客人数的97.28%，海外游客的比重很低，仅占2.72%（图5）。2007年国际金融危机后，海外游客的比重有逐步降低的趋势。因此，必须加强森林旅游景区基础设施建设、完善森林休闲旅游服务体系，

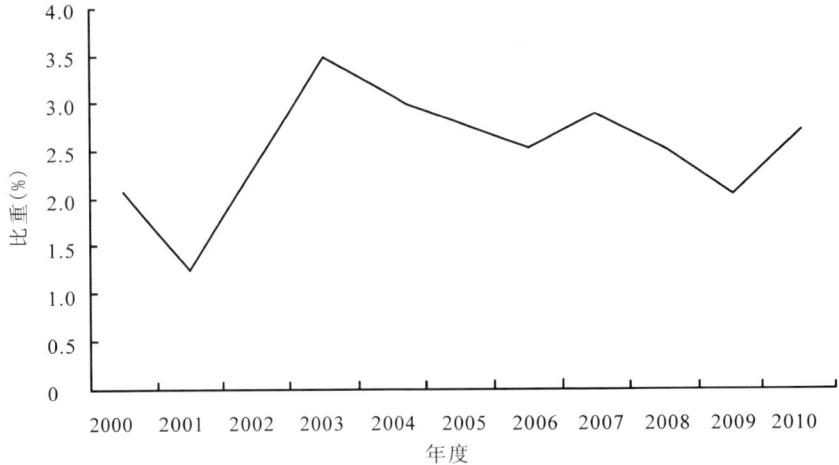

图5 2000~2010 年森林公园接待海外游客的比重

提高森林旅游景区知名度和开拓新的森林旅游产品，促进森林休闲旅游从数量扩张向质量提升转型。

从中国森林旅游游客地区特征看，2010 年辽宁、江苏、浙江、福建、江西、山东、河南、湖南、广东、重庆、四川、贵州12 省（直辖市）森林旅游人数超过1 000 万人次，累计达到31 582 万人次，分别占全部旅游人数的 79.75%。上海、江苏、福建、广东、重庆 5 省（直辖市）森林公园接待国外游客人数超过 100 万人次，达到 672 万人次，占接待国外游客总量的 62.4%（图6）。

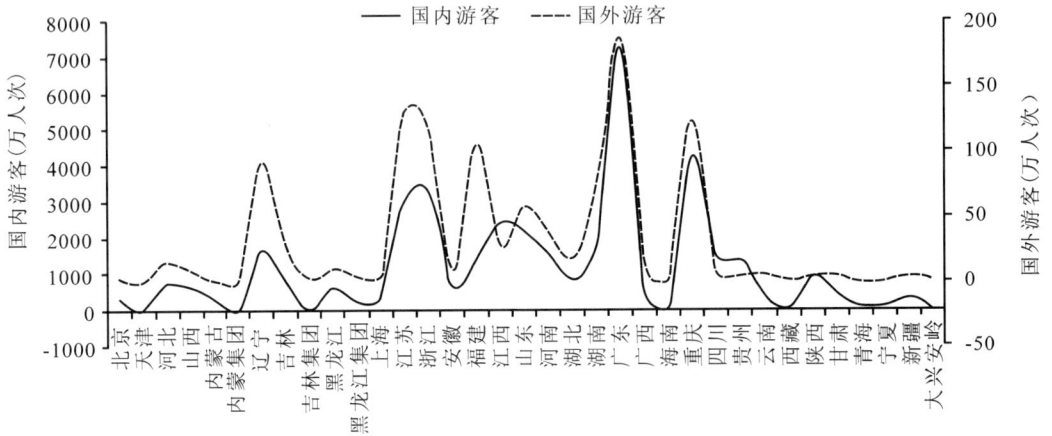

图6 2010 年中国各省份（集团）森林公园接待的国内外旅游人次

（二）森林公园休闲旅游效益分析

从中国森林旅游收入变化看，2000~2010 年中国森林公园旅游直接收入从 12.93 亿元增加到 294.94 亿元，增长了近 22.8 倍，年均增长 36.7%。2010 年带动社会综合旅游收入近2 800 多亿元，森林旅游已经成为林业产业重要的经济增长点。2010 年中国平均每个森林公园旅游直接收入为1 142 万元，单位森林公园面积所产生的直接收入为1 758元/公顷（图7）。

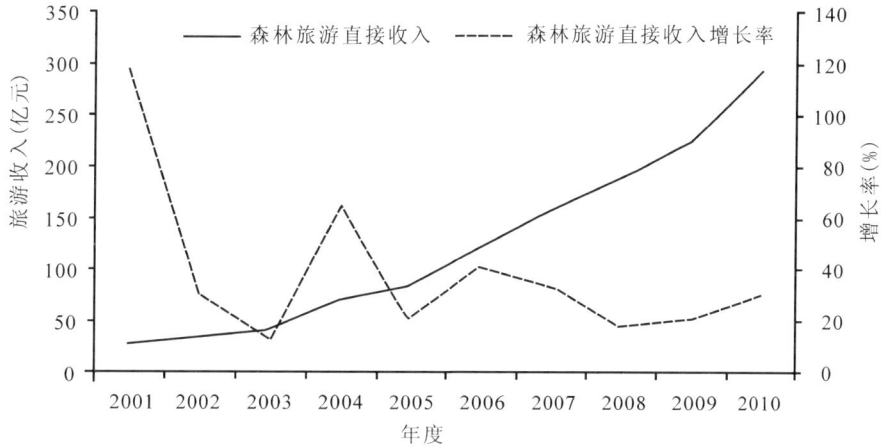

图7 2000～2010年中国森林公园旅游直接收入及其增长率

从中国森林旅游收入结构看，2010年中国森林公园旅游直接收入294.94亿元，其中门票收入56.36亿元，食宿收入128.36亿元，娱乐收入43.6亿元，其他收入66.62亿元；分别占公园旅游直接收入的19.11%、43.52%、14.78%和22.59%（图8），相对于2009年的20%、42%、16%和22%收入比例结构，没有很大的变化，食宿收入比重的增加，可能与农产品等食品价格上涨有关。森林公园旅游直接收入中餐饮业收入比重仍然很大，森林休闲旅游娱乐业收入比重却有所降低，表明中国森林休闲旅游主要是食宿、交通、门票等基本旅游消费，景区休闲旅游产品层次不高，以休闲、健康、疗养等为主题的生态服务功能特色不突出。

从森林旅游收入特征看，2010年吉林、江苏、浙江、江西、山东、湖南、广东、四川、重庆9省（直辖市）森林公园旅游收入超过10亿元，总计达235.891亿元，占全国的森林公园旅游收入80%（图9）。

中国森林公园旅游直接收入严重失衡，总收入超过10亿人民币的10个省（直辖市）其收入之和占35个省（直辖市）和直属林业局收入总额的80%，而在一些资源较为集中的国有林区旅游直接收

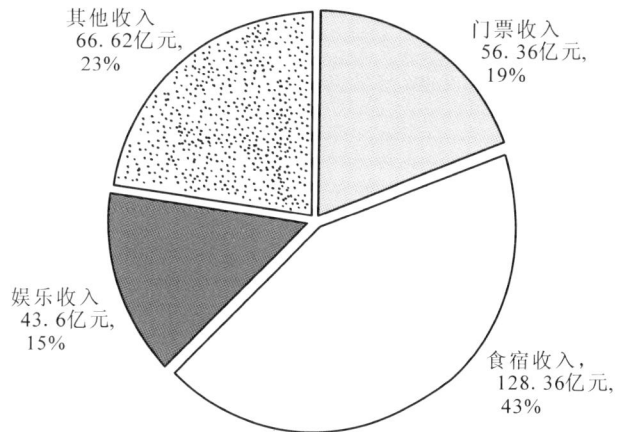

图8 2010年中国森林公园
旅游收入构成

入水平并不高，表明国有森林公园景区和景观资源较为丰富的自然保护区森林休闲旅游有很大的发展潜力。

对各省（直辖市）森林公园面积与旅游直接收入的比较分析，各地森林公园2010年单位面积产出差距很大，上海、江苏、浙江、重庆四省（直辖市）森林公园每公顷的旅游直接收入超过10 000元，分别为44 682元、13 277元、22 928元和10 007元，长三角

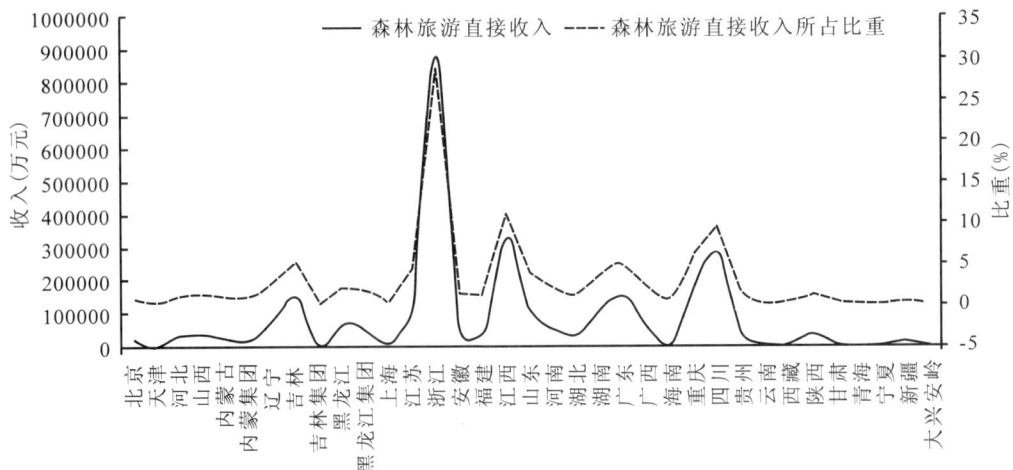

图 9　2010 年中国各省份(集团)森林旅游直接收入及其所占比重

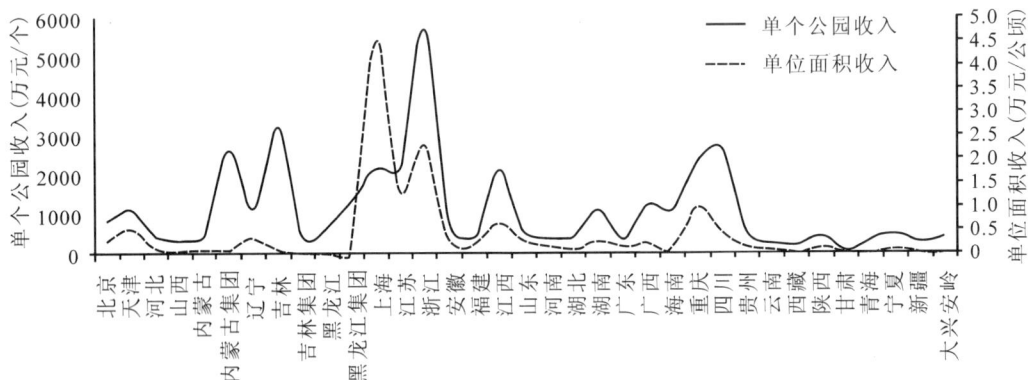

图 10　2009 年各省(集团)平均每个森林公园和单位面积带来的旅游直接收入

地区上海、江苏等地森林资源并不丰富，森林公园的平均面积也不大，上海平均每个森林公园仅 488 公顷，相当于全国平均水平的 7.5%。辽宁、吉林、上海、江苏、浙江、江西、湖南、广西、海南、重庆、四川 11 个省(直辖市)平均每个森林公园旅游直接收入超过 1 000 万元(图 10)。

(三) 森林旅游企业的竞争压力与应对

森林旅游产业的发展面临着政府政策、行业竞争压力等因素的限制，为保持产业的长久发展，必须采取积极的措施。各要素对森林旅游业的发展影响各异。其中，个人、企业以及政府投资的效果对产业竞争优势的形成有至关重要的作用。虽然森林旅游产业的发展在很大程度依托于丰富的自然资源、优越的环境，同时有政府的政策支持。为建立竞争优势，使得森林旅游能够长久持续健康地发展，以上要素每一方面的投入都是不可缺少的。政府在森林旅游产业发展中的作用以及可采取的积极措施前文中有具体体现，以下讨论的是森林旅游行业内旅游景区及其他旅游企业面对竞争可以采取的措施。

1. 区域间联合协作，形成产业竞争力

俗语说，众人拾柴火焰高。对于森林旅游行业，其旅游体系刚刚初步形成，与其他旅游方式相比明显较弱。因而需要集合不同区域、不同企业的合作，形成健康的战略同盟，互通有无，促进产业竞争力的形成、发展。

2. 产业内各企业自觉独立发展，主动参与竞争

政府政策的影响力固然可见，但也有它的限制。政府本身并不能帮企业创造出竞争优势，促进行业发展的责任理所当然地落在企业的肩上。产业发展如果没有旅游企业自身的努力，政府政策再帮忙，也是扶不起的阿斗。

在制定发展规划时，就应将竞争的因素考虑在内。居安思危，方可永续发展。

3. 转变观念，满足旅游者需求

对于森林旅游景区及其他相关旅游企业，面对竞争的压力，旅游市场的多变和我国旅游发展的阶段性演进要求，必须摒弃粗放的旅游开发方式，监测旅游市场中需求的变换，树立以旅游者需求为中心，推进创新，引领、培育旅游者消费需求。

森林旅游目的地只要在开发和提供旅游产品和服务时面向市场、分析市场、适应市场并开拓市场，以市场需求为导向对景区资源进行开发，凸现自身特色，为游客提供超越竞争对手的价值，才能激发游客来此旅游的兴趣和愿望，才能够争取顾客、维系顾客，才能够获取持久的竞争优势，在激烈的市场竞争中立于不败之地，长盛不衰，永续发展。

4. 建设特色鲜明的品牌形象，提高企业在旅游群体中的知名度

通过政府的政策支持、战略规划与宣传推广，能够促进森林旅游行业的吸引力。但是作为行业的微观组成部分，作为市场经济大背景下的一员，旅游企业若想要自身的持续发展，就必须建立自身的品牌形象，将旅游消费者的需求与旅游地建立起链接，提高企业知名度，不断吸引游客的消费与重复消费。品牌化经营对于企业的长期发展有着积极的作用。

5. 开发差异化产品，提高旅游者参与程度

随着旅游业的发展与旅游者的成熟，消费者群体所表现出的消费需求更加新奇多样。电子产品、网络技术的普及，大大激发了人们看世界的激情。消费者也更加独立，个人游更加普及，这都对旅游业提出一个基本的要求，即产业需要提供符合旅游者差异化需求的产品，进一步丰富森林旅游产品，大力提升旅游产品的供给能力。

企业竞争优势源于与其他人的差异性，而非一致性。而且旅游企业保持长久的竞争优势，也源于其他旅游地难以复制甚至是垄断性的旅游产品。我国森林资源丰富，但资源本身不是产品，只有去开发，才能形成"商品"。因此，要从舒适性、知识性、趣味性出发，在典型环境中建设典型的景物、景观，创造有市场影响力甚至有垄断性的景区。各森林公园要围绕森林旅游发展规划，立足自身实际，着眼长远发展，突出森林景观、品位和特色，编制好发展规划，防止盲目开发建设和不顾长远利益而造成森林风景资源的破坏。

由于森林旅游发展初期过度依赖资源进行旅游产品的开发，使得森林旅游产业内

旅游产品过于单一，降低了旅游者游览期间的兴趣，降低了游客的参与程度，也就降低了产品的感知价值，这对于产业长久持续发展十分不利。因而特色鲜明的旅游产品的开发对企业吸引力、竞争力的形成都尤为重要。当然，我们也要看到，对于企业和工作人员而言，持续竞争优势的过程并不轻松，也就是说，旅游企业要不断检测旅游市场的需求变动情况，并根据外部信息推测产业可能的发展方向，及时调整产品组合的策略，保证企业能够长期健康的发展。

6. 产业内积极创新，提高效率，主动参与竞争

优势企业大多是生产效率高的产业，而产业不断提高生产率的源泉在于企业建立和培育自我加压、不断进取的创新机制。在竞争的环境下，才能提高效率，激活企业的行动能力，提高员工的工作积极性。

7. 加强标准化体系和服务体系建设

行业强大技术优势的形成依赖于旅游景区及其他旅游企业的探索。尤其是一个优秀的行业往往是专业化水平高、效率高的行业。高效率的服务，标准化的体系的有无影响着行业的发展。服务的提高，体系的完善不能仅仅依赖于政府的努力，旅游企业也要钻研森林旅游标准化体系建设，提升森林旅游规范化管理、建设和服务。旅游地可以通过组建森林旅游协会或森林旅游协作组织，加强森林旅游景区与旅行社、旅游企业等的相互协作，建立和完善森林旅游服务体系。积极开展并指导森林旅游一线从业人员的培训，加强森林旅游景区中高级管理人员的岗位职务培训和导游员的资格认定、培训，联合开展森林旅游讲解员的资格认定和培训，不断提高森林旅游的管理和服务水平。

8. 独具慧眼，重视国内

数据显示，我国森林旅游游客的绝大部分是国内游客。随着游客旅游消费观念的变化，国内森林旅游人数显示出迅速增长的趋势，增长空间巨大，国内旅游者是一个巨大的市场。一个产业如果要保持长久的竞争优势，国内市场的支持不可或缺。

景区及其他旅游企业要抓住国内市场，不管是在战略制定上，还是具体的旅游线路策划上，都要对国内游客的需求有所倾斜。譬如中国居民受传统文化的熏陶，唐诗宋词等诗歌中描述的自然景观对旅游者具有一定的刺激作用。在进行产品的开发设计过程中，对细节的处理往往能起到事半功倍的效果。

9. 争取项目资金支持

努力争取各级政府财政资金支持，把示范县、示范村（镇）、示范景区作为重点支持对象。对国家级森林公园、国家级自然保护区的基础设施、服务设施、安全设施、环保设施建设和从业人员培训给予导向性的资金支持。同时，双方积极鼓励和引导社会资本进行森林旅游开发。

10. 参与国际合作，争做元帅，不落人后

在交流中才能更快进步，在合作中才能实现取长补短，才能将先进的技术、知识、人才为我所用。与国外的森林旅游规划相比，中国森林旅游开发设计，对森林生态系统的重视程度，对低碳绿色生活方式的实施方面都有所欠缺。积极参加国际的合作交

流，是快速学习并发展自身的一条捷径。"尺有所短，寸有所长"，在国际合作中，我们要勇于提出自己的意见，勇于开辟科研道路。

四、中国森林旅游相关行业分析

分析旅游相关产业对更好地促进森林旅游产业与相关产业的合作、发展具有积极作用。从上下游产业之间的供求角度看，对旅游业供给的产业，即上游产业有：航空运输业、石油及核燃料加工业。对旅游业直接供给和直接需求的有：铁路运输业、道路运输业、保险业、环境管理业、公共设施管理业。对旅游业不仅有直接和二级供给，而且还产生直接需求的有：住宿业、餐饮业。从功能看，铁路运输业、道路运输业及航空运输业构成一个为旅游业提供交通运输服务支持功能的版块；餐饮业、住宿业构成了一个为旅游业提供一般日常食宿服务支持功能的系统模块；环境管理业、公共设施管理业构成了一个为旅游业进行管理支持功能的系统模块；保险业形成了一个为旅游业提供一般风险防范功能的系统模块；石油及核燃料加工产业成为一个为旅游业提供能源需求保障功能的系统模块。

大量研究已表明，旅游业对其前向行业和后向行业具有很大的带动作用，旅游业依赖于经济发展的同时又带动了相关产业的发展。鉴于森林旅游巨大的生态效益，对自然资源、生态环境保护的作用，建立良好的行业间关系，促进行业间合作，对森林旅游以及相关产业的发展有重要意义。

建立行业间的合作关系，是加强行业活力、竞争力的重要途径。资金的筹集以及环境的容量，是森林旅游发展的关键。鉴于森林旅游投资回收期的特点，行业内协作以及相关行业的支撑影响着森林旅游的发展。针对中国森林旅游发展现阶段的特点，采取行业间的企业合作对行业的发展有极大的促进作用。

行业间的企业整合，即旅游业内不同行业间的企业整合。这种整合主要表现为：产业链上的前向整合和后向整合。前向整合强调对分销商或零售商的控制，如景区对旅行社的整合。其优势在于通过对销售环节的控制，确保客源，以及加快对旅游者需求做出反应，提供更好的产品。后向整合是加强对供应商的控制，如旅行社整合饭店，餐饮企业整合食品企业等。其优势在于保证供应渠道的稳定，紧密产业流程，实现优化资源配置，节约交易成本，提高服务效率。客源基础的整合，这种整合主要建立在共同的客源市场基础上，如旅游饭店与航空公司的整合。其优势在于实现客源的共享，节约营销费用，提供超值服务。开放性整合：旅游业的发展对相关支持产业具有较强的产业依赖性和关联性。旅游业可持续发展需要外部相关支持产业的有力支撑，因而需要对其进行整合。它包括：与客源关联产业整合，即可以给旅游业带来旅游者的相关产业，如会展业等；与发展支持产业的整合，及旅游业发展过程中需要其提供辅助服务的相关产业，如金融业等。

针对森林旅游业，旅游目的地较为分散，且不同于诸如城市建设的主题公园能在短期内实现资金的回收，为了吸收客源，实现可持续发展，与其他产业的合作尤为重要。

五、中国森林旅游业存在的问题与对策

人们对经济发展的过度追求使得人们对资源的肆意消耗严重。一些偏远的经济不发达地区，以牺牲自然资源、破坏环境为代价，获取短期的经济利益。随着森林的过度砍伐，森林涵养水源能力日渐削弱，水资源危机已经形成，野生动物栖息繁衍的环境也在不断恶化，生物种类锐减。

发展森林旅游，在保护自然生态环境的前提下，转移林业居民对原始森林生产的依赖，转变林业的产业结构是实现可持续发展的必然选择。在进行森林旅游时，我们不得不面对的现实是：我国成熟林、天然林和原始森林的面积不断下降。砍伐严重，植树造林面积小。虽然近年来林业部门加大造林投入，但根据目前的数据，我国的森林覆盖率低于世界平均水平，至 2009 年，世界森林覆盖率为 30.3%，中国的森林覆盖率为 20.36%。在不甚丰富的森林资源基础上发展旅游业，存在许多问题。

（一）存在的问题

1. 区域间发展不均衡

森林旅游的发展以丰富的森林资源为基础，依托周围的山水人文等资源发展起来。森林面积较大的森林公园多是由原国有林场发展起来的，森林旅游的发展对资源的依赖性很大。不同地区资源的差异是造成区域间发展不均衡的一大因素。此外，还存在着一些十分优秀资源由于所处地区交通不便利，基础设施不完备等硬伤造成的资源浪费。

2. 森林旅游的季节性变动大

与其他旅游方式相似，森林旅游受季节因素的影响较大，随着季节流转而发生波动。为提高森林旅游地的利用率，需要开发差异性的、能够适应不同季节旅游需求的旅游产品。譬如，冬季一些森林景区的游客人数明显下降，此时景区如果能够迎合某些特定人群的需求，以丰富的文化内涵营造旅游项目，开发"独钓寒江雪"的冬日度假养生产品。

3. 产品开发雷同，品牌缺失

长久以来，资源比较优势理论一直是指导我国旅游业发展的理论基石。这一理论认为，资源的比较优势决定景区的生存和发展。在此理论指导下，我国旅游业发展模式实质是一种资源导向型的旅游竞争方式。这种理论在森林旅游发展初期有较强的实践指导意义，但是随着森林旅游市场竞争的日趋激烈，这种理论的局限性妨碍产业的长远发展。过度依赖资源，相互模仿，文化内涵贫乏导致了本应异质性的产品出现大量雷同，同质化现象严重，产品缺乏特性和特色，降低了游客的感知价值，进一步降低了产品对游客的吸引力，导致森林旅游市场客源不足，使良好的森林旅游资源闲置。

产品的雷同，拳头产品的缺乏直接导致森林旅游产业品牌的缺失，导致行业吸引力下降。除了九寨沟、千岛湖等特色鲜明的景区外，森林旅游市场上极少有能够吸引

游客络绎前来的旅游品牌。长此以往，森林旅游就无法像其他相对成熟的旅游产品，拥有在全国范围内的知名品牌，从而影响其在旅游业中的营销和开拓。森林旅游相关企事业单位需要结合地方特色，抛弃传统的粗放的产品开发方式。森林并非孤立于自然而存在，要结合森林所处的山水人文条件，打造一个整体的细致的森林旅游环境，给游客一种人在林中漫步的可感受的产品服务，满足森林旅游者回归自然、放松心情的需求。

4. 管理体制不顺，资源破坏浪费严重

不少森林公园与风景名胜区、自然保护区交叉重叠，重复建设现象严重，导致各种纠纷不断，严重制约了森林旅游业的发展。此外还存着多家"抢山头"的现象，尤其是某些旅游部门对林区景观偏重开发利用，很少承担培育和保护责任，影响森林旅游的长期发展。许多大型森林公园、自然资源保护区等开展旅游活动的企事业单位都是由传统的国有企业发展而来，组织庞大臃肿、人浮于事的问题十分严重。企业内员工工作积极性低，企事业单位的应变能力差，进取精神、竞争意识薄弱。

针对这些问题，可以从以下方面促进森林旅游的发展情况。

（二）对策

1. 规范市场秩序，提高服务质量

在森林旅游产业发展还未成熟的当下，政府需要下大力气解决长期困扰旅游业发展的市场秩序、服务质量和旅游安全等问题，创造一个有利于产业发展、参与国内、国际市场竞争的外部环境。2011 年，林业局及相关政府部门颁布了森林旅游业相关的一系列法规、管理办法。在实施的过程中，要严格执行各项政策，提高森林旅游业的服务质量。同时，当政府介入行业时，应该注意并决定产业所在环境需要创造哪些条件，并鼓励企业行动。

2. 加大对旅游业发展的政策倾斜、资金支持

任何事物从产生到成熟都要经历一个过程，只是时间长短不等。一个新公司成立后，大约需要三四年才可迈入正轨；一个产业要独立、成熟，形成强大的竞争优势，则需要 10 年或更长的时间。目前，森林旅游体系初步形成，区域发展不平衡，产品单一，产业的认知度不是很高，需要政府对森林旅游业给予持续的政策支持，投入资金扶持产业的发展，使森林旅游业逐步形成区域竞争力、旅游地竞争力，进而提高中国森林旅游业的国际竞争力。

3. 深入推进旅游业改革开放，引入竞争机制

森林旅游业在市场经济中发展，虽有政府以及相关组织的支持，但仍然要参与到市场竞争中去。随着森林旅游体系的不断发展，森林旅游面临的竞争也愈加激烈。现在森林旅游业缺乏丰富的品牌产品，管理体制不完善等不足仍然存在，如何建立森林旅游业的长久竞争优势、提高各森林旅游企业的综合实力成为我们面临的亟待解决的一大课题。竞争机制的引入，有利于激发森林旅游业的创新，促进旅游企业的成长。

在国内竞争条件下，区域的特色才会更加明显，进而强化整个产业的竞争优势。

良性的国内市场竞争与随之而来的长期竞争优势，是外国竞争者无法复制的。国内市场竞争所创造的竞争优势，可以使中国森林旅游业在国际森林旅游业中脱颖而出。当一个城市成为一个艺术家云集、科学家较劲或运动员竞技的环境时，往往形成该国在特定时空中的辉煌文化。同样，对于中国森林旅游业的发展来说，引入竞争机制，培养良性的竞争环境，对于产业的蓬勃发展十分必要。

在发展森林旅游的过程中要注意一下几种关系的控制：

首先是管理体制的关系，完善管理机构，探讨管理模式，搞活经营机制，在明确森林资源产权的基础上，可以实行所有权和经营权分离，鼓励各种社会主体参与森林旅游的开发建设。

其次是资源开发与保护的关系，发展森林旅游，必须以科学发展观为指导，坚持"生态优先"的原则，不断加大森林资源的培育和保护力度，在此基础上，充分开发利用森林资源，发展森林旅游业，壮大林业经济，反哺林业生态建设。

第三是政策扶持和多元投入的关系，走市场化开发的路子，加大森林旅游招商引资力度，鼓励兴办森林旅游，政府则从政策上给予扶持。

4. 积极推进旅游业改革试点工作，探索旅游业改革发展新模式

政府在推进森林旅游业全面发展的同时，选择一些具备条件的旅游地进行改革试点工作，进行重点建设，探索新的发展方式，起到对整个行业的示范领导作用。在改革试点工作中，要注意吸纳各方意见，鼓励创新，不断尝试、调整，为行业的可持续发展做好先驱准备工作。

5. 宣传推广，扩大森林旅游业的认知度

对于森林旅游产品的宣传，不能像其他产业的产品宣传。森林旅游是在可持续发展的基础上，以自然景观为主体，以保护自然为目的，同时发展林业生态建设，改善林区群众生活的科学的、高雅的、文明的旅游方式。对森林旅游产品、森林旅游业的宣传，应当站在系统的高度上考虑，宣传活动符合产业发展的战略规划，对产业长远的发展有良好的影响。

具体来说，为了加快森林旅游业发展，政府和相关部门应多做引导和扶持工作，如对资源和基础设施的投入，线路的串接、整体包装、宣传推介，从外部环境上给开发者以强劲动力。

6. 重视教育和训练，提高服务水平

随着森林旅游产业的发展，对管理的要求，对专业化的要求越来越迫切，来自外部的竞争压力迫使我们重视对人才的培养。现在，旅游消费者的知识水平越来越高，对旅游服务要求也越加挑剔，这就要求行业内各个环节都应当精益求精。一个旅游企业的力量难以在如此复杂广阔的范围内产生反响，这就需要政府及相关行业组织加强与研究机构、学校组织、培训组织的合作，共同推动行业的发展。

7. 培育国内市场，引导国内需求向高层次发展

政府具有培育和塑造国内需求及其性质的作用。政府的行为可以引导一国消费群体或积极或消极的行为。面对全球气候变化的影响，人们对低碳生活方式的崇尚，诸

如森林旅游的健康旅游市场以初具规模。为了保护脆弱的自然资源，把发展森林旅游上升为国家战略，完成建设生态文明的重要任务，实现兴林富民战略支撑点，推动绿色低碳发展的重点领域，促进旅游业发展的新的增长点，对国内市场的培育引导是我们的必然选择。

对国内市场的培育，有利于我国的森林旅游业形成长久的竞争力，为产业的永续发展奠定坚实的基础。

8. 政府引导林农的参与

森林旅游是生态旅游的一种，生态旅游的主要特点是当地社区群众的参与。在森林旅游开发过程中，要积极吸引林场职工和当地农民，通过兴办农家乐餐饮住宿、林果园以及参与景区的设计开发等森林旅游活动，增加经济收入，改善生活水平。同时，要以丰富的森林资源和林、果、茶资源为依托，开展多种活动，放大森林旅游的社会经济效应。政府需要制定一些政策，提高林农参与森林旅游发展的热情。

六、中国森林旅游业可持续发展分析

森林是陆地生态系统的主体，是陆地上最大的可再生资源库、生物质能源库、生物基因库，也是陆地上最大的"储碳库"和最经济的"吸碳器"。森林不仅具有涵养水源、保持水土、防风固沙、保护物种、固碳释氧、净化环境等独特功能，为人类生产不可缺少的生态产品，又能为人类提供木材、药材、食品和能源等多种物质产品，还能为人类提供森林观光、休闲度假、生态疗养和文化传承的场所。良好的森林生态系统是人类生存发展不可或缺的生态基础和物质基础。

可持续发展以提高生活质量为目标，要求经济发展与环境承载力相协调，促进社会进步，主张采取适当的经济手段、技术措施和政府干预等方式以减缓自然资源的耗竭速率（对不可再生资源）或使资源消耗率低于再生速率（对可再生资源），达到经济发展的可持续性。因此，可持续发展要遵循公平原则、可持续性原则、需求性原则和共同性原则等四大基本原则。为了使历史文化遗产资源能够较完整地保存下来，对其保护和利用也应该遵循上述基本原则。

森林旅游不仅需要树木多，关键是有与之相应的特有的森林环境条件，包括地貌、岩石、流水、野生动物和特有的气候条件等。森林生态系统能够提供多种服务功能，比如涵养水源、释氧固碳、调节气候、休闲游憩等。森林对人类的贡献不仅仅表现在经济方面，更表现在森林生态系统在全球范围、生物圈平衡的作用。在进行森林旅游时，森林对游客提供的产品不仅仅是实体的，还表现在其他方面，诸如森林生态的供给服务、调节服务、文化服务。

发展森林旅游时，要坚持以森林生态为主的原则，主体应当是森林。在发展旅游经济的同时，注重自然资源的保护，特别是有较高价值的自然生物资源。发展森林旅游，并不是对森林资源没有消耗的。为森林旅游的可持续发展，要利用先进的科学技术，保护旅游地的森林生态系统。旅游管理经营部门，不能为了森林旅游能够提供的当前利益而牺牲未来的长远利益。

此外，森林旅游要与当地民俗文化相结合。围绕中心景点建设旅游循环圈，边建设边开放。森林旅游项目投资大，建设回收期长，应避免因投资失误而造成损失。森林公园应不断挖掘和丰富生态旅游的文化内涵，推出以生态教育、科普教育和爱国主义教育为主题的旅游活动，寓教于乐，有力推动各地精神文明建设和社会主义文化事业的发展。

七、中国森林旅游业发展政策

多年来，以森林公园、湿地公园、自然保护区为主要依托的森林旅游业一直保持着15%左右的年增长速度，森林旅游年接待人数占国内旅游人数的1/5左右。森林旅游已成为我国旅游业的重要组成部分，并强劲有力地推动了我国旅游业又快又好发展。

为进一步挖掘我国森林旅游的发展潜力，促进产业发展，国家林业局、国家旅游局加强合作，发布了《关于加快发展森林旅游的意见》。把发展森林旅游上升为国家战略，作为建设生态文明的重要任务，推动绿色低碳发展的重点领域，形成旅游业发展新的增长点。

将森林旅游作为推进现代林业发展和旅游业升级转型的强劲动力，实现兴林富民和兴旅富民的重要途径。

以邓小平理论和"三个代表"重要思想为指导，深入贯彻落实科学发展观，按照发展现代林业、建设生态文明、推动科学发展的总体要求，解放思想，深化改革，创新体制机制，转变发展方式，加强统筹协调和部门合作。坚持严格保护、科学规划、合理利用、协调发展，实现森林资源保护与利用、生态与产业良性发展的格局；坚持以人为本，因地制宜，整合资源，打造特色，不断满足人民群众日益增长的森林旅游需求；坚持协同发展，加强区域合作，加强森林旅游与文化旅游、乡村旅游、红色旅游的融合，实现资源互补，利益共享；坚持改革创新，建立适应市场经济发展的管理体制和经营机制，不断提升森林旅游的产业规模和发展质量。

提出了有关森林旅游的总体目标，即到2020年，各类森林旅游景区总数达到8 000处，构建起以森林公园为主体，湿地公园、自然保护区旅游小区、森林植物园（树木园）、林业观光园等相结合的森林旅游发展体系，形成较为完善的森林旅游基础设施和服务接待能力，开发一批特色鲜明的森林旅游专项产品，推出一批国际国内一流的森林旅游景区。全国年森林旅游人数达到14亿人次，创社会综合产值达8 000亿元，将森林旅游培育成林业支柱产业，满足城乡居民森林旅游的需求，促进森林旅游健康持续发展。

将森林旅游统筹纳入全国旅游发展规划。编制《全国森林旅游发展规划》及各省、自治区、直辖市森林旅游建设发展规划，挖掘森林旅游发展潜力，统筹各类森林旅游景区发展。指导森林旅游景区认真做好总体规划的编制和修订，增强规划的科学性和可操作性；增强规划实施的严肃性，坚持以总体规划统领景区的开发建设；坚持"以人为本、重在自然、贵在和谐、精在特色"的景区开发理念。

完善法规、标准。进一步完善现有法律法规，明确森林的游憩功能，确立森林旅游发展的法律地位；研究制定《森林公园管理条例》、《湿地公园管理条例》，加强森林公园、湿地公园的规范化管理建设；推动地方性法规的制定，对于重要的森林旅游景区，鼓励制定"一园（区）一法"。完善森林旅游标准化体系，逐步制定森林旅游景区在规划、保护、管理、建设、经营、服务等领域的国家标准或行业标准。积极开展标准化试点示范工作，进一步提升森林旅游标准化服务水平。

加大投入力度。各级林业、旅游行政主管部门要紧密合作，积极争取将森林旅游发展纳入各地经济社会发展规划，把城市型、城郊型森林旅游景区纳入城市公共服务网络；加大对森林旅游基础设施建设的投入，积极争取将森林旅游景区发展需要融入铁路、公路、水运码头、支线机场等相关建设规划。积极争取将国家级森林公园、湿地公园的基础设施建设纳入林业基本建设中央投资计划。把发展森林旅游作为各级林业基本建设、林业产业扶持、林业重点工程、旅游发展基金等项目资金的重要支持方向。积极争取国家文化和自然遗产地保护、旅游景区基础设施建设等国家项目的支持。扩大林业信贷对森林旅游的扶持，积极推进金融机构的信贷支持。鼓励各类经济实体依法投资森林旅游景区景点、旅游项目、商业网点、服务接待以及交通运输等的建设和经营。

加强监督检查。建立健全对森林旅游景区的监督检查制度，规范监督检查机制。督促森林旅游景区加强资源保护，加快开发建设步伐，实施规范化保护、建设、管理、经营和服务。加大执法力度，严厉打击各类违法占用林地、破坏森林风景资源和生态环境的开发建设行为，严厉打击各类非法旅游经营活动，严肃查处无规划或不按规划进行建设的行为，坚决取缔不按程序审批、不符合主体功能定位的开发建设项目。充分发挥行业协会的作用，维护旅游经营者和旅游消费者合法权益，提高行业自律水平。

此外，《关于加快发展森林旅游意见》在加强安全管理，加强人才队伍建设，加强组织领导方面都有所体现。各级林业、旅游行政主管部门要进一步解放思想，转变观念，深化对加快发展森林旅游重要性的认识。各级林业行政主管部门要加强对森林旅游资源保护和利用的指导、监督和执法力度；各级旅游行政主管部门要加强对各地森林旅游发展的指导，创造良好的森林旅游发展环境和市场条件。要根据各地实际，明确森林旅游的发展定位，研究出台支持森林旅游发展的具体措施，确保在森林旅游发展中取得新突破，为我国到 2020 年成为世界旅游强国做出更大贡献。

八、中国森林旅游发展趋势

通过对森林旅游当前的发展状况、行业环境、产业政策等方面的分析，结合当前的经济情况，对中国森林旅游的发展趋势进行分析。

（一）森林旅游发展空间进一步拓展

异质性的事物如果恰逢时机，必定能够蓬勃发展。中国发展森林旅游产业，首先具备了资源优势这一先天条件。加上政府对森林旅游的鼎力支持及人们对健康养生、亲近自然的持续需求等，构成了产业迅速发展的各种因素。此外，2012 年中国旅游业"欢乐健康游"宣传主题的提出，必然是森林旅游一个重要的发展机遇。

良好的行业发展环境必然激发投资者的投资，森林公园的数量将有一定幅度的增加，森林旅游的游客承载量大幅度增加，旅游者尤其是森林公园、自然保护区周边的居民将把森林生态旅游作为休闲游憩的主要选择。

（二）森林旅游发展速度进一步提高

高铁的通车运营，大陆、台湾个人游的启动，中国旅游日的确定，森林旅游节的成功举办等等，都为中国旅游业创造了快速发展的机会。交通、基础设施等方面的建设，使得原来虽拥有丰富森林旅游资源，但只能深藏山中、孤芳自赏的旅游地拥有了无限生机。虽然我国的经济增长速度逐步放缓，但是随着人们财富的积累，可支配收入的提高，年龄结构的变化，生活方式以及生活观念的转变，人们对生态旅游的需求定会增加。预计森林旅游业能够以 15% 左右的年增长率持续发展，森林旅游的直接旅游收入、旅游人次仍能够以高于旅游业的增长速度发展。

（三）产业竞争优势的构建

虽然有政府的支持，但是在一个市场经济的大环境里，森林旅游业必将面临着竞争。与观光度假等其他旅游方式的竞争，森林旅游业内各个企业之间的竞争，与国外森林旅游业的竞争都无法避免，这就意味着森林旅游业要在战略发展层面引入竞争，对行业发展的各个阶段进行系统的策划，为行业的持续高效发展产生良好的影响。森林旅游业需要向其他产业的优秀企业学习，建立独特的模式，为森林旅游的可持续发展不懈努力。面对竞争的压力，森林旅游业必然寻求发展的突破点，思考长久生存的方法。这就为企业建立竞争优势，行业保持长久发展动力提供了可能。

发展森林旅游业对于保护森林资源、发展低碳经济、弘扬生态文明、转变经济增长方式具有重要意义。近年来，为提升人们的生活质量，扩大消费市场，促进经济社会发展，我国建立了多处森林公园、国家湿地公园，这些区域现已成为人民群众旅游休闲、科普教育的重要场所。森林公园年接待旅游人数近 4 亿人次，创社会综合产值达 2 000 亿元。森林公园作为森林旅游的重要组成，它的发展大大促进了森林旅游的发展，符合旅游业未来的发展方向、发展趋势。也预示着将来旅游业的热点。在发展的同时，要严格管理，落实可持续发展的策略，落实保护开发的策略。

同时，加快森林旅游业的发展，既可以满足人们了解自然、愉悦身心、缓解压力等需求，又能够实现兴林与富民、生态与产业、保护与利用的有机结合。以走进森林、回归自然为特征的森林旅游正逐步成为社会的消费热点，巨大的发展潜力和广阔的市场空间使森林旅游业大有可为。森林旅游的火暴也拓宽了林场职工再就业的渠道，带动了周边二、三产业的发展，促进了农民增收。

各地一定要提高认识，把发展森林旅游纳入到当地旅游发展战略之中，结合当地的旅游资源特色和优势，根据当地经济社会发展水平的现实状况，以质量图生存，以特色谋发展，以品牌求长盛。在开发过程中，还要注重基础设施的完善，配套设施的跟进，文化内涵的发掘，生态环境的保护，产品质量的提高，养生项目的宣传，消费市场的细分，产品市场的定位，旅游市场的规范，品牌战略的实施，服务水平的提高，管理质量的增强以及森林旅游人才的培养与引进。

中国沙产业发展现状及思考

王信建

摘要：本报告结合我国沙产业发展的现状和深入的市场调研资料，提出了目前沙产业主要存在的问题和解决的思路，对市场供需状况及竞争格局等进行了细致翔尽的剖析，对该行业未来的发展给出科学的建议。

一、我国沙产业发展情况

我国沙产业发展步伐明显加快，效果开始显现。据不完全统计，最近几年，我国沙产业年产值逾1 000亿元，且发展势头良好，体现在：

1. 人们对沙化土地有了新的认识

在沙产业理论指导下，通过沙区广大干部群众长期的生产实践，沙产业已给人们带来了实实在在的利益。很多地方提出防沙治沙"不以绿色划句号"，做到了生态、生计兼顾，治沙、致富双赢，"绿起来"、"富起来"结合，做到了变沙害为沙利。昔日不毛之地的"沙窝子"变成了"绿色家园"，变成了"聚宝盆"，沙地也不再被他们看作是"癌症"。沙产业的成功实践已使人们进一步认识到"用沙"是防沙治沙的有机组成部分。防沙、治沙、用沙正在成为我国沙区广大干部群众的自觉行动。

2. 沙产业加快了沙区群众脱贫致富和区域经济发展步伐

国家林业局长期以来重视沙区群众脱贫致富，特别是党的十七大提出，确保二〇二〇年实现全面建成小康社会的奋斗目标的要求后，根据国务院对防沙治沙工作的要求，依据林业工作和防沙治沙工作的特点，国家林业局又与时俱进地提出"兴林治沙富民"的新要求。在坚持强化保护和生态建设优先基本原则的基础上，积极引导企业、实体和沙区群众利用沙区资源优势，发展特色产业，增加农民收入，在很多沙区取得了喜人的效果。我国的"三北"防护林工程实施30年来仅增加林木蓄积量一项就增加经济价值3 000多亿元，为中央政府投资的66倍；年产薪柴800多万吨解决了700多万户农民的烧柴问题；年产干鲜果品3 600万吨，占全国年产量的1/3，年产值537亿元；营

作者简介：王信建，国家林业局防沙治沙办公室巡视员、教授级高工，研究方向：沙产业。

造柠条等灌木饲料林7 500万亩（10亩柠条可为一头奶牛提供一年的优质饲料）。在内蒙古的库布齐、乌兰布和、巴丹吉林、腾格里和科尔沁等沙区，已逐渐形成了一个以发展沙产业为主的民营企业群体。如位于库布其沙漠的鄂尔多斯市，在企业的带动下，大力发展沙产业，解决了15万农牧户就业，农牧民人均年增收1 900元；位于科尔沁沙地的通辽市奈曼旗多年来坚持发展沙产业，在种、养、加、游等方面成功地走出了一条用沙、兴沙的产业化之路，沙产业已成为当地农民的重要收入来源和解决就业的重要渠道，也已成为当地重要支柱产业。2010年，上海世博会举行内蒙古"奈曼日"，高层访谈的主题是发展沙产业、遏制荒漠化。奈曼旗的沙产业产品，在会上受到了国内专家和国外权威同行的高度评价。联合国国际信息发展组织罗马总部总干事长丹尼尔·巴瑞奥先生说："奈曼人在用沙治沙上给全球树立了一个很好的榜样。"新疆、青海、陕西、甘肃、宁夏也都因地制宜发展沙产业，较大幅度增加了农民收入，推动了当地经济发展，成效显著。位于黄河故道的河南、河北、山东、江苏和安徽的沙区，长期以来所营造的防风固沙林，已形成了我国速生丰产林基地，结合木材加工业和林下经济的发展，已成为当地农民收入的重要来源，也促进了当地经济发展。

3. 沙产业发展加快了防沙治沙生态建设

沙产业的发展使企业和群众得到了实实在在的利益，他们越来越进一步认识到防沙治沙可以发展沙产业，防沙治沙就是发展沙产业。他们用发展沙产业增加的收入，继续投入防沙治沙生态建设发展沙产业。这样，在防沙治沙和沙产业之间形成了互动的、良性循环的运行机制，起到了配置资源的作用，吸引了社会各种生产要素向沙区聚集，加快了防沙治沙生态建设。

4. 防沙治沙和沙产业的发展拓展了中华民族生存与发展的空间

长期的防沙、治沙和用沙，全国在总体上已实现了由"沙逼人退转为人逼沙退"。每年已有1 717平方千米的沙化土地转变为绿地，折合每分钟就有近5亩沙地转变为绿地。很多沙区生态状况有了较显著的改善，沙区群众的生活水平也有较明显的提高。许多过去风沙肆虐的地方，通过发展沙产业，已转变成了人沙和谐相处的宜居之地，为沙区群众，为中华民族的生存和发展拓展了生存空间。

二、开展的主要工作

沙产业是我国已故著名科学家钱学森院士于1984年提出的一种新型产业形态，经过长期实践，其内涵和外延不断得到扩充和完善。目前，社会上形成了比较一致的认识，沙产业就是根据沙区光能资源丰富、水资源紧缺的特点，通过新技术的应用，培育多采光、少用水的产业，就是在改善沙区生态的同时，利用沙区自然条件，通过合理开发利用沙区药用、食用、饲用和其他可作为工业原材料的生物资源及阳光资源、景观资源等，增加沙区群众收入，促进沙区经济和社会的持续发展。长期以来，党中央、国务院高度重视防沙治沙和沙产业发展，根据《防沙治沙法》和《国务院关于进一步加强防沙治沙工作的决定》的规定，国家林业局作为全国防沙治沙行政主管部门，在抓好防沙治沙生态建设的同时，积极会同相关部门在发展沙产业方面主要做了以下几个方面工作。

1. 制订出台了扶持沙产业发展的相关政策

为扶持沙产业发展，1991 年以来，国家林业局会同财政部、中国人民银行、国家税务总局等部门在开发利用沙漠资源、土地承包、税费优惠、贴息贷款、权益保障等方面多次下发文件，出台了一系列政策措施，对沙产业发展予以扶持。2009 年国家林业局联合财政部印发的《林业贷款中央财政贴息资金管理办法》规定，对沙区企业从事种植、养殖和林产品加工业的贷款项目予以贴息。"十一五"期间，国家累计安排治沙贴息贷款 100 亿元，中央财政贴息 5 亿多元，有力推动了沙产业的发展。

2. 加强了对沙产业发展的宏观指导

加强了对沙产业发展的宏观指导。一是 2005 年，国务院颁发的《关于进一步加强防沙治沙工作的决定》和批复的《全国防沙治沙规划》都明确规定，允许合理开发利用沙区资源，鼓励并积极引导各种实体充分利用沙区的光、热、风、土地等优势资源，发展特色产业；二是国家林业局就京津风沙源治理工程的沙产业发展问题专门下发指导文件，确定区域产业发展的重点领域和政策措施，促进了兴林富民战略实施，巩固了工程建设成果；三是国家林业局已将沙产业正式列入《林业发展"十二五"规划》；四是根据中央有关精神和《林业发展"十二五"规划》的要求，2011 年，国家林业局印发了《关于进一步加快发展沙产业的意见》，明确了沙产业发展目标和具体措施，进一步加大了对沙产业的宏观指导。

3. 重视社会支持

为取得全社会对我国防沙治沙和沙产业发展的支持，提高沙产业开发建设水平，2003 年以来，国家林业局分别在北京、宁夏、内蒙古成功举办了三届全国沙产业博览会。2011 年，沙产业作为独立的新兴特色产业，第一次亮相在浙江义乌举办的第二届中国国际林博会，展出内容包括种植、养殖和加工等 9 个大类，展销特色产品达 300 多个。由于沙区阳光资源充足，空气、土壤和水资源质优等特殊的良好自然环境，生产的沙产业产品为有机食品，特色鲜明、品质高、口感好。又由于参展品种多，如沙棘、枸杞、大枣、核桃、香梨、苹果等干鲜果品、饮品和肉苁蓉、锁阳、甘草等名贵药材以及沙地杂粮杂豆、花生和以沙为原料做成的建筑材料等。琳琅满目的沙产业产品，受到了社会的广泛关注、认可和好评。多年来，国家林业局多次以现场会、博览会、论坛、国际学术交流等多种有效形式宣传沙产业成效和重大意义，取得了全社会关注和支持，特别是企业的参与，有力推动了沙产业快速发展

4. 总结经验探索沙产业发展模式

根据《防沙治沙法》规定和《国务院进一步加强防沙治沙工作的决定》的要求，为加快改善沙区生态环境和帮助农牧民脱贫致富，2003 年起，国家林业局在全国不同沙化土地类型区共批准建立 38 个防沙治沙综合示范区，涉及 24 个省（自治区、直辖市）的130 个县（市、区），旨在探索总结完善兴林治沙富民的政策、机制和模式。2005 年以来，国家林业局先后在内蒙古、新疆、宁夏、陕西、江西、湖北等地召开了防沙治沙和沙产业发展经验交流现场会。各地沙产业的蓬勃发展，已起到了兴林富民的良好

效果。

5. 重视理论和科技对沙产业发展的推动作用

长期以来，国家林业局十分重视社会学术团体和教学研究等社会有关单位在发展沙产业方面发挥的重要作用。尤其是近 10 年来，为进一步落实党中央和国务院领导关于科学治沙和发展沙产业的重要指示精神，国家林业局认真落实，积极开展工作，已取得了较丰富的成果。主要做了以下几件事：一是在温家宝总理的亲切关怀下，2003年，由 60 多位院士和资深专家领衔，研究队伍近 300 人参加完成的，作为中国国家战略之一的《中国可持续发展林业战略研究》中，专门形成了《荒漠化防治战略》，明确提出了我国荒漠化防治的战略思路与对策、战略目标与布局，以及战略保障。特别是在战略目标中确定，到 2050 年，使我国的荒漠化土地基本得到治理，并建成稳定高效的生态防护体系，发达的"沙产业"体系；二是要求中国治沙暨沙业学会、中国林业科学研究院和北京林业大学等学术团体和教学研究部门的专家学者，深入沙区考察调研、开展沙产业技术咨询、科普及政策宣传、研究沙产业理论和在国际学术交流与合作方面，做了大量富有成效的工作，受到了沙区各级政府和基层部门和群众的肯定和好评。在理论联系实际的基础上，这些单位发表出版了《中国治沙暨沙产业研究》、《中国沙产业》、《中国沙漠化防治》、《中国的荒漠化及其防治》等数百万字比较权威的理论专著和论文。一系列科学研究成果，奠定和丰富了我国沙产业理论体系。三是经科技部批准立项，2007 年，由中国林业科学研究院牵头，会同中国科学院、教育部、中国气象局和甘肃省的 18 家科研、教学机构的 100 余名专家共同参与、完成了对"库姆塔格沙漠综合科学考察"。至此，我国已全部完成了对八大沙漠的综合科学考察；四是国家林业局于 2010 年专门成立防沙治沙研究所，加强防沙治沙和沙产业学术理论研究。

三、沙产业发展存在的突出问题

尽管我国沙产已取得了较好成绩，但从我国经济社会发展的要求看，我国的沙产业发展还存在着亟待解决的突出问题。

对沙产业的重要性认识不足。根据沙产业理论，沙产业是面向未来的新兴产业、阳光产业、事关我国西部经济社会快速发展、是事关中华民族发展空间的战略性产业。对此，很多地方还没有足够的认识。又担心抓沙产业会影响防沙治沙生态建设，因此，发展沙产业还没有摆上应有的位置。

科技含量低。根据沙产业理论和长期成功实践，沙产业的技术路线是"多采光、少用水、靠科技、创效益"。因此，沙产业是知识密集型产业，是高科技产业。但目前的情况是沙产业缺乏科学引导，科技创新不够，科学技术缺少重大突破，致使沙产业知识密集度低，科技含量低。如对沙生植物重利用，轻种植、轻品种选育、轻品种改良的情况还比较普遍的存在，这种情况直接影响到加工产品的数量和质量。产品加工，还较普遍存在着自发的、作坊式的状况，初级产品多，产业链短，技术含量低。个别地方破坏植被、浪费资源的现象还比较严重。总之，沙产业总体上还处在传统的、粗放的、组织化程度低的发展阶段。

政策扶持不够。沙产业是知识密集型的高科技产业,是新兴产业、自然条件恶劣,风险大。由于在资金投入、税收等方面政策扶持不够,企业和社会参与的动力不足,沙产业还处于传统的、粗放的初级发展阶段。

四、下一步发展沙产业的指导思想及主要工作

要以科学发展观为指导,贯彻落实(中发〔2012〕1号)提出的"鼓励企业等社会力量运用产业化方式开展防沙治沙"的要求,顺应沙区各族人民过上更好生活新期待。以科学发展为主题,以加快转变发展方式为主线,按照预防为主、科学治理、合理利用的方针,依靠科技进步,遵循自然规律和经济规律,坚持防沙治沙生态建设与促进农牧民脱贫致富相结合的原则,统筹规划,突出重点,分步实施。坚持解放思想、实事求是、开拓进取,加快建立发达的沙产业体系,为全面建设小康社会做出贡献。

按照2012党中央1号文件中关于"鼓励企业等社会力量运用产业化方式开展防沙治沙"的要求,以及《国务院关于进一步加强防沙治沙工作的决定》和全国防沙治沙大会的精神,为切实推进我国沙产业发展,下一步我们要重点做好以下几方面的工作:

(1)努力营造有利于沙产业发展的社会氛围　要大张旗鼓地宣传沙产业发展在促进生态建设和经济发展中的重要作用,提高全社会对沙产业的认识;要深入宣传沙产业开发的巨大潜力和先进典型,增强人们搞好沙产业的信心;要广泛宣传国家鼓励沙产业发展的优惠政策,调动社会各界参与沙产业开发的积极性。通过宣传,努力在思想认识上达到一个新高度,营造全社会重视、支持和参与沙产业开发的良好氛围。

(2)认真编制沙产业发展规划　按照《全国防沙治沙规划》,在认真开展调查研究的基础上,尽快组织编制《全国沙产业发展规划》,明确沙产业发展的总体思路、阶段目标、项目布局、重点领域、保障措施等,指导全国的沙产业发展。

(3)制定沙产业相关的规范和标准　组织有关技术人员研究制定沙产业相关的指标体系和标准,界定沙产业的范围,明确沙产业的统计标准,规范沙产业相关事项。

(4)强化科技创新和新技术推广应用　鼓励科技人员开展技术创新,针对沙产业发展的关键性技术难题,开展多部门、多学科、多层次的联合攻关。针对不同类型区研发生态经济兼用型树种、草种,探索先进适用的造林种草技术和抗旱节水技术,总结沙产业发展模式。积极推广应用现代技术手段,提高沙产业开发的科技含量。

(5)完善落实促进沙产业发展的扶持政策　《国务院关于进一步加强防沙治沙工作的决定》在税收、信贷、补偿等方面制定了一系列扶持政策,落实《沙产业发展指导意见》,进一步完善相关的配套政策,不断创新沙产业发展的体制机制,充分调动广大农民群众、社会各界参与沙产业开发的积极性。

(6)扶持龙头企业搞好产业化治沙　根据今年中央1号文件精神,国家林业局将组织研究相关政策,依托重点生态建设工程,积极扶持一批有特色、科技含量高、有市场竞争优势辐射带动力强的沙产业龙头企业,利用沙区独特的自然条件,大力培育沙区特色资源和旅游产业,加快产业聚集、产业延伸、产业升级步伐,逐步形成产业集群,加快沙产业基地建设,实行产业化和规模化治沙。

第四部分 市场研究篇

按：本年度我们为了更好地结合市场发展情况，掌握林业产业市场规模、需求和供给、价格、市场集中度、竞争格局、用户需求、产业链上下游、渠道等发展状况，推出市场研究篇。本篇就目前我国林业行业的市场发展现状、林业企业与资本市场、红木市场和林产品市场南北跨业工程等方面进行了市场研究和分析，为企业的发展提供有益的参考。

在调整中发展
——从上市公司看我国 2011 年林产工业

张森林

摘要： 分析了我国 A 股 2011 年林板、造纸及家具涉林上市公司财务年报，着重关注主营业务收入及同期比较，费用成本及同期增减，每股经营现金流状况，再融资情况；介绍了成功的典型案例，为林业公司研究发展战略，改进管理提供了借鉴。

一、中国涉林上市公司 2011 年度财务分析

中国林产工业在由大做强的过程中遭遇到经济波动的考验，世界经济复苏进程艰难曲折，国际金融危机还在持续，欧美主权债务危机短期内难以缓解；主要发达经济体失业率居高难下，增长动力不足；新兴经济体面临通货膨胀和经济增速回落的双重压力。宏观经济环境给林产品出口和内需都带来严重挑战，这就迫使我们加快转变增长方式。在从数量扩张型走向质量效益型的进程中，企业家从典型案例分析中得到借鉴，总结经验教训，从而提升管理水平是其明智选择。财务管理是企业管理的中心，笔者在本文中依据 2011 年沪市和深市相关涉林上市公司财务年报作一些分析，因为上市公司年报是能搜集到的公开披露的最可靠信息，上市公司又是行业中比较具有活力、管理较规范、制度较健全的群体，应该是本行业先进制造业的代表。本文把上市公司分成三组，林板组(营林人造板地板组)、造纸组和家具组，分析以林板组为主，希望有助于提升有志成为林产工业第一梯队企业的管理水平。

(一) 林板组

1. 主营业务收入状况

本组有 12 家企业(表 1)，2011 年有 11 家主营收入是增长的，6 家是两位数增长。收入规模 3 亿~10 亿元的有 7 家，10 亿元以上有 5 家，大亚科技股份有限公司(以下称

作者简介： 张森林，中国林产工业协会顾问。

大亚公司)最高达 73 亿元，其中木业收入 53.02 亿元，具体为中/高密度纤维板 24.30 亿元，占其主营收入 33.71%；木地板 28.50 亿元，占 39.46%；木门及衣帽间 0.22 亿元，占 0.31%，木业占其主营收入 73.48%。

综观全国林产企业，作为第一梯队的林业集团公司，如较为突出的吉林森工集团公司，主营收入为 62.5 亿元，其中林木收入在 30% 左右。东北森工集团经营面积以百万公顷计，是拥有广大地域既有企业属性又守土有责的综合性集团，因其在国家划定的天然林保护区内，经营目标重在增加非林非木收入，与院墙式工厂不可同日而语。在改革开放大浪中，始建于建国初期的国有大中型(营业收入规模大体上在几千万至过亿元)林产企业基本退出市场，上市早的林产企业如永安林业和吉林森工(为吉林森工集团公司控股子公司)只有 10 多年的资本市场历史；中福实业和大亚科技是先上市，后来才置换进林产工业的，现在规模都达到了几亿元甚至几十亿元，实属不易。尤其是 2011 年困难大于机遇，其增长率可慰。当然与世界 500 强中四大林产企业(产品主要是营林与采伐，板和纸)相比差距还很大，它们的收入规模均超过百亿美元，规模大，其市场份额与话语权就大，品牌影响力、创新实力就强。

表 1　林板上市公司 2010 ~ 2011 年营业收入

上市公司	股票代码	上市日期	主营业务收入(万元)		同比增长(%)
			2010 年	2011 年	
中福实业	000592	19960327	49 897.10	68 861.00	38.0
永安林业	000663	19961206	28 117.25	38 274.40	36.1
大亚科技	000910	19990630	692 072.00	731 266.00	5.7
吉林森工	600189	19981007	141 067.00	154 275.00	9.4
兔宝宝	002043	20050510	108 095.00	115 777.00	7.1
威华股份	002240	20080523	153 558.00	189 690.00	23.5
升达林业	002259	20080716	68 649.00	90 000.00	31.1
科冕木业	002354	20100209	30 660.10	42 785.50	39.5
德尔家居	002631	20111111	50 938.90	51 883.50	1.9
国栋建设	600321	20010524	43 070.28	31 766.00	− 26.2
宜华木业	600978	20040824	244 825.00	269 320.00	10.0
丰林集团	601996	20110929	81 331.60	88 640.50	9.0

2. 三项费用情况

分析 2011 年经营管理水平的一个内容是收入与三项费用增长情况，见表 2 和表 3。销售费用同比增幅高于主营收入增幅的有 6 家，低于的也是 6 家；管理费用同比增幅高于主营收入增幅的有 6 家，低于的也是 6 家；财务费用同比增幅超过主营收入增幅的是 9 家，而低于的只有 3 家。造成以上结果的主客观原因都存在，市场不景气销售费用会高，银根紧利率高财务费用就高，2011 年基准贷款利率 6.56%，而中小林产企业实际要到 11%，甚至更高，这应引起有关部门重视。有两家财务费用低是因当年上市，但是在同样环境下表现不同，不能不说管理上存在差距，挖潜尚有空间。

表 2　三项费用情况

上市公司	销售费用（万元）		管理费用（万元）		财务费用（万元）	
	2010 年	2011 年	2010 年	2011 年	2010 年	2011 年
中福实业	645.78	2 142.28	4 251.03	5 763.65	2 078.46	2 537.39
永安林业	794.15	838.58	4 076.00	4 329.76	2 578.47	4 408.73
大亚科技	72 293.10	74 065.60	51 686.90	52 998.50	25 083.50	32 345.70
吉林森工	13 147.00	13 600.00	16 198.00	17 761.80	3 319.69	6 163.19
兔宝宝	4 939.87	7 306.26	5 147.21	6 295.47	1 197.52	1 436.08
威华股份	5 757.89	8 044.75	9 953.85	12 262.00	5 284.20	6 899.28
升达林业	8 662.63	10 838.60	2 567.36	3 773.44	4 976.07	8 548.92
科冕木业	744.63	1 118.26	2 106.47	2 050.03	898.99	1 965.22
德尔家居	2 492.40	3 539.55	1 639.55	2 575.05	−230.15	−67.03
国栋建设	490.95	491.64	3 287.82	2 292.90	148.30	246.78
宜华木业	16 320.40	17 616.90	7 859.45	10 845.80	14 971.70	17 439.70
丰林集团	6 015.17	5 249.90	3 563.04	4 048.81	791.92	215.24

表 3　收入及三项费用变动情况

上市公司	2011 年比上年增长（%）			
	主营收入	销售费用	管理费用	财务费用
中福实业	38.00	231.74	35.58	22.08
永安林业	36.10	5.59	6.23	70.98
大亚科技	5.70	2.45	2.54	28.95
吉林森工	9.40	3.45	9.65	85.66
兔宝宝	7.10	47.9	22.31	19.92
威华股份	23.50	39.72	23.19	30.56
升达林业	31.10	25.12	46.98	71.80
科冕木业	39.50	50.18	−2.68	118.6
德尔家居	1.90	42.01	57.06	−70.88
国栋建设	−26.20	0.14	−30.26	66.41
宜华木业	10.00	7.94	38.00	16.48
丰林集团	9.00	−12.72	13.63	−72.82

3. 获利与经营现金流

从表 4 企业利润总额看，增加的只有 3 户，减少的有 9 户。销售毛利率提高的有 4 户，降低的有 8 户。对股东十分重要的净资产收益率指标提高的只有 2 户，10 户降低。每股经营现金流是比利润更重要的指标，7 户增加，3 户减少，2 户无可比数据，可见 2011 年企业经营困难。如何创造一个支持企业可持续发展的经济环境，是长远而又紧迫的课题，只讲总量增长不分析产业结构是计划经济时期粗放式增长的理念。从微观上讲，企业是市场主体，只适应经济高速发展期快速成长而不能应对稍微减速了的社

表4　获利和经营现金流

上市公司	利润总额(万元)		销售毛利率(%)		净资产收益率(%)		每股经营现金流(元)	
	2010 年	2011 年	2010 年	2011 年	2010 年	2011 年	2010 年	2011 年
中福实业	9 252.76	995.65	23.00	17.76	6.95	1.00	-0.15	-0.07
永安林业	1 149.65	-4 408.34	19.71	16.57	2.07	-13.52	-0.125 5	0.004 3
大亚科技	38 062.30	25 043.50	25.36	24.76	8.71	6.23	1.27	0.384 3
吉林森工	5 108.61	7 678.82	22.27	19.64	4.03	5.66	-0.930 6	0.017 6
兔宝宝	4 471.65	3 445.40	14.50	15.78	7.74	3.71	0.015	0.435 2
威华股份	3 332.05	2 983.03	11.02	14.05	1.14	0.56	-0.011 1	0.668 4
升达林业	4 014.41	-1 797.28	24.35	23.37	0.64	-2.00	0.208 3	0.008 2
科冕木业	1 671.06	3 874.49	16.81	18.71	2.63	5.77	-1.103 1	0.280 4
德尔家居	11 749.90	10 326.00	33.59	33.06	36.72	7.29	—	0.677 6
国栋建设	3 813.21	439.81	15.97	11.48	3.11	0.21	0.321 8	0.147 1
宜华木业	30 032.10	30 344.50	28.72	29.85	6.29	6.12	0.113 9	0.392 9
丰林集团	10 860.40	8 292.40	19.79	17.21	15.57	5.46	—	0.124 4

会经济发展，也就不能适应形势要求。

4. 再融资情况

企业竞争集中在人才、资金、资源(木材等稀缺原料)和市场份额上，其中资金流是非常重要的。在企业腾飞前期，大多数林产企业是靠自有积累滚雪球，营业收入能够由几百万元增长到几千万元，但再从1亿增长到5亿元就非靠银行贷款不可。对中小企业来说，兴办时间短，缺少信用记录和抵押物，即使能取得贷款，财务费用也要比基准利率高出许多；而上市公司有直接融资渠道，取得扩大再生产的资金通道和费用较低都是非上市公司望尘莫及的。表5列出了两个上市后通过再融资取得快速发展的企业的成功案例。

表5　再融资案例

上市公司	发行时间	形式	单价(元)	数量(万)	金额(万元)	期限(年)	票面年利率(%)
宜华木业	20101022	A 股非公开发行	5.70	14 800	84 360.00		
	20091026	公司债	100	1 000	100 000.00	5	7.95
大亚科技	20090928	短期融资券	100	500	50 000.00	1	3.60
	20110216	短期融资券	100	200		1	5.10
	20100127	公司债	100	770	77 000.00	5	5.50

(1)大亚公司连年增长案例　大亚公司的股票大亚科技于1999年6月30日在深交所上市。2002年前属于香烟用铝箔包装行业，2003年开始有林产工业收入，2002～2011年其主营收入从7.85亿元急剧扩张到73.31亿元，主营利润从1.7亿增长到17.73亿元，规模和利润增长约10倍，可以说是在我国改革开放大潮中新兴林业产业

企业做大的非常成功的案例，可以为有志者所借鉴。由表 6 可见，2003～2011 年是大亚公司大发展的时期，也是其林产收入比重从 38.73% 到 73.31% 的时期，其中 2005～2007 年是大亚公司向人造板高歌猛进的巅峰，其主营收入年增长率从 30% 到 76%。其成功经验大致总结如下：

①抓住机遇，乘加快林业发展的系列政策出台和加入 WTO 之东风。2004 年 7 月我国进一步放开外贸，出口林产品快速增长，2005 年林产品进出口实现出口大于进口的顺差，家具、地板出口强劲拉动中密度纤维板的需求，而此时正是大亚公司进口人造板生产线大投产之时。

②洞察力强，决心大，行动快，大投入，高起点。果断实施行业大跨度转移，同时进口几条世界先进水平的中/高密度纤维板生产线以及亚洲最大刨花板生产线，后来居上，占领技术和规模行业制高点。

③胆略非凡地大胆融资实现行业转移的战略布局，敢于承受扩张期高资产负债率的沉重压力，并迅速达产达标占领市场赢得净现金流，化解资金链绷紧的风险。

④大胆兼并重组领先实现强强联合。圣象集团有限公司（以下称圣象集团）是国内强化木地板领军企业，2003 年成为大亚科技子公司，圣象集团获得 A 股上市背景和资金注入，并有了可靠的原料供应，助力圣象集团国内经销网点增加和国际化布局展开，圣象集团为进入美国市场，两次共投资 1 800 万美元，占有 HOME LEGEND LLC 公司 55.56% 股份，从而进入 HOME DEP 零售网络，增加几百万平方米的美国市场份额，并在 2011 年获得 1 013 万元股权收益；对大亚公司来讲，拥有了国内最强势的强化木地板品牌，而且从中间产品走向终端市场，有利实施其公司战略，打造一个控制林地资源，拥有人造板和地板制造及终端网络的强势价值链。有志于打造纵向产业链，由中间产品走向终端产品的其他企业，走向产业链下游享受微笑曲线高端的利润是好的愿望，但要有足够投入才能落实。2011 年大亚公司的广告费是 9 809 万元，推广市场费为 8 316 万元，直面市场的投入不菲。

⑤大亚公司从烟草包装业转向林产工业，在转向低碳绿色产业可持续发展的软实力方面有大的提升。

表 6　2003～2011 年大亚公司收入情况

年度		营业收入（万元）	占主营业务收入比例(%)	占利润比例（%）	毛利率（%）	收入增长率（%）
2003	主营收入合计	159 337.00		36.77	7.14	
	地板	57 251.00	35.93	37.66	20.35	
	人造板	4 457.00	2.80	-0.89	-6.21	
2004	主营收入合计	183 844.00		64.19	14.11	15.38
	地板	90 933.00	49.46	64	28.29	58.83
	人造板	1 071.00	0.58	0.01	19.05	
2005	主营收入合计	239 215.00		64.84	13.30	30.12
	地板	113 808.00	47.58	63.32	27.30	25.16
	人造板	10 383.00	4.34	1.52	7.18	869.47

（续）

年度		营业收入（万元）	占主营业务收入比例(%)	占利润比例（%）	毛利率（%）	收入增长率（%）
2006	主营收入合计	421 912.00		79.44	15.59	76.37
	地板	135 863.00	33.50	46.02	28.05	19.38
	人造板	125 495.00	30.95	33.42	22.05	1108.66
2007	主营收入合计	580 555.00		78.68	16.87	37.60
	地板	183 609.00	32.42	38.62	26.19	35.14
	人造板	213 418.00	37.67	40.06	23.37	70.06
2008	主营收入合计	571 272.00		80.64	18.64	−1.60
	地板	183 565.00	32.78	43.86	31.55	−0.02
	人造板	234 831.00	41.93	36.78	20.68	10.03
2009	主营收入合计	642 693.00		79.49	19.01	12.50
	地板	231 070.00	36.68	47.89	31.86	25.88
	人造板	263 273.00	41.44	31.60	18.45	12.11
2010	主营收入合计	692 072.00		77.87	18.66	7.68
	地板	244 221.00	35.57	50.47	35.59	5.69
	人造板	265 226.00	38.63	27.09	17.59	0.74
	家居	2 787.00	0.40	0.31	19.12	
2011	主营收入合计	731 266.00				
	地板	285 018.00	39.00	51.92	32.30	16.70
	人造板	243 441.00	34.00	27.20	19.81	−8.21
	家居	2 215.00	0.31	0.19	15.44	−20.52

（2）广东宜华木业股份有限公司的成功案例 广东宜华木业股份有限公司（以下称宜华木业）打造两个市场及相关着力点，也是成功利用资本市场做大的经典案例。由表7可见，近6年来宜华木业内销比例逐渐提升，2010年开始加大力度。已开始的国内营销网络建设项目总投资85 485万元，计划使用募集资金70 511万元，将分别在广州、汕头、深圳、北京、南京、天津、上海、厦门、武汉、郑州、沈阳、大连、昆明、成都、西安、乌鲁木齐建设16个家居体验中心。其中，规划11个5 000～7 000平方米体验中心和5个2 000～3 000平方米体验中心，并以体验中心为市场辐射核心开拓500～1 000家加盟店，全面覆盖全国各大、中城市。已有8家体验中心投入正常运营，剩余8家将于2012年建成、运营。10多年前宜华木业在国内市场的实木复合地板有一定知名度，后来因为国外市场更成熟，支付结算大宗更有信用而转向外销，当然也是因为产品转向了比地板附加值更高的实木家具；现在又大张旗鼓地杀回内销市场，是因为美国处于金融危机复苏之中，贸易保护主义抬头，人民币汇率不断升值，而我国内需增长全球看好，因此看起来林产企业还得国内外两个市场一起抓。

近年来，本行业主流企业都更加重视创新和信息化，宜华木业拟投资7 009万元建设研发设计中心，拟投资总额7 471万元升级信息管理系统项目。

主流企业还在原料林基地、打造先进制造业和铺开国内布局方面发力，宜华木业正在建设江西遂川原料林基地，总面积 1.33 万公顷(20 万亩)，通过租赁林地使用权，流转林木资源所有权的形式，林地租赁期为 25～38 年，截至 2011 年底，已成功流转林地 3 200 公顷(4.8 万亩)，另外还有 1 766.7 公顷(2.65 万亩)林地正在流转之中，该项目计划总投资 5 亿元，全部用自有资金投入。配套建设遂川宜华木业城项目，征地 32.87 公顷(493 亩)，用来建设家具生产基地，计划总投资 3 亿元，全部用自有资金投入。无论在国内还是在国外，宜华控制上游林业资源的努力是一贯坚持的。

尽管林板一体化市场在发育中，政策环境也有待完善和落实，原料基地化对第一梯队企业仍是至关重要的。中国林产企业现在还不能学美国耐克公司走轻资产道路，只靠设计和品牌把制造完全外包并不现实，因为劳动密集，产业集聚，协作便捷，基础设施完备仍是我们的比较优势，在市场上诚信仍非常稀缺，消费者渴望产品环保和货真价实，而企业自有的可控的先进制造业是品牌和价值的有力保障。

表 7 宜华木业内外销比重变动

年度	营业收入(万元)	外销收入(万元)	外销占比(%)
2006	115 728.00	114 798.62	99.20
2007	200 230.00	197 679.35	98.73
2008	180 029.00	176 764.03	98.19
2009	214 871.00	212 647.47	98.97
2010	244 825.00	227 725.22	93.02
2011	269 320.00	236 435.68	87.79

5. 关于家居一体化问题

残酷的市场竞争推动企业创新，家居一体化是不少林产企业的愿景。家居需求高速增长至少还可持续 20 年，精装修比重也持续提升，消费者不胜装修之烦确实要求提供一揽子系列产品和服务，也就是说家居一体化需求客观存在，问题在于面对中国家居标准化程度低的现实整合复杂资源难度极大。就从上市公司看，由地板系列产品走向木门、衣帽间、壁纸，表现步履维艰，差强人意。大亚公司木门及衣帽间收入 0.22 亿元，仅占主营收入 0.31%，其他企业也相似；2011 年成功上市的德尔家居以家居命名，募集资金投向却只在辽宁和四川各投一组 600 万平方米的强化木地板和中/高密度纤维板生产线，走向是扩大同类产品产能和上升到基材产能，整体家居尚待破题。看来家居一体化付诸实践尚待时日，有志于此的企业既要尽力而为，更要量力而行。

6. 资产负债率及应收账款

资金的合理结构非常重要，它是公司负债经营和提高股东投资收益的重要条件，也是维护股东和债权人合法权益减少投资风险的重要保证。适度的负债，有利于发挥财务杠杆作用，提高股东的投资收益率。从表 8 可见，除去两家当年上市公司募集资金尚未投放，资产负债率在 12%，多数公司都低于 50%，偏于审慎。按本行业实际，加上森林资源占压大量资金在主伐期前又无大量现金流入的情况，为维持经营甚而扩张，资产负债率 60%～70% 是可以接受的，70% 以上超过银行止贷线，就偏高了，应设法降低。

应收账款是投资者特别关注的项目。应收账款增加，可能是扩大销售，也存在坏账风险。从表8所列公司看，应收账款占主营收入比都比较低，只有2家外销为主的公司高于30%，应加强收款，注意账龄。

表8 资产负债率及应收账款

上市公司	股票代码	资产负债率(%)		应收账款(万元)	应收账款占主营收入比(%)
		2010年	2011年	2011年	
中福实业	000592	35.51	32.26	10 422.90	15.14
永安林业	000663	71.84	75.09	1 946.11	5.08
大亚科技	000910	67.66	68.56	88 905.00	12.16
威华股份	002240	49.47	47.60	18 868.50	9.95
兔宝宝	002043	47.73	20.68	5 384.40	4.65
升达林业	002259	57.64	65.75	7 673.19	8.53
科冕木业	002354	35.99	45.15	14 738.20	34.45
德尔家居	002631	41.64	12.64	535.34	1.03
吉林森工	600189	46.76	50.16	3 240.58	2.10
国栋建设	600321	51.05	30.75	1 797.94	5.66
宜华木业	600978	35.22	42.60	83 948.70	31.17
丰林集团	601996	32.00	12.34	3 467.32	3.91

（二）林纸组

造纸是世界木材利用的主要方式，据悉近年我国机制纸和纸板年产销量9 000万吨，每吨未漂纸耗木超过2立方米，漂白纸要耗木超过4立方米，需木量巨大，现在主要靠大量进口浆粕、废纸来维持。随着我国经济社会发展用纸量会持续上升，如果家居建材需求的增长会伴随我国城镇化的全过程，那么纸需求增长的时期只会更长。这对林产工业既是发展的强大动力，又是满足木材供应的沉重压力。

1. 主营业务收入状况

列入本组的上市公司共25家，最早上市的在1997年，晚林板组1年，但此后上市节奏加快。其中ST（特别处理）的4家。25家以收入排序：晨鸣纸业177.4亿元，华泰股份96亿元，太阳纸业87.6亿元，岳阳林纸69.6亿元，博汇纸业53亿元，其他30亿元以上的3家，20亿~30亿元的2家，10亿~20亿元7家，10亿元以下的8家，体量明显大于林板组，但是与世界强国比仍有差距。2011年主营收入增长的有18家，降低的7家。

表9　造纸组主营收入及同期比较

上市公司	股票代码	上市日期	主营业务收入（万元）		
			2010 年	2011 年	同比增长（%）
银鸽投资	600069	19970430	329 331.00	362 861.00	10.0
青山纸业	600103	19970703	203 842.00	201 586.00	− 1.1
福建南纸	600163	19980602	226 416.00	211 631.00	− 6.5
民丰特纸	600235	20000615	133 428.00	140 054.00	5.0
华泰股份	600308	20000928	711 787.00	960 864.00	35.0
恒峰纸业	600356	20010419	118 722.00	132 731.00	11.8
ST 天宏	600419	20010628	34 461.40	40 251.00	16.8
冠豪高新	600433	20030619	90 276.30	93 388.40	3.4
ST 石岘	600462	20030903	45 496.80	37 904.10	− 16.7
山鹰纸业	600567	20011218	374 624.00	398 375.00	6.3
ST 宜纸	600793	19970220	75 746.70	56 842.50	− 25.0
岳阳林纸	600963	20040525	476 823.00	696 501.00	46.0
博汇纸业	600966	20040608	460 586.00	533 033.00	15.7
晨鸣纸业	000488	20080618	1 720 310.00	1 774 750.00	3.2
ST 美利	000815	19980609	116 549.00	114 147.00	− 2.0
贵糖股份	000833	19981111	134 975.00	132 302.00	− 2.0
凯恩股份	002012	20040705	82 004.70	96 175.10	17.3
景兴纸业	002067	20060916	262 918.00	345 139.00	31.3
太阳纸业	002078	20061116	803 704.00	876 234.00	9.0
安妮股份	002235	20080516	64 378.50	62 780.80	− 2.5
美盈森	002303	20091103	72 874.10	84 010.90	15.3
中顺洁柔	002511	20101125	177 887.00	185 626.00	4.4
齐峰股份	002521	20101210	135 328.00	157 831.00	16.6
上海绿新	002565	20110318	82 385.90	107 243.00	30.1
万顺股份	300057	20100226	62 788.40	63 049.20	0.4

2. 盈利情况

由表 10 可见，营业利润增加的为 6 家，减少的 19 家；毛利率增加为 8 家，减少的 17 家；净资产收益率增加的 4 家，减少的 19 家，有 2 户 ST 无显示。具体增减幅度见表 11。经济环境影响纸业效益程度大于林板组，估计这些企业附近供材单位的木材原料价格今年仍会波动。

表 10　造纸组盈利情况

上市公司	营业利润（万元）		销售毛利率（%）		净资产收益率（%）	
	2010 年	2011 年	2010 年	2011 年	2010 年	2011 年
银鸽投资	812.71	− 31 476.00	11.72	3.72	1.66	− 11.82
青山纸业	6 326.40	2 188.48	9.89	11.60	3.17	0.75

（续）

上市公司	营业利润（万元）		销售毛利率（%）		净资产收益率（%）	
	2010 年	2011 年	2010 年	2011 年	2010 年	2011 年
福建南纸	− 2 391. 55	− 33 492. 00	6. 66	0. 77	0. 61	− 20. 85
民丰特纸	8 155. 68	1 327. 94	19. 16	15. 04	6. 70	0. 76
华泰股份	3 642. 51	522. 65	11. 64	11. 96	1. 58	1. 32
恒峰纸业	11 356. 90	11 520. 10	25. 27	24. 61	7. 09	7. 24
ST 天宏	− 413. 94	− 1 665. 47	3. 03	2. 48	7. 21	2. 65
冠豪高新	4 687. 55	6 420. 54	20. 16	34. 01	5. 72	6. 03
ST 石岘	− 4 863. 07	− 59, 129. 50	5. 22	2. 74	0. 00	0. 00
山鹰纸业	12 588. 50	− 2, 428. 40	13. 84	11. 49	9. 52	1. 22
ST 宜纸	− 1 113. 59	− 4 677. 96	8. 13	2. 32	69. 82	0. 00
岳阳林纸	12 685. 90	9 296. 02	17. 32	18. 92	3. 43	3. 39
博汇纸业	23 276. 20	20 278. 70	16. 30	16. 64	5. 49	4. 18
晨鸣纸业	143 375. 00	37 604. 70	20. 46	15. 87	8. 59	4. 50
ST 美利	− 5 292. 62	− 19 819. 90	12. 76	5. 72	− 14. 10	− 25. 79
贵糖股份	10 186. 00	9 556. 61	18. 86	19. 82	11. 31	12. 08
凯恩股份	12 063. 60	14 838. 60	33. 41	34. 87	21. 95	11. 06
景兴纸业	12 078. 40	13 130. 80	15. 03	13. 98	6. 74	4. 39
太阳纸业	86 209. 90	35 308. 50	19. 42	16. 40	17. 93	12. 86
安妮股份	− 370. 61	784. 66	16. 70	19. 32	0. 55	0. 88
美盈森	16 664. 20	10 631. 40	35. 65	31. 62	8. 64	6. 23
中顺洁柔	14 057. 50	9 795. 81	30. 06	25. 82	5. 46	3. 88
齐峰股份	15 718. 10	8 688. 82	22. 46	14. 09	7. 46	3. 85
上海绿新	12 942. 90	15 545. 90	23. 64	22. 15	26. 15	9. 16
万顺股份	9 421. 07	9 336. 84	23. 03	21. 78	6. 28	6. 12

表 11　同比盈利情况

上市公司	同期比较		
	营业利润（%）	毛利率增减（%）	净资产收益率增减（%）
银鸽投资	− 3 765	− 8	− 10. 16
青山纸业	− 65. 4	1. 71	− 2. 42
福建南纸	− 1 300	− 5. 89	− 21. 46
民丰特纸	− 83. 7	− 4. 12	− 5. 94
华泰股份	− 85. 65	0. 32	− 0. 26
恒峰纸业	1. 4	− 0. 66	0. 15
ST 天宏	− 302	− 0. 55	− 4. 56
冠豪高新	36. 97	13. 85	0. 31
ST 石岘	− 1 116	− 2. 48	—

（续）

上市公司	同期比较		
	营业利润（%）	毛利率增减（%）	净资产收益率增减（%）
山鹰纸业		-2.35	-8.3
ST 宜纸	-320	-5.81	-69.82
岳阳林纸	-26.7	1.6	-0.04
博汇纸业	-12.88	0.34	-1.31
晨鸣纸业	-73.77	-4.59	-4.09
ST 美利	-374.5	-7.04	-11.69
贵糖股份	-6.1	0.96	0.77
凯恩股份	23	1.46	-10.89
景兴纸业	8.7	-1.05	-2.35
太阳纸业	-59	-3.02	-5.07
安妮股份	311.7	2.62	0.33
美盈森	-36.2	-4.03	-2.41
中顺洁柔	-30.3	-4.24	-1.58
齐峰股份	-44.7	-8.37	-3.61
上海绿新	120	-1.49	-16.99
万顺股份	-0.8	-1.25	-0.16

3. 资产负债率及现金流情况

这些企业的资产负债率及现金流见表12。

表12　资产负债率及现金流表

上市公司	资产负债率（%）		每股经营现金流（元）	
	2010 年	2011 年	2010 年	2011 年
银鸽投资	64.65	67.60	-0.28	-0.56
青山纸业	43.12	51.88	0.21	0.03
福建南纸	61.01	63.58	0.07	0.13
民丰特纸	46.50	54.14	0.74	-0.25
华泰股份	58.28	63.30	0.49	0.94
恒峰纸业	38.29	46.77	0.89	0.29
ST 天宏	53.88	51.89	0.19	0.32
冠豪高新	49.29	21.15	-0.12	0.15
ST 石岘	104.90	236.20	0.0033	0.03
山鹰纸业	64.02	55.43	0.60	-0.27
ST 宜纸	97.94	103.50	0.24	-0.11
岳阳林纸	62.10	72.91	0.26	0.41
博汇纸业	51.53	58.30	-0.55	0.64

（续）

上市公司	资产负债率(%)		每股经营现金流(元)	
	2010 年	2011 年	2010 年	2011 年
晨鸣纸业	56.50	67.15	0.41	-0.21
ST 美利	77.94	83.05	0.83	0.25
贵糖股份	40.53	33.01	0.63	0.25
凯恩股份	54.45	31.76	0.66	0.58
景兴纸业	56.29	45.79	0.12	0.21
太阳纸业	63.60	70.19	1.25	1.06
安妮股份	41.77	40.34	0.21	0.42
美盈森	17.25	14.79	0.74	0.20
中顺洁柔	38.38	26.35	0.54	-0.23
齐峰股份	23.05	20.58	1.38	-0.73
上海绿新	50.95	18.97		0.69
万顺股份	14.54	16.28	0.61	0.098

由表 12 可见，2011 年造纸企业资产负债率 60% 以下的 16 家，60% ~ 70% 的 6 家，3 家 ST 公司高达 83%、103%、236%，这 3 家公司就很困难了。造纸企业技术和资金密集程度均较高，单价高于板类，容积重大于板类，合理运输半径大于板类，自然受国际竞争冲击也要大。经营现金流为正的 18 家，负的为 7 家，比资产负债率状况要好。

（三）家具及其他

木家具大体占家具总产值一半，索菲亚股份有限公司(以下称索菲亚)主要做定制衣柜，美克国际家具股份有限公司(以下称美克股份)是用新西兰辐射松做家具最成功的，当然后来也用俄罗斯材和国产云/冷杉。近年许多地板企业横向扩张做门、楼梯及衣帽间，可以参考本组企业重视设计，信息化结合机械化定制，外销受阻转而开拓国内市场，千方百计增加增值服务等应对措施。福建元力活性炭股份有限公司(以下称元力股份)生产活性炭，我国是活性炭产销大国，本文涉及的创业板只有元力股份与万顺股份。景谷林业在 2000 年上市，情况不同其他，故放此组。

美克股份的美克美家家具连锁有限公司出口家具比上年减 35%，故加快打造其国内家居零售业。按照由设计优势转向服务优势进而实现品牌优势的战略发展思路，提出"重新开始，从心出发"，不断丰富一站式服务计划的内涵，提供差异化服务项目，为客户提供清洗窗帘和沙发业务；积极实施门店群计划，继续以标准店为中心、概念店为辐射，快速完成全国各大城市网络布局，完成了石家庄、江阴、无锡、南京、昆明、南宁等 24 家店面的开业计划，现在全国 34 个城市共拥有 69 家美克美家店，子品牌"馨赏家"已经发展到 64 家店面。由表 13 可见，索菲亚、美克股份与元力股份收入和利润增长都好。

表 13 收入与利润

上市公司	股票代码	上市日期	主营业务收入(万元)		营业利润(万元)	
			2010 年	2011 年	2010 年	2011 年
索菲亚	002572	20110412	60 445.70	100 360.00	10 026.40	16 272.50
美克股份	600337	20001127	241 519.00	256 067.00	13 105.20	20 913.90
景谷林业	600265	20000825	15 422.44	29 787.00	−535.16	−12 878.00
元力股份	300174	20110201	14 624.63	24 119.51	2 065.6	3 600.23

由表 14 可见，3 家公司的毛利率、净资产收益率都很好，资产负债率偏低，扩张潜力很大，现金流前两家也不错。

表 14 收益、负债与现金流

上市公司	销售毛利率(%)		净资产收益率(%)		资产负债率(%)		每股经营现金流(元)	
	2010 年	2011 年	2010 年	2011 年	2010 年	2011 年	2010 年	2011 年
索菲亚	36.54	33.62	44.97	9.88	39.97	10.40	无	1.3
美克股份	43.28	48.31	1.10	7.92	37.24	32.79	0.24	0.63
景谷林业	22.41	−1.72	2.84	−90.46	58.19	74.28	0.23	−0.02
元力股份	32.24	31.80	27.63	7.09	31.10	8.29	34.00	−0.15

二、中国林产工业今后努力的方向

1. 中国林产工业利用资本市场尚待发力

由以上分析可见，中国林产工业对资本市场的利用是很不充分的，全行业对资本市场了解不够，动力不足，以至于上市公司比重远低于行业产值占 GDP 比重。

2. 要加强利用资本市场的紧迫感

产业的转型升级对林产工业意味着什么？要素价格的不断上升使得劳动密集型的比较优势逐渐变小，尽管产业集聚仍是我们的强项，但仍不足于应对经济稍微降速和国际竞争加剧。今年中小企业叫的"钱荒，电荒，用人荒"就是明证。但从总体看，今后 10 年乃至更长时期内我国经济仍会持续高速发展，城市化还要进行二三十年时间，房地产需求仍会持续高速发展，林权制度改革的拉动力将逐步释放出来，对林产工业企业来说，抓住黄金发展期加快做强步伐，利用资本市场就是现实的选择。

3. 破除迷信解放思想大胆进入资本市场

进入资本市场既非轻而易举也非高不可攀，我们有好多好企业完全具备基本条件，可以朝这方向努力，经过三两年扎实工作达到目标。

4. 上市公司优化企业模式，抓住发展机遇

已上市的公司最重要的三件事：一是募投项目尽快达标达产达效；二是真正变家族企业(相当多数是)为现代企业制度的公众公司以广泛吸引人才；三是充分运用好融

资渠道，不断发展。比如兼并重组，大亚利用资本市场进入林产工业和吸收合并圣象是本行业非常成功的案例。

利用好资本市场，中国林产工业做大做强就能加速。

关于中国红木市场的调研报告
——以红酸枝为例

王 满 陈圣林 辛相宇 李东妍

摘要：红木制品产业是林业产业的一个重要组成部分，涉及轻工、文化艺术等多个领域。随着我国经济社会的发展、人民生活水平和文化情趣的不断提高，人们对红木制品的需求会越来越旺盛。本报告从红木及红酸枝的标准、概念、分类及特点出发，分析了红木及红酸枝的市场情况，提出了开拓红木及红酸枝市场的若干建议。

红木是指紫檀属、黄檀属、柿属、崖豆属及铁刀木属树种的心材，其密度、结构和材色符合国家标准(GB/T 18107—2000)规定的必备条件的木材。此外，上述5属中国家标准未列入的其他树种的心材，其密度、结构和材色符合国家标准的也可称为红木。

红木是我国历史和文化瑰宝，蕴涵着博大精深的红木文化。红木产业链长，涉及林业、机械、建筑、家具、环保、旅游、文化、房地产、园林、建材、收藏等多个行业，并对上下游产业，如林业经营、木质建材和古玩收藏等产业有明显带动效应，并具有环境友好、健康可持续等特点。

改革开放以后，随着国民经济的高速发展，人民生活水平和文化情趣的不断提高，人们对红木制品的需求越来越旺盛，红木制品已从宫廷走到寻常普通百姓家，越来越受到市场的青睐。

一、我国红木产业市场情况及发展趋势

（一）来源及市场情况

红木资源稀缺、珍贵。根据我国国情及资源现实与产业发展趋势，我国政府一直鼓励像红木这样的资源性极强的木制品进口，并对木制家具进口实施了零关税的政策。目前，我国市场上流通的红木主要有：

作者简介：王满，中国林业产业联合会秘书长、博士，研究方向：生态产业。

（1）紫檀 紫檀是红木中的精品，主产地是印度，生长期500年左右，木料色泽紫黑，密度大、硬度高，手感细腻，有轻微檀香气味。目前市场上流通的紫檀家具，都是明清时期，从印度、南非运回国内的。很少有大件产品，主要以罗汉床、写字台、书柜为主。市场价格为每吨60万~300万元。

（2）黑酸枝 黑酸枝包括刀状黑黄檀、黑黄檀、阔叶黄檀、卢氏黑黄檀、东非黑黄檀、巴西黑黄檀、亚马孙黄檀、伯利兹黄檀8种。黑酸枝木类中的卢氏黑黄檀 *Dalbergia louvelii* 来自非洲马达加斯加，东非黑黄檀 *D. melanoxylon* 来自东非，阔叶黄檀 *D. latifolia* 来自印度和印度尼西亚；市场价格为每吨20万~80万元。

（3）红酸枝 红酸枝包括巴里黄檀、塞州黄檀、交趾黄檀、绒毛黄檀、中美洲黄檀、奥氏黄檀及微凹黄檀7种。红酸枝木类中的奥氏黄檀 *D. oliveri* 和交趾黄檀 *D. cochinchinensis* 来自中南半岛、微凹黄檀 *D. retusa* 来南美及中美洲；红酸枝市场价格为每吨5万~50万元。

（4）花梨木 花梨木包括越柬紫檀、安达曼紫檀、刺猬紫檀、印度紫檀、大果紫檀、囊状紫檀、鸟足紫檀。花梨木木材有光泽，材色较均匀，有深色条纹，具清香气；结构细而均匀，耐腐、耐久性强。花梨木类 *Pterocarpus* spp. 来源东南亚、非洲和拉丁美洲；缅甸花梨木市场价格为每吨1万~2万元。

（5）香枝木类 心材红褐色，久则变为暗色。材色不均匀，常杂有深褐色条纹。木材有光泽，油性大，具浓郁降香。目前，市场上最好的黄花梨来自海南，原有的黄花梨木已被砍伐殆尽。在所有的红木中，黄花梨是细腻度最高的木种，它含油量很高，光泽度好，质感温润如玉，被称为木料中的"君子"。黄花梨生长周期在500年左右，海南黄花梨市场价格为每吨600万~2 000万元。越南黄花梨每吨200万~600万元。

（6）乌木类 包括乌木、厚瓣乌木、毛药乌木、蓬塞乌木，分别来自斯里兰卡及印度南部、热带西非及菲律宾。市场价格每吨1.5万~2.2万元。

（7）条纹乌木类 学名 *Diospyros* spp.。来自东南亚，质量最好的是印度尼西亚的苏拉威西岛，现有的来自巴布亚新几内亚。市场价格每吨1.5万~3万元。

（8）鸡翅木类 学名 *Millettia* spp. 或 *Cassia* spp.。包括非洲崖豆木和白花崖豆木，来源刚果、缅甸和泰国；市场价格每吨7 000~8 000元。

（二）产业区域和规模

我国红木相关企业地域分布较广，主要集中在广西凭祥、福建莆田地区的仙游、广东深圳和大涌、浙江东阳和义乌、山东淄博、江苏苏州和南京、河北廊坊和北京等地区。

据有关资料统计，截至2011年底，全国红木行业生产企业超过1万家，产值超过400亿元，从业人员约80万。仅浙江东阳，2011年红木相关企业达1 400家左右，其中工商注册800家左右，家庭作坊式600家左右，产值500万以上规模企业达80家，拥有15个自主名牌，行业从业人数达10万。总产值超过50亿元。

广东大涌红木家具产业起步于1979年，在30多年的发展进程里，大涌镇作为全国最大的红木家具生产专业镇，成为规模化、专业化、科技化和现代化的产业集群。大涌目前有红木生产和加工企业 300 多家，红木产业年销售额超过 20 亿元。获得了"中国红木雕刻艺术之乡""中国红木家具生产专业镇"两个国家级区域品牌。

（三）产业特点和发展趋势

尽管遭遇了"红木家具暴跌"新闻打压、名贵木材资源持续紧缺、局部地域红木家具企业"掺白皮"等不少问题，整体来看整个行业依旧保持了良好的发展势头，呈现出蓬勃生机。

1. 市场得到极大扩展，新品牌、新企业不断涌现

红木制品因具有资源稀缺且短期难以再生、艺术欣赏性和实用性并重、传统文化内涵浓郁，保值增值的效应稳定而明显等特点，多年来被投资者所青睐。特别是近 2 年以来，政府连续出台政策加强了房地产调控、调整了银行储蓄利息，并采取系列措施防止经济过热以及遏制通货膨胀。在这种经济环境下，市场上的投资开始分散，大量资金或者大批购买名贵木材，或者直接投资建厂，斥资千万甚至过亿的新生企业层出不穷，新品牌、新企业不断涌现。据调查，1998 年在北京市红木家具生产企业不足 10 家，连同外地在京销售的企业也仅有 20 ~ 30 家，而到 2011 年，已超过 2 000 家。

2. 原材料价格上涨，行业整合加剧

随着红木制品供销两旺的态势发展，红木制品消费者的群体持续扩大。红木原材料价格一路上涨。有关资料显示，2006 年前红酸枝的价格是 1.5 万元/吨，目前均价已涨到 9 万 ~ 10 万/吨，5 年翻了近乎 6 倍；2007 年年初，小叶紫檀的售价为 15 万/吨 ~ 20 万/吨，随着黄花梨逐步消失，在不到 4 年的时间中，小叶紫檀已经涨到 120 万 ~ 150 万/吨，翻了近 10 倍还多。

中小企业由于资金有限，无法直接从越南、老挝、缅甸、印度等红木原材料产地进口原材料，只能从国内木材供应商处采购木材，其价格要远远高于红木原材料产地的木材价格。为了获得短期利益，不少家庭式作坊和中小企业使用少量的资金采购原材料，甚至生产制作含有大量白皮的红木制品，导致产品附加值不高，企业利润低。特别是经历了"一套红木家具从 8 000 万元跌至 60 万元的虚假报道"和"白皮事件"后，将加速红木行业的整合。

3. 市场分化更加清晰，红木定制业成热点

据统计，我国已经成为世界的头号奢侈品和艺术品消费大国，而红木家具兼具奢侈品和艺术品的属性，使它成为大量投资收藏者的追捧对象。从而促使不同的红木企业有了不同的定位。有的定位高端收藏，有的定位中端消费者，有的则定位于满足红木爱好者。一些不适应市场的低端产品逐渐被淘汰，定制红木产业成为热点。

4. 消费逐步回归理性实用，品牌意识更加明显

红木家具暴涨暴跌，与消费者的认知有关。许多人因为红木方面的知识不够，常常被误导，盲目投资。近几年红木家具消费开始转向理性化，除了用料，更多人开始注重红木家具的实用性与工艺性。结构精美、做工精细的红木家具最受欢迎。另外，随着中国消费者品牌意识的增强，红木家具品牌的美誉度也成为许多消费者选择产品

时的重要参考。在这样的大环境下，红木家具企业一方面不得不致力于为消费者提供更优质更具艺术感的红木家具用品，另一方面也必须在经营管理上不断创新，以应对日益激烈的市场竞争，只有这样才能适应市场的宏观趋势，立于不败之地。

5. 代理成为主流销售模式，经销商成为企业占领市场的关键

目前，我国绝大多数红木制品企业都采用经销商代理品牌建点销售的形式，也有部分采用厂家直营门市或参股的形式。少部分企业也在尝试改变渠道运营模式，减少经销商，通过增开直营店、电子商务等模式直走终端，直接面向消费者，以期获得更高的利润回报。

但是，现阶段直营店主要担当着产品展示的功能，并且测试产品的市场反应。同时，由于红木制品贵重，消费者一般看到产品之后才会购买，有的消费者甚至到厂家进行直接采购。这就决定了现阶段还是需要在卖场组织下，企业与经销商携手来开拓市场。

当然，红木行业也存在发展瓶颈，主要是资源短缺、技工短缺、产品成本上涨、行业事件频发等。红木产业的规范和发展，国内外珍贵的红木木材资源的栽培与开发利用等，需要政府主管部门政策和资金的扶持，更需要行业协会组织行业调研、标准制订、品牌培育、技术培训、向主管部门反映行业发展需要等，才能真正将珍贵资源变为产业优势和经济优势，促使我国红木产业健康、快速发展。

二、红酸枝国内市场情况

红酸枝是热带常绿大乔木，豆科黄檀属。因其新切面有酸枝木特有的酸香气，故称之为酸枝。我国北方称之为"老红木"，广东、广西称之为"酸枝"，《红木》标准定为"红酸枝"，主要产于印度，以及东南亚一些国家。

红酸枝木的材质有所不同，心材材色有深有浅，材色约分为偏红色系和偏褐色系。偏红色系的红酸枝木心材新切面柠檬红、红褐至紫红褐、常带明显黑色条纹，主要产地为中南半岛。心材材色也是有深有浅，色浅的偏黄色，纹理较直；偏褐色系的红酸枝木心材新切面紫红褐或暗红褐色，常带黑褐或栗褐色细条纹，产于东南亚。

（一）市场原料和行情

目前市场上的红酸枝来源繁杂。主要来源于东南亚，现在逐渐转向中美洲、南美洲及非洲。

在中国传统家具所用材料中，红酸枝的产地大致有泰国、柬埔寨、越南、老挝等。目前，泰国红酸枝在市场上已经多年不见踪影，老挝红酸枝因色泽沉稳、材质油润细密而最受人喜爱，但材料供应情况也不容乐观。通过走访调查几个比较大的红酸枝材料批发市场显示，70% ~ 80% 的红酸枝料都是树头、树根和产地经处理正材后的边皮次料，正材、大料所占的比例非常少。根据这种情况，可以判断红酸枝原材料供应开始出现短缺的情况。

据调查，现国内约 10 000 多家仿古家具企业，若其中有 1/3 的企业使用老红酸枝来制作仿古家具，按照每家企业每年耗用 50 ~ 100 吨的用量来计算，每年所需进口的老红酸枝材料要达到 15 万 ~ 30 万吨。而材料来源数量远远满足不了 3 000 多家企业对老红酸枝的需求。这种供应与需求的失衡，造成材料供应紧张，市场行情持续上扬。

（二）市场价格

近两年红酸枝木材砍伐严重，大料老料迅速减少，价位也在飞快攀升。目前红酸枝市场价格为：长 1.5m、直径 0.15 ~ 0.2m 的 A 级原木每吨 60 000 ~ 75 000 元；长 2m、直径 0.2m 的 AAA 级原木每吨 120 000 ~ 140 000 元（详见附件：2011 年红木价格），具体还要看材料的完整度。

（三）发展趋势和前景

长期以来，由于木材烘干技术的欠缺、本地材的使用习惯和物流受漕运水系所限等原因，红酸枝取材具有鲜明的地域性，多集中在上海、苏州、北京、天津、福建、广东沿海一带，传统意义上的红木企业在地域分布上相对集中，且非常有限。因此，红酸枝产品并不被新兴的一些红木制品消费地所熟知。红木行业诸多经销商和消费者，对红木的认知和了解均来自于红酸枝以外的材种，缅甸花梨和非洲花梨的市场表现抢眼，是因为这两类木材尚有大料，原材料的价格相对于日渐稀有的高端材更便宜，这类木材制成的产品价位，普通消费者承受得起。

因经销商和消费者缺乏足够的了解，红酸枝家具在市场上直接反映出两种情况：第一，一枝独秀；第二，价格坚挺。一枝独秀的情况使得内行的红木买家、藏家因为体量不足，缺少比对而丧失购买兴趣，而价格坚挺又使得产品交易机会变少，销售周期变长，运营成本增加，继而对高端红木的品牌商造成压力。

数百年来，红酸枝在"红木大家族"中的独特地位，其在红木文化沿袭中，作为黄花梨和小叶檀替代材的符号化身份。可以预料：如果不加以严格保护，不超过 5 年，即便是老挝，红酸枝也会将像黄花梨一样稀有。据有关数据显示，仅仅在仙游市场一天消耗的大红酸枝就约达 3 千吨左右。由于其目前价格和黄花梨、小叶紫檀比仍然有较大距离，未来几年红酸枝的升值比例将是最大的。从长远来看，今天的红酸枝就是明天的黄花梨，购买和收藏红酸枝前景极好。

三、红木原料利用思路（以红酸枝为例）

（一）销售原材料

近来红木原料市场交投也出现冷清迹象。但调查走访发现大红酸枝价格未跌反涨。虽然不少红木产业城近期频繁出现换铺、缩小经营面积的现象，不过，红木产品与材料的整体市场价格并未出现大变化。从 2010 年底到现在，红酸枝材料价格上涨了 70% ~ 80%。所以若拥有大量红酸枝原料，直接销售原材料是一个很好的做法。原因有四：

（1）红酸枝产量大，有宽大材幅，颜色花纹美丽，材质优良，广泛用于制作各种类型、款式红木古典家具，也适宜制作装饰工艺品、乐器、雕刻等，是上等的好木材，深受广大收藏爱好者的喜爱。

（2）同属高档红木，大、小叶紫檀和海南黄花梨、红酸枝一直被公认为高档红木家具的代表。红酸枝的密度和比重与紫檀的差别并不是很大，资源同样有限。因此，红酸枝未来上涨的空间相当大。

（3）红酸枝历史地位独特。中国明代高级家具所用木材大多以黄花梨与紫檀为主，到了清代，以上两类木料逐渐稀少，红酸枝木被广泛应用并逐渐成为黄花梨、紫檀的代用品，备受当时上流社会的推崇。现在小叶紫檀和黄花梨已经进入奢侈品的行列了，材料价格要再大涨很难。不少人现在都买原材料压箱，不轻易用于制作红木产品，这使得曾经被忽略的红酸枝倍受追捧。

（4）红酸枝价格上涨空间大。目前紫檀是 30 多万元/吨；黄花梨 60 万元/吨；红酸枝的价格是黄花梨的 1/5 ~ 1/4。

（二）产品加工

若拥有大量红酸枝原料，进行产品加工亦是一个可行的做法。可与知名品牌的红木产业企业合作，由一方负责提供优质的原材料，一方提供成熟的技术工人及销售渠道，短期内实现共赢。生产加工中要注意：

1. 把好选材关

红木制品加工的第一道工序就是选材。选材不当不仅会造成企业经济上的损失，而且还会使一些极其珍贵的资源被无可挽回地浪费掉。出精品、出高端产品的关键在于选材得当。什么材料可以适合加工什么器件或部件，那几种材料相互搭配才可协调一致。

在选材中还要特别注意木瘤（也就是瘿木，是指树根部位结瘤或树干结瘤部位的木材，为树木木质部增生的结果）。木瘤有特殊的纹理和色泽，是制作高端制品难得的原料。但有的企业忽视了选材这一环节，把木瘤作为废料扔掉。有的则将长有美丽花纹的木瘤，直接锯开作为加工桌腿、侧板等不重要的构件的原料，实在是暴殄天物。

2. 杜绝不合格品

在红木制品整个加工过程中，从原料的贮存、干燥、加工、涂饰到包装运输，都要严格进行质量控制，杜绝不合格品的产生。红木制品的原材料是极其珍贵的资源，因加工的失误而造成废品，实际上在某种程度上是犯罪。要教育从业人员，红木资源来之不易，要惜木如金。

3. 积极采用加工新技术

红木制品质量问题突出地表现在木材干燥环节上。红木树种的木材密度大，硬度高，水分在木材中的移动阻力较大，不易干燥。如将干燥不合格的木材用以加工红木制品，后果是不难想象的。红木制品变形走样、板面开裂大都由于干燥环节没有处理好。因此，应当把木材的干燥作为重要的质量控制环节。要积极采用先进的干燥技术和设备，保证干燥这一重要的环节不出问题。此外，要积极推动计算机设计、计算机拼板及数控加工技术在红木制品制造业的应用。

要特别注重实行手工加工的机械化。尽管红木制品加工需要一定的手工操作，但从发展的眼光来看，红木制品的生产要逐步摆脱手工生产，实行机械化。有的企业为了使红木制品表面能够产生包浆(经年深日久的摩挲所留下的痕迹)的效果，不惜雇佣专人每天用手不停地在物件表面摩挲。这样的工作没有经年累月的时日是不能完成的，而利用机械完成这一工作并非没有可能。

4. 发展小材小料的加工技术

由于红木制品在选材和加工中需要做到尽善尽美、精益求精，所以加工红木制品在制作过程中原材料的利用率极低，由此产生了大量的加工剩余物。这些加工剩余物也是极其珍贵的资源，但很多加工企业却将之随便遗弃，造成了极大的原料浪费。要积极开发诸如小摆饰、把玩件等新产品。积极发展小材小料的加工技术，要把红木制品加工剩余物这一宝贵的资源充分利用起来。

（注：关于红木分类等基本情况，详见《2010 中国林业产业重大问题调查研究报告》收录的《中国红木制品产业调查研究报告》，作者：黎云昆。）

附件：

2011 年红木价格

木　材	规　格	类型/等级	价格（万元/立方米）
檀香紫檀（俗称小叶檀）	长 1.5～2 米，直径 0.13～0.14 米	原木/A	70～80
卢氏黑黄檀（俗称大叶檀）	长 2 米，宽 0.2 米	原木/AA	11～12
红酸枝	长 2 米，直径 0.2 米	原木/AAA	12～14
红酸枝	长 1.5 米，宽 0.15～0.2 米	原木/A	6～7.5
微凹黄檀	长 2～2.5 米，直径 0.2～0.3 米	原木/A	2.2～2.4
奥氏黄檀（俗称花酸枝）	长 2 米，直径 0.2～0.3 米	原木/A	1.3～1.5
东非黑黄檀	长 2～3 米，直径 0.2 米	原木/A	0.45～0.5
花梨木	长 2～3 米以上，直径 0.2～0.4 米	原木/A	1.3～1.6
鸡翅木	长 2～3 米，直径 0.2～0.3 米	原木/A	0.5

全国主要木材市场传统家具常用材价格

北京

木　材	规　格	类型/等级	价格（万元/吨或万元/立方米）
檀香紫檀（俗称小叶檀）	35 千克	原木/直、无空洞	130～150
卢氏黑黄檀（俗称大叶檀）	长 2 米，150～180 千克	原木	18～22
红酸枝	长 1～2 米	原木/A	7～12
花梨木	长 2～3 米，直径 0.3～0.4 米	原木/A	1.4～1.6
微凹黄檀	长 2 米，直径 0.2～0.3 米	原木/A	2～2.8
东非黑黄檀（紫光檀）	长 2～3 米，直径 0.2～0.4 米	原木/AA	0.65～0.85
鸡翅木	长 2～3 米，直径 0.2～0.4 米	原木/AA	0.5～0.7
奥氏黄檀（俗称花酸枝）	长 2 米，直径 0.2～0.3 米	原木/AA	1.5～1.8
维腊木（绿檀）	长 2 米，直径 0.3 米	原木/AA	0.9～1.2

广州

木　材	规　格	类型/等级	价格（万元/吨或万元/立方米）
檀香紫檀（俗称小叶檀）	35 千克	原木/直、无空洞	130～150
卢氏黑黄檀（俗称大叶檀）	长 2 米，150～180 千克	原木	18～22
红酸枝	长 1～2 米	原木/A	7～11
花梨木	长 2～3 米，直径 0.3～0.4 米	原木/A	1.1～1.3
微凹黄檀	长 2 米，直径 0.2～0.3 米	原木/A	2.3～3.3
东非黑黄檀（紫光檀）	长 2～3 米，直径 0.2～0.4 米	原木/AA	0.55～0.85
鸡翅木	长 2～3 米，直径 0.2～0.4 米	原木/AA	0.45～0.7
奥氏黄檀（俗称花酸枝）	长 2 米，直径 0.2～0.3 米	原木/AA	1.5～1.8
维腊木（绿檀）	长 2 米，直径 0.3 米	原木/AA	0.9～1.1

仙游

木材	规格	类型/等级	价格(万元/吨或万元/立方米)
檀香紫檀(俗称小叶檀)	35 千克	原木/直、无空洞	130~150
卢氏黑黄檀(俗称大叶檀)	长 2 米, 150~180 千克	原木	18~22
红酸枝	长 1~2 米	原木/A	7~12
花梨木	长 2~3 米, 直径 0.3~0.4 米	原木/A	1.4~1.8
微凹黄檀	长 2 米, 直径 0.2~0.3 米	原木/A	2~3
奥氏黄檀(俗称花酸枝)	长 2 米, 直径 0.2~0.3 米	原木/AA	1.5~1.8

江苏张家港

木材	规格	类型/等级	价格(万元/吨或万元/立方米)
卢氏黑黄檀(俗称大叶檀)	长 2 米, 150~180 千克	原木	18~22
红酸枝	长 1~2 米	原木/A	7~11
花梨木	长 2~3 米, 直径 0.3~0.4 米	原木/A	1.3~1.6
微凹黄檀	长 2 米, 直径 0.2~0.3 米	原木/A	2~3
东非黑黄檀(紫光檀)	长 2~3 米, 直径 0.2~0.4 米	原木/AA	0.6~0.85
鸡翅木	长 2~3 米, 直径 0.2~0.4 米	原木/AA	0.45~0.7
奥氏黄檀(俗称花酸枝)	长 2 米, 直径 0.2~0.3 米	原木/AA	1.5~1.8
维腊木(绿檀)	长 2 米, 直径 0.3 米	原木/AA	0.9~1.1

中国林产品市场南北跨业工程

马志伟 韩 煜 孙瑞江 祁鹏举 谢淑峰

摘要： 跨业营销是一种"集智"的企业发展思维，它有别于传统的、单体式的企业发展，通过广泛调动一切可利用的社会资源，跨业营销在共赢的基础上为企业间合作成长提供良好的科学规划。本文从中国林产品市场南北跨业营销分析入手，研究了南北跨业营销工程的整合形式，提出了林业跨业的条理，拓展了跨业协作的地域广度，打造了一个南北优势连系的互补平台。

调查及统计资料显示，当前我国林业行业中，木门与地板两大产业的发展正以南北区域为划分，呈现出两类不同的发展态势。

在我国北方，拥有大量的林木资源和低成本的劳动力资源，土地资源充裕，具有生产、加工方面得天独厚的优势；但从市场经营情况来看，多数企业的营销能力和品牌意识都还处于萌芽状态，在营销技巧、市场运作等方面还显得稚嫩。

而在南方，林业企业众多，企业的经营意识、技术水平以及生产能力相对较高。但平均可用的森林资源却很少，劳动力成本高。

从市场资源的有效分配角度来考虑，众多林业企业普遍认为，南北对接，合作发展将是未来行业的必然趋势。但是在顺应大趋势的同时，我们首先需要针对南北文化差异、思维惯性差异、企业管理和运营模式差异等众多对接中可能出现的问题进行充分的分析研究，以寻求一套能够最大程度解决南北林业企业对接障碍的参考模式。

一、关于树干与树叶的跨业营销

很久很久以前，树干和树叶在古老的森林中长生相伴着，一天树干对树叶说：昨天夜里我作了一个神奇的梦，梦到有一天飞到人间家里，和人类生活在一起，朝夕相伴，别有情趣；树叶也抢过话说：可真巧呀，我昨晚也做了这样一个梦，坐着用你做成的火箭飞到人们的家中，还是和你在一起呦！

若干年后，这个美丽的梦果真显灵啦，树干化作美丽的地板天使，把木生命的真、

作者简介： 马志伟，北京鑫瑞伟业文化传播有限公司总经理，研究方向：市场营销。

善、美带给了千家万户，树叶也化作天然的精灵——茶，把健康送到每一个人的杯中。家中一位满面胡须的长者，半躺在摇椅上，半捋着胡须，用手轻轻地敲着地板，哼着小调，沏着满满的一杯茶，慢慢地品味着。

就这样，树干和树叶又相依地过起了甜美的生活，开心地生活着每一天，又开始讲起了新的故事。

从莽莽自然中走来，向茫茫人海中走去。茶与木，如两个纯洁的精灵，为人们的生活奉献着欢乐。

文化交融的背后，是深层次的商业合作基础。企业间的成功合作，受到了广泛的行业关注。站在带动行业发展的角度，中国茶叶流通协会与中国林产工业协会对跨业营销表示了高度的支持和重视。

在 2008 年的马连道茶叶特色街的茶产业跨业营销论坛上，与会专家认为，运用文化融合的方式发展跨业营销，可以有效助推茶文化与各行业文化之间的对接，是茶文化传播和发展中寻求突破的新方向；跨业营销对于整合产业优势，提升企业竞争力，具有高度的实用价值，值得行业中的所有成员学习和借鉴，并探讨实施推广。

两大行业的多家媒体对跨业营销给予了密切的关注：中国林业产业杂志社、中国绿色时报、中国建材报、建材专刊、茶周刊、茶精品、茶世界等七家媒体先后为跨业营销开设了专栏报道，越来越多的人开始关注跨业营销的推广潜力。与此同时，跨业营销的出现也吸引了行业专家和经济学者的关注和思考：21 世纪是一个融合的时代，也是一个社会分工高度发展的时代。跨业营销带来的不仅仅是一些案例，而是一种审视企业发展的视角。站在跨业营销的视角，人们开始发现：企业竟可以通过构筑合作网络，获得如此强大的力量！这种视角是如此的令人震撼，因为它带来的是营销意识上的飞跃和颠覆——从独立营销到跨业营销！

跨业营销这一概念开始频繁出现于茶行业和林产业的众多会议活动中，并逐渐成为一种企业合作的理念。如何使不同行业之间的企业科学地走上优势互补、资源共享的道路，是跨业营销的价值所在，也是行业整合，谋求更大发展的关键。企业开始关注和学习跨业营销的思想，从中汲取经验。一位多年从事营销策划的资深专家一针见血地指出：市场营销向整合营销的转型，是一种战术转型；而自体营销向跨业营销的转型，则是一种战略转型。它带来的是崭新的全局意识，是不同行业、不同企业之间凝聚强大合力的集智意识。"运用这种力量，可以将孤狼凝聚成狼群，从而暴发出几十倍乃至几百倍的战斗力。使每一个成员的力量都得到极致的展现。"

二、跨业营销：新经济模式的审视与思考

社会分工高度发展的今天，每一个个体都在追求专业技能的最大化，以获取最突出的竞争力。个人向职业化发展；企业向特色化发展；分工，正在将个人和企业推向更为专业的领域，并通过专业程度的竞争，来不断实现淘汰。经济全球化导致行业竞争日趋激烈，同质化程度加剧。

行业内强强联手，行业间跨业整合正成为适应未来竞争变化、开辟独特竞争点的

重要因素。在此背景下，跨行业、跨渠道的品牌之间的联合将实现业态优势之间的互相借重、资源渠道间的组合利用。我们迫切地需要面对一个共同的课题——如何树立品牌并在整合中谋发展。整合发展是时代的呼唤，是竞争中的利器，跨业营销是拓宽营销舞台的必然趋势。

所谓跨业营销，就是通过有效的协调，为不同行业之间的合作进行规划，从而形成一个更具竞争优势的团体。而其真正的价值，就在于跳出企业以自我为中心的经营思想，站在一个组织者的旁观立场，用全新的视角考量不同企业、不同产业之间的战略合作。

（一）跨业营销的价值

跨业营销意味着一个新的企业发展视角。任何一个企业，都有核心优势和自身不足，无法达到完美；只有组成更强大的企业联盟，才能通过不同企业之间的互补，逐渐消除缺陷，趋于理想。企业与企业之间是如此，地区经济之间也是如此，世界各国也同样如此。

跨业营销在应用上的一大特色是，即使是看起来毫无关联的企业，也可以寻找到结合点。跨业营销不是简单的互惠采购，而是彼此利用自身优势，从文化、产品、服务、渠道、终端等各方面寻求的互利行为。它不是单纯的节约成本，而是充分调动不同企业各自的优势资源，实现共享共益，是一种基于品牌战略层面的高度整合。当今企业正日益重视彼此之间的战略合作，这种战略合作正逐渐成为企业之间合作的主流方式。正因为这种合作，企业才得以不断开阔视野，寻求新的机遇。那么，又该如何做好跨业营销呢？

（二）跨业营销三要点

从类型上，跨业营销可以分为水平型、垂直型、复合型和立体型四种类型。水平型跨业简单说就是相同产业、不同领域企业之间的跨行合作，如不同产品之间的组合营销；垂直型跨业则是指相同领域、不同产业之间的对接合作，最简单的是上下游产业间的协作；复合型合作则包含了前两种合作模式；而立体型合作则是指包含了多个领域、多个产业的经济集团之间形成的合作。这四种类型，涵盖了企业与企业之间、经济团体与经济团体之间，乃至国与国之间的各种合作形态。

对于多数企业来说，最常见的是前三种模式。而企业家最关心的，就是如何根据自身特色，选择跨业合作伙伴，这是决定跨业营销成败的关键。决定企业跨业合作模式的前提条件有三个要点：实现合力、资源互通和核心特色。

首先，最重要的是分析合力，明确合作目标、合作方向。能否实现最大的合力，是决定合作成败的关键。举个例子，很多品牌在被外资收购后呈现出不同的发展方向，有的是越来越壮大，有的却一蹶不振。很多人将其归咎于资本运作、控股等操作问题，却忽略了最根本的因素——合力。原因很简单：有的外资是恶意收购品牌以实现品牌压制；有的外资却是寻求与品牌合作共发展；出发点不同，最终带来的结果当然不同。如果不明确合作目标、合作方向，就很难确定究竟是与狼共舞还是引狼入室。

其次是要做到资源互通。资源互通决定了跨业合作的效率和价值。每个企业都会有自己独特的优势和缺点，互相扬长避短才能缩减成本、扩大优势，提升合作效率。如果固执地"自给自足"而不去利用彼此的优势效率，跨业营销就失去了其最大的价值。没有跨业营销的企业，往往会把自己视为一个整体；但跨业营销的企业，更应该把自己看作一个环节，看作团队中的一员。让专业的人做专业的事，是跨业营销合作价值的体现。

最后，保持自身的核心特色，是维持跨业营销长期稳定的关键。跨业营销的基本要求是强强联合，每一个成员都必须具备比其它成员鲜明而独特的核心优势，这是每一个合作成员的价值所在，也是维系跨业营销长期稳定的关键。只有能够为团队提供独特价值的企业，才有资格存在于整个合作链中。

这三个要点，是跨业营销理论运行中必须遵循的三大法则。只要能充分理解这三个法则，并将这三个法则充分运用在企业的跨业合作中，就可以充分规避合作风险，实现效率、稳定、收益的最大化。

未来的跨业营销，将出现在企业与企业之间的合作，地区经济与地区经济之间的合作，乃至国与国之间文化、经济之间的合作。跨业营销不仅是一种理论，还将是一种改变世界的思维模式，并在世界经济发展中扮演日益重要的角色。我们只要求企业拥有特种兵的素质，但要求企业家必须有指挥官的眼光。

三、地板进军木门业：同牌跨业比翼齐飞

2010 年，世友地板开启了生产木门的大门；无独有偶，不久后，梦天木门也开始生产地板；接着地板行业进军木门行业的跨业营销模式如雨后春笋纷纷拔地而起；再是透出大自然地板生产木门的声音，今天又看见圣象地板生产木门。从中不难发现，越来越多的企业开始分享从地板到木门行业的这杯羹，接二连三的行业现象引发人们对同牌跨业的思考。

（一）强化产业整合　快速垄断市场

在当前激烈竞争的社会，想要单纯地在某一行业中垄断市场已经不是一件容易的事情，就中国而言，光是地板行业就能数出成百上千的品牌，而且往往密集在某一区域。"对于一个想获得良好的长远发展的企业来说，最重要的是什么？"单一的产品生产，已经不能够满足社会竞争的要求，更不能确保一个企业要做大做强的"宏远目标"。如何拥有广阔的视野，看清企业未来发展的方向？

"跨业营销"让许多企业家眼前一亮。对于这四个字，有以下的解释：跨业营销是一种跨行业、跨产品、跨地区的组合营销模式，它带来的有行业间的高效创新、有产品间的有效组合，也有地区间的合作发展。它是一种"集智"的企业发展思维，它有别于传统的、单体式的企业发展，通过广泛调动一切可利用的社会资源，跨业营销在共赢的基础上为企业间合作成长提供着良好的科学规划。

短短几年间，包括大自然地板、富得利地板、圣象地板、美丽岛地板等等在内，

一家又一家的中国林业品牌相继导入了跨业营销战略。随着"大自然·海尔"、"富得利·张裕"等一个个成功合作案例的出现，跨业营销这个概念，在中国跨业联盟研究院的倡导下，在林产工业协会的大力支持下，受到了越来越多的关注。

"视野决定方向，意识决定战略"，在生产地板这块较为成熟的土地上，企业开始进军木门市场，同牌之间也能挖掘出"真金"，这无疑为营销战略又增添了新的解释，各大厂商的一致行为，或许也正说明跨业营销愈来愈得到人们的关注，也将是未来社会发展的方向。

中国自古有"先下手为强"之说，谁先想到谁先抢占领地，谁就能更早地赢在起跑线上。在文章开头提到的世友、梦天、大自然、圣象等企业，经过多年的经营，在地板业这块土地上已经取得了骄人的成绩，同行业平移，利用原有的各种资源优势，抢占木门行业，强化产业整合，快速垄断市场，则是让人眼前一亮的新战略。

（二）终端联合　跑马圈地

随着市场的发展日益成熟，最近几年来发展势头可谓迅猛。行业已形成了大京津地区、泛珠三角地区、长三角地区、东北三省以及西北西南地区五大核心区域，2007年木门行业总值达到400亿元，生产厂家过万，武汉周边大大小小的门厂就有几百家。

在我国市场上，一个无法回避的事实是，目前木门企业规模过小，产业集中度不高。据统计，可以称得上是工业化生产的木门企业多达5 000多家，具备一定规模以机械化生产为主的大概在500万元产值以上的企业有3 000多家。

目前，中国木门企业的生产和销售方式制约着整个行业的良性发展，很多企业经历了10多年发展，但整个中国木门厂家生产总额在1亿以上的企业却寥寥无几，和建材行业的其他品类如地板、瓷砖、油漆涂料企业相比发展严重滞后，比如现在精装修房，一般对地板、瓷砖、油漆、橱柜、电器等产品都有品牌约定，但对木门却很少指定品牌。

市场所缺少的、不成熟的、稀缺的，正是企业在夹缝中生存的机会！圣象木门湖北事业部经理黎乾林针对这个商机说道，"如果木门标准化了，门洞标准化了，住宅产业化了，木质门的竞争就会趋向白热化。"

而当前，在地板行业已经较为成熟的各大企业开始进军木门行业，这种终端联合，圈占市场的模式正如火如荼地开展。一方面企业运用手头成熟的资源打破木门产业的瓶颈，让木门也可以标准化、规模化生产，形成备货库存；另一方面，像圣象·合雅等已经占领制高点的企业，就有机会收购重组、合作，逐渐把市场网络兼并，跑马圈地，快速做大。

2007年木门行业总值达到400亿，而生产总额在1亿以上的企业寥寥无几。数据似乎可以充分表明木门行业发展并不成熟，还处于一个摸索阶段。

黎乾林说，"木门行业经过5～10年的产业升级，会涌现出几家或十几家大的品牌企业，全国的木门企业至少有50%以上会面临被兼并、淘汰的命运，即使能够生存但市场空间也很小了。"

（三）打造模式　强化品牌

行业发展不成熟也是木门企业无法走出区域局限，竖立起全国品牌的一个原因所在。北京的木门企业据不完全统计在 1000 家左右，而实际上有资质的不到 200 家，很多无资质的小公司小企业在争夺这块蛋糕，使得正规企业的发展道路走得更加艰辛。而另外一方面关于木门的知识产权相对薄弱，这给了小公司发展的一些空间。整个行业木门样式同一化的程度相当高，由于整个行业门槛较低，十几个人就可进行生产，这种木门样式的同一化，给了很多小公司模仿机会，也可说是养活了一批人。

就以圣象为例，在木门业发展的时间并不长，从 2008 年上半年开始进入木门行业，但集团关注木门行业时间却有很长时间了，2008 年圣象木门投资 2.1 亿建立了工厂，其中设备投资比较大。据悉，木门上的投资将达到 5.6 亿元，产能达到 150 万套，将成为中国乃至世界木门行业的超级航母，将中国木门的发展带到一个新的高度！

木门这条路子已经寻找到，瓶颈问题也亟待突破之后，如何做大做强，"升级提速，加速成功；打造模式，强化品牌"，按照柳井正所给出的思路，做经营者，这或许是世友、梦天、大自然、圣象这些进军木门业的企业应该思考的关键问题。

四、林木业三大跨业营销新战略

（一）博鳌论剑　木业与房地产业跨业高峰对话

在 2010 年 8 月 11～14 日的博鳌房地产论坛上，由 14 家三层实木复合地板企业组成的地板联盟与房地产行业展开对话，以"生态家居"、"环保家居"为契合点，展开了跨业合作。

家具、建材一直是木业产品的主要商品品类，地板与房地产之间的对接也早不是什么新闻。但本届博鳌房地产论坛上，14 家地板联盟集中对话房地产业，丰富的产品线、强大的后勤生产能力，还是引发了不小的轰动。除了在价格、供货、服务等方面的对接之外，一些国内一线的地板厂商还根据自身的研发能力，为房地产"概念家居"提供了更广泛的合作空间。例如在世博会上以"零碳馆"吸引了众多眼球的大自然地板，就把有"碳中和"功能的零碳地板通过"零碳家居"的概念推向了房地产合作。层出不穷的各种新型高科技地板和概念产品，在丰富了房地产商选择视野的同时，也激发了更多的楼盘设计新灵感。跨业营销理论的创始人马志伟先生对此次合作给予了高度评价，称："这是高层次的战略合作，不仅是产品之间的组合，也是理念和品牌文化之间的组合。它产生的跨业营销效果，是立体增长的。地板联盟作为一个体系与房地产行业的互动，更提高了这种效果的规模效应，使其具备更强的可操作性。"

据行业协会负责人介绍：地板与房地产业之间的高层战略合作，早在去年协会导入跨业营销战略的时候就已经被提上了议程。经过专家的研究和协会的多方组织，行业内各龙头企业先后积极支持和参与了本次对话，终于在今年的博鳌房地产论坛上结出了硕果。

跨业营销，为木业与房地产业走向整合提供了一个多元化组合的舞台。在这个舞台上，除了产品、服务等传统意义上的合作内容之外，跨业对接更多地展现了不同行业之间，在技术、理念、文化、概念和需求等方面的品牌对接。不但优化了产品成本，还为产品实现创新提供了技术和创意上的支撑，为木业和房地产业诞生更多的特殊组合提供了一条可以践行的道路。

（二）木制品企业跨业联盟　全国木制建材下乡工程启动

2010 年 8 月 21 日，在中国林产工业协会的组织下，全国木制建材下乡试点工作正式启动，14 家林业龙头企业共同参与了本次活动，并发挥各自优势，组织协调各自产品实现跨品类、跨档次、跨区域、跨行业的全面整合。

自 2010 年中央一号文件提出"建材下乡"后，在中国林产工业协会等行业协会的组织下，木制建材行业的众多企业先后自发组建全国木制建材下乡工作小组，举行联席会。一方面就木制建材下乡问题进行深入的调查研究，特别是广泛征求了各自企业产品经销区农户的意见；另一方面 14 家企业商定联系制度，并集中人力、财力超前开展木制建材下乡试点实施方案、宣传方案等准备工作，并通过协会积极向国家各相关部门反映和请示。

经过 14 家企业为期一个月的充分调研，协会共选择了 11 个省份的重点产品经销地区发放调研问卷，并委托中国人民大学农业与农村发展学院对调查表进行汇总分析，形成了《木制建材下乡试点调研报告》，对农村木制建材市场情况有了基本的判断。

通过对报告的分析，林产工业协会和中国跨业营销联盟对产品结构进行了设计和组织。2010 年 6 月，14 家企业就 2010 年中央一号文件所倡导的建材下乡进行了实质工作的研讨，并达成共识。在农村市场需求的基础上，纷纷研发出适合农村消费者的产品，在产品性能上满足农民消费者的需求，在价格上承诺优惠幅度不低于市场标准价的 15%，并最终推出了木制建材下乡实施方案。

木制建材下乡工程的启动，从另一个角度体现了跨业营销对于协调市场需求、组织产品结构、完善服务体系等方面的作用。通过跨业营销，为企业摸清市场定位、转变服务方式提供了更准确的思考。如何把握好农村市场的需求，为农村送去最符合需求的产品？如何整合产品定位，组织产品结构，用优惠的价位实现不同种类的产品之间的最佳组合？如何通过跨业营销的规划，让企业最大程度地贯彻政府精神，为农村地区送上实惠、切身的服务？这些，都是跨业营销在下乡工程的启动中发挥出来的价值。

（三）开创南木北上　搭建北方木业新都

如果说帮助木业与房地产业跨业联合，是跨业营销形成不同行业之间的高效组合；如果说协调木制建材下乡，是跨业营销沟通产品结构与市场需求之间的顺利对接；那么，"南木北上"工程，就是跨业营销帮助企业之间实现项目引资、产销规划、市场重心战略转移的一项战略对接工程。

我国木业企业的发展，长期以来一直是以南方地区为主导。例如"中国实木地板之都"的南浔、"实木复合地板之都"的嘉善、"中国强化木地板之都"的江苏横林、安吉"竹木地板之都"等等。这些地区商业意识发达，工业技术和设备领先，对于市场需求有敏锐的洞察力和很强的应变能力，也逐渐发展成为我国木地板行业的核心生产基地。

但在我国北方，木业发展和南方相比还存在很大的差距。虽然北方也有许多林产大省，但在商业运营意识和市场管理模式上都还比较落后，资金、设备、品牌等方面的平均水平要低于南方。

为了有效配置资源，利用北方丰富的林业资源，向北方引进南方先进的经营理念和资金设备，帮助北方木业企业快速发展，帮助南方木业企业更好地进入北方市场，在林产工业协会的协调组织下，中国跨业营销联盟再次组织专家力量，积极为实现"南木北上"工程而奔走。

随着新的"中国木门之都"和"中国木业之都"等区域特色经济集中开发设立，牡丹江等地必将成为北方木业发展的重点地带，此外，根据北方部分地区木业企业引进合作、引进投资、引进先进运营模式的需要，林产工业协会还特别率领南方一批具有资金和品牌实力的龙头企业组团考察。在延边，大自然地板、大卫地板、升达地板等就地板业与木门业的跨业整合进行了探讨和研究；在伊春，大自然地板和当地木业企业也在国际森林产品博览会上进行了探讨和洽谈。

五、地板品牌跨业营销需培育意识

想充分发挥出跨业营销的社会优势，仅凭少数企业的超前意识显然是不够的。从经济学角度来说，能够理解和运用跨业营销的企业越多，就越容易广泛搭建企业间科学合作的桥梁，跨业营销的社会经济效益就越能得到充分的发挥。因此，广泛在企业中培育和传播跨业营销的意识和知识，是推动企业大量走向合作发展的当务之急。

中国并不缺乏企业合作，但有的合作如昙花一现、有的企业甚至因合作而走向失败。外资刚入华的短短几年间，大批国内名牌产品在对外合作过程中被纷纷扼杀。引发了国人一片的"合作恐慌"。

但在跨业营销的案例中，却从未出现过这类问题。有的只是企业从小规模合作走向大规模合作，从短期合作走向长期合作，并不断涌现出更多的"金玉良缘"。这种成功不仅在同行业间开展，在跨行业中也如火如荼。大自然地板先后与满堂香集团、海尔集团等多家跨业企业缔结合约，并取得了良好的合作效益。

为什么同是合作，会产生如此之大的区别？

造成结果差异的，是企业合作意识上的差距。为此，跨业营销的第二步，在于培育企业的合作意识，希望能以此为企业制订长期发展战略做出规划。

这种培育的重点，在于让企业充分理解跨业营销的规律，从而能够以科学、务实的态度，为企业之间的合作制订合理的规划。如果说拥有跨业营销的视野，最大作用在于让企业清晰地了解到运用跨业营销的价值；那么，学习跨业营销思想，则是帮助企业树立明确合作目标、合作战略的基础。

合作意识对企业战略的影响究竟会有多大呢？共分为三个层次：一是简单合作关

系，通过短期合作，实现某个具体的利益目标；二是长期互惠关系，双方在各自现有条件的基础上，彼此发挥优势，与对方取长补短；三是战略合作关系，双方除了互补之外，还将明确一个共同的发展方向，并为此缔结合约，甚至形成专项投入，共同创造新的合作优势。这三个层次代表了三种合作意识，也体现了企业在开展跨业合作时可能采取的三种战略。

（一）培育视野：方向决定前途

跨业营销首先要有一个正确的发展方向，这将决定企业的前途。而拥有一个广阔的视野，恰恰又是企业看清未来发展方向的关键。

短短几年间，包括大自然地板、富得利地板、卡尔·凯旋木门等等在内，一家又一家的中国林业品牌相继导入了跨业营销战略。随着"大自然·海尔"、"富得利·张裕"等一个个成功合作案例的出现，跨业营销这个概念，在中国林产工业协会的倡导下，受到了越来越多中国林业企业的重视。

当今的营销理念成千上万，为何跨业营销能一枝独秀获得如此多企业的青睐？企业家们给出的回答是：跨业营销带来了一个新的视野！

培养企业的跨业营销意识，首先要做的，就是提升企业的眼界，让企业拥有一个宽广的视野。跨业营销的视野，首先可以帮助企业看清市场的需要，其次是可以让企业看透自身的优势与劣势，最后，可以为企业寻找与自己共同成长的伙伴。拥有了宽广的视野，企业才能明晰自身，选择正确的伙伴和发展方向，企业才能获得长期竞争于商海的能力。

只了解自己的企业，是盲目的企业；只看到今天的企业，是短视的企业。要赢得未来，就不能只看过去、只看自身，而是要能观天下，看全局，寻臂助，定宏图。针对现代商业的发展趋势，现代企业的专业化程度正在不断提升，但与此同时，作为每一个专业领域内的企业，其个体化程度也在不断加深。"大而全"客观上正在被"小而精"所取代，包括世界级的企业巨头在内，全球企业都在走向专精化发展的道路。在此趋势下，惟有通过"强强联合"，才能在保证专精的同时，取得整合优势。

因此，在培育企业跨业营销意识的过程中，首先要让企业感受到现代商业发展的宏观趋向，树立企业之间强强联合的意识，让企业感受到放宽视野，寻求协作的必要性；让企业能够站在更大的发展视野上思考自身前行的方向。只有这样，才能促成更多的企业主动寻求长远合作、为企业走向对话与共赢奠定基础。

（二）培育技巧：知识支撑实践

"知识技术和实践总结，是跨业营销的第三步，也是最重要的一步。"也是跨业营销落实于企业实践中最重要的一个环节。

视野决定方向，意识决定战略，而知识与技巧，则决定了企业能否将跨业营销转化为有效的实践活动。但可惜的是，目前，国内的跨业营销实践才刚刚起步，稀缺的专业人才队伍正成为制约跨业营销企业实践的一个关键因素。

如何培养人才，是跨业营销迫切需要解决的问题。

跨业营销人才不同于普通的理论性人才，首先需要丰富的企业经验、需要对市场有足够了解、需要对企业之间合作规律有一定的研究、更需要深入的实践经验……可以说，这是一个高度复合的人才。

如何培育跨业营销人才？这是一个摆在企业、专家之间的难题。由于只有企业家才能真正理解跨业营销的思想价值，导致了跨业营销理论很难通过学院式教育得到普及。因此，跨业营销目前的主要推广方式，还只能局限于通过举办论坛、学术交流活动等形式，针对企业家有侧重地进行宣传讲解。

六、建材下乡　跨业领航

2010 年 12 月 24 ~ 26 日，在国家部委相关部门的支持下，由中国林产工业协会率领的联合媒体团对浙江省建材下乡试点企业进行了全面考察。通过观察和总结，在试点筹备工作中先后有四家企业脱颖而出，受到了行业高度重视和肯定。在此，特以四家企业为范例提出总结和思考，以资广大企业借鉴参考。

（一）富得利：产业链系统服务深度惠农

在建材下乡的实施过程中，如何压缩成本，降低产品价格；如何推出适合农村不同地区、不同环境条件的产品规格；如何延伸服务网络，为广大农村地区提供完善的服务保障……这些都是企业所迫切关注的问题。浙江富得利木业有限公司通过产业链纵深与跨业合作相结合的方式，开创了一条产业链组合推广的新模式，通过"一链两册"（一链：橡木地板产供销网学研一体化产业链；两册：《橡木消费指南手册》，《建材下乡手册》）的精心策划，实施全面深度惠农。

在实现产业链纵深方面，富得利同时面向产业上下游进行了开发：一方面，富得利地板加大了在人工种植林方面的开发力度，从源头上种植人工林、增加种植量来缩减原材料成本。不但拓宽了原材料来源，也为农民增收、促进林业发展创造了良好的市场消化基础。

另一方面，富得利地板通过大力增强网点建设，在拓展地区服务范围的同时，大幅度提升了服务保障能力。据统计，在 2010 年 8 ~ 12 月间，富得利完成下乡网点改建123 处，其中新建网点 43 处。其中重点地区如江苏兴化、浙江诸暨分别新建 12 处和 6处网点，取得了极大的社会反响。

在实现原料、网点的企业资源建设的同时，富得利还从产业研发的角度，不断加大在科研领域的投入，形成由"产、供、销、网"向"学、研"的升级。通过与中国林业科学研究院木材研究所之间的无缝对接合作，富得利创建了中国林业科学研究院木材研究所橡木实验室。专门针对橡木领域产品的开发进行科研和实验，大量的研究工作为产品品类的丰富、产品品质的提升奠定了充分的科学依据，这也是国内首家以专项材料为研究重心的地板材料研发实验室。一切科学以人为本，在富得利的科研队伍中，还汇集了来自中国林业科学研究院、西北农林科技大学、浙江农林大学等多方面优秀人才，形成了独有的核心开发力量。所有这一切，都为富得利实现高速发展、走向橡木领域的领军之路奠定了坚实的基础。

在对内强化产业链纵深发展的同时,富得利还积极开展与家电行业的对外跨业合作,并着手研究筹备家电与地板的联合下乡合作活动。此外,为了进一步确保木制建材下乡试点工程的顺利运行,富得利地板还花费大量人力物力,在江苏兴化、浙江诸暨陆续启动了木制建材下乡宣传活动。宣传活动紧密配合林产工业协会指导的试点总方针,走在试点工作的前头,取得了良好的社会反应。目前,富得利在两地投放大型墙体宣传画300多幅,在18个乡镇和200多个行政村发放下乡宣传资料2万多份,收到了良好的反馈,接待咨询人数超过3 000人次。

在紧抓自身内外建设的同时,富得利还坚持"跨出企业看市场"的思想,站在行业高度,站在维护消费者权益的视角上,联合中国消费者协会、中国林产工业协会先推出了《栎木(橡木)地板消费指南》;之后又推出了由富得利主编的《橡木品鉴》。从文化角度进一步为产业的提升和普及创造先河。

产业纵深与跨业合作,有效拓宽了富得利地板的企业之路,也创造了"低价格、多品类、大范围、易服务"的下乡优势。通过产供销网学研一体化的复合发展,富得利地板创造出了更佳的经营优势,也为木地板企业"做大做强"树立了一个良好的榜样。

(二)"美梦"成真:美丽岛与梦天的跨业组合联手下乡

美丽岛地板与梦天木门是一对在各自行业领域都拥有较高知名度的企业,巧合的是,两家企业的距离还不到1千米。毗邻的地理位置不仅缩短了企业间的距离,也为彼此间开展跨业合作创造了更大的便利。通过科学的规划和精心的协调,一个"美梦成真"的组合在业内开创了跨业下乡的新思路,也为建材企业走向广大农村地区树立了一个先行的成功楷模。

渠道成本一直是木业企业零售扩张时的重要成本,不仅需要投入店面装修、人员等费用,还需要在宣传投放、售后、物流等方面长期维持投入。广大农村地区的购买力和人口密度都较城市小得多,这就导致了渠道建设成本成为企业下乡的一大障碍。

为了解决这一障碍,在仔细研究了彼此合作的各方面细节后,美丽岛地板与梦天木门采取了跨业营销模式,通过共享彼此的网点、共营产品的方式,将各自的终端店合并为一。一个店面,既卖地板也卖木门,既做销售也做维护。有促销一起搞,有活动一起做,不仅使彼此的店面成本直接减半,还通过产品组合优惠,提高了终端店对顾客的吸引力,收到了事半功倍的效果。不仅如此,在此基础上,两家企业还高度共享了物流、售后等资源,极大地减少了单店成本。

对于美丽岛与梦天来说,网点、渠道的资源共享和营销活动共同组织,实现了两大价值。一是成本价值。渠道共享和营销共担极大地降低了营销成本,由于双方产品不存在竞争冲突,因此在合作上水到渠成,在店面、活动、物流和售后等方面的成本得到了明显的节约。二是组合价值。通过产品组合,服务更加完善、产品配套和售后更加细致,整体上吸引了更多的顾客,赢得了更多商机。

"美梦成真"的组合其实体现了一个长期以来企业合作中所经常探讨的话题,也就是不同产品的企业之间如何整合的问题。这个问题虽然被众多企业所渴求和关注,但实际执行的却并不普遍。"美梦成真"的合作，将这一理想化为了现实。这其中既有企业间努力协调和共同创新的结果，也有行业协会在推行建材下乡行动中的促成因素。在建材下乡这个宏观背景下，美丽岛与梦天的创举无疑为其它建材企业节约网络渠道成本、快速有效地服务广大农村地区创造了一个值得借鉴的模式。

（三）大庄地板：走特色产业之路支持下乡

2010 世博会上，竹栈道、竹水吧，以及遍布在各个地区展馆内的竹地板、竹元素，不但充分体现了中国风情，也以低碳、环保、高性能等特征，在国际建材应用领域大放异彩。作为竹建材领域的高新技术开发者，浙江大庄实业有限公司受到了广泛的关注。同时，也成为了此次建材下乡活动中的首批试点单位之一。

竹产业作为一个新兴的林业行业，与传统建材行业相比具有很大的优势：和混凝土比，竹子的能耗仅为 1/8；和木材 25~30 年的成材期相比，竹子的成材期仅有 4~6 年。从环保和低碳的角度来衡量，竹建材无愧于当今最为绿色的主题。通过世博会的宣传展示，大庄竹地板获得了 2010 年的欧洲创新奖，这也是我国第一个获得此殊荣的地板企业。

在产品性能上，大庄竹材早在 2003 年就以其优异的表现赢得了全球的肯定。在当时欧洲最大的在建机场——西班牙马德里机场新航站楼屋顶的招标工程中，大庄竹建材经受住了 1 400℃高温在 1 厘米距离下长达 20 分钟的燃烧实验，以优异的抗火性能击败了欧洲众多老牌竞争对手。而在世博会的招标过程中，大庄地板再次以全物理加工、无污染、无化工、高耐磨、不变形等优异品质拔得头筹。

在谈到建材下乡行动的时候，大庄集团董事长林海对竹材应用前景表示了强大的信心："和传统建材相比，竹材有很多优势。一是材料生长周期短、易于取材、并且低碳环保；二是大庄拥有尖端的竹材加工技术，产品性能优异，寿命长、无污染、耐潮耐火耐磨，非常适合不同环境广泛使用。对于广大农村地区来说，竹建材将是一种经济、耐用、实惠、环保的选择，有着非常广阔的社会推广前景。"

坚持特色产业发展路线，将科技和低碳奉献给社会，大庄竹材用自身的产业发展之路，诠释了一条科技创新的发展路线，在引领低碳绿色的竹材经济上走出了一条成功之路。

建材下乡是一个惠及全国亿万农村家庭的行动，也需要各企业无私的奉献和创新。从浙江省的考察经验来看，富得利地板的产业链纵深发展和跨业发展、美丽岛地板与梦天木门的跨业营销合作、大庄竹材的特色科技创新都显示出了企业卓越的智慧和创造力，也为建材下乡健康推广创造了一条可持续发展的道路。希望他们的成功能够启迪更多的建材企业，进一步推动建材下乡的广泛开展，更好地为新农村建设服务。

七、跨业营销　五大营销推广工具模式

1. 跨业集团模式

在不同竞争主体间构筑联盟，通过协议、分工等形式对联盟内资源进行优化，提

升对外整体竞争力。在此基础上还可进行资源重心调整、新资源开发等。操作方式如成立企业团体组织、战略伙伴群，等等。

例如：由多个企业组成跨业合作同盟、OEM 合作伙伴等。

2. 区域核心模式

在具有较明显、集中的产业特色的区域内，可以实行基于区域宏观经济发展的跨业融合。同时利用区域优势吸引相关资源，进一步扩大区域对外的整体竞争力。操作方式如推行特色经济区、区域经济网等。

例如：中关村、硅谷、马连道等特色经济区。

3. 复合传播模式

在信息传播方面，跨业营销有两方面的运用，一种是在传播媒介上的跨业组合，如广告 + 新闻 + 事件 + 活动等；另一种是在信息发布主体上的跨业组合，如海尔、蒙牛共同组合宣传。针对不同的信息传播需求，进行媒介、主体等方面的有效配比，可以大幅提升信息传播效率。操作方式包括信息媒介整合、信息传播组合、复合信息策划传播等。

例一：利用不同信息传播方式，组合推广品牌。如高科技产品通过新闻、广告、活动、科普、社区宣传等方式进行各向传播。

例二：不同主体在同一信息中传播，如国美、海尔联手促销让利、IBM、INTEL 联手宣传等等。

4. 产业链接模式

建立以产业特色为主线的产业链发展，这主要是以产业上下游作为主体的，具有竞争专一性、成本集中性特征。操作方式如组织固定产业链、企业链等。

例如：原材料生产业、家电业、大卖场的组合、农产品生产基地、农产物流、菜市场、蔬菜／水果店的组合。

5. 资源组合模式

广泛利用社会各界资源，并建立以共同利益为核心的资源互动体系。如发掘政府资源、媒介资源等等。

例：企业引进 ISO 认证、FDA 认证等各种认证；获得国家免检、地区免检等；以及取得专业资质、特许等等。

跨业营销五大推广工具，将从不同侧面不同方式全面诠释和完善跨业营销体系，同时更将跨业营销事业推向更快、更强、更高！

八、门板牵手 跨业下乡

2010 年的建材下乡工程，是一项为农民送温暖的惠民工程，也是一次在金融危机影响下，行业间抱团合作，联手营销以共同消化产能的行动。从国内行业历史来看，此次行动是前所未有的，也诞生出了许多创举式的尝试。其中，在林产工业协会的带领下，大量木业企业以跨业营销的新形式开展合作成为了一个突出的亮点。通过梦天木门与美丽岛地板之间的合作，着重分析了木门与木地板企业之间的几种合作模式，希望能为同行业提供一些可借鉴的思路。

（一）顺天应时　利国利民

"建材下乡"是继"家电下乡"、"汽车下乡"之后，又一项被列入中央一号文件的惠民工程。8 月 21 日，随着建材下乡工程的正式启动，全国范围内以首批 14 家建材企业为代表，近百家企业先后加入到这次行动之中。

梦天木门和美丽岛地板作为浙江省的行业龙头代表企业，都在第一时间就迅速作出了反应。梦天木门在接到关于建材下乡行动的通知后，迅速成立了建材下乡领导小组，专门研究如何做好一系列组织工作；而美丽岛则迅速提出了下乡产品、下乡网点以及物流等方面的应对策略。通过快速部署配套产品和下乡网点，他们先后通过资质认定，均成为首批 14 家代表企业之一，高效的应对和高度负责的态度在引起了行业瞩目的同时，也为下乡工作的开展夯实了基础。

为什么如此重视建材下乡行动呢？在采访美丽岛和梦天木门时，两家企业表示的看法竟然惊人的相似：顺天应时，利国利民。

2010 年的建材市场受全球范围经济危机的影响，国内城镇消费整体有所减缓。从数据上看，虽然和国外相比还是乐观的，但无论是在消费总数还是在消费品类上都仍有明显下降。而另一个冲击则是房地产市场受政策影响较大，直接影响到了楼市购买力，也间接导致了建材消费的下降。种种危机，都对维持着庞大产能的中国建材企业产生了严苛的考验。而与此同时，农村对于建材的消费却尚未得到充分满足。

在梦天木门和美丽岛地板看来，建材下乡行动是一次促进产能消化，同时"试水"农村市场的良好契机。为了充分贯彻中央一号文件"惠农"的精神，他们更是紧密研究，通过"跨业营销"的方式，组合产品推出更为优惠的"惠农产品套餐"。通过跨业组合，梦天木门和美丽岛地板以共享客户资源、共享物流、共享网点等方式，极大地减少了销售成本，为农民推出了极其优惠的"跨业组合产品套餐"，让惠民价进一步落到了实处。

（二）行业首创　跨业并联

在分析农村市场时，专家曾指出：农村建材市场有三大瓶颈尚未得到解决。

一是符合农村需求特色的产品，农村与城市不同，除了对于产品价位、风格的喜好不同之外，产品消费理念乃至产品性能要求也不同。农村地区的户型有的潮气大、有的温差大……这些情况都会对产品有更为具体的要求。而目前国内建材企业绝大多数都是以满足城市消费为主，真正针对农村市场开发的产品少之又少。

二是物流，农村地区范围广，单位地区消费密度低。如何克服物流上的障碍，对于农村地区的销售和后勤服务来说都是个考验。

三是网点，网点是销售和服务的核心。只有广泛的网点才能真正帮助产品解决好销售和售后服务问题。

但是，任何一家企业想要解决这三个问题，都需要付出巨大的投资，也会带来经营成本的增加。在农村消费力还不如城市的情况下，从本已激烈的城市竞争中转战投资更大、收益更小的农村市场，任何企业都难以接受。

　　然而，美丽岛地板和梦天木门却通过运用跨业营销的方式，摸索出了一条解决之道。那就是跨业营销一体化。在山东的临沂、费县，在江苏的盐城、浙江的嘉善，梦天木门与美丽岛地板合作，先后建立起示范基地。通过基地来实现产品组合销售、物流和售后服务等等。同样的销售和服务效果，成本却直接减少了一半，这就为开拓农村市场、广泛建设农村营销渠道摸索出了一种可能。通过不同产品之间的跨业组合，既不影响各自的产品竞争力，也有效降低了企业成本。这种"跨业并联"式的扩张，赢得了行业专家的高度评价："这是一次创举，通过这个创举，我们看到了建材下乡的可行之路。梦天木门和美丽岛地板采取的跨业并联，对于降低成本、开拓农村市场来说，是一个良好的解决之道。"

（三）品牌扩张　高瞻远瞩

　　谁先占领市场，谁就拥有品牌话语权。

　　这是品牌经济颠扑不破的真理，也是决定企业品牌影响力的关键。

　　对于许多品牌来说，广大的中国农村地区还是一个尚未涉足的空白：前期进入成本大、利润回报低、风险大……这些都让企业观望不决。毕竟，和已经成熟的城市市场相比，农村市场还缺乏对企业足够的吸引力。

　　但美丽岛和梦天木门关注的，却是另一个高度上的问题：品牌扩张。

　　谁先抢占了第一品牌的宝座，谁就拥有更多的市场。虽然目前农村市场还不成熟，但美丽岛与梦天已经在未雨绸缪，考虑如何扩大品牌在农村市场的影响力。因此，在建材下乡行动的过程中，双方紧密结合，在跨业营销合作的基础上，达成了"五个统一"：统一产品组合；统一地域集中开发；统一布置终端门面；统一联手促销；统一开发下乡试点。

　　"五个统一"为农村消费者带来的，是更为完善的产品组合、更优惠的价格、更丰富的促销活动、更完善的网点服务，以及更为直观的品牌展示。通过联合行动，双方的品牌形象都以最小的成本得到了最大化的展现，品牌推广的效果也更上一个台阶。

　　农村，仍旧是中国最广阔的土地，拥有着大面积的市场和巨大的消费潜力。在农村树立品牌，对于任何一个企业来说都将是一个长远的规划。通过建材下乡的契机和跨业合作，梦天木门和美丽岛展开了一次绝佳的品牌配合推广。事实证明：1＋1的效果远大于2，成功的策划使合作双方都获益匪浅，也让两大品牌伴随着建材下乡，在农村市场闯出了更大的知名度。

　　在总结梦天木门与美丽岛的合作时，我们可以清楚地看到：跨业营销的运用，为双方实现彼此间的产品互补、资源互补起到了决定性的作用。不仅丰富了营销内容，也极大地减轻了在营销活动中，单个企业所要承担的风险和成本。他们开创的"跨业网点"模式，更成为行业关注的重点和学习的楷模。梦天木门与美丽岛用生动的实战合作，诠释了跨业营销的优势。

　　建材下乡，是开拓农村建材消费市场的一次有益的、利国利民的尝试；也为众多企业抱团合作带来了一次契机。梦天木门和美丽岛的成功跨业牵手，带来的是一种启示，它为叩开广阔的农村市场大门摸索出了一条新的道路。愿越来越多的企业能够领悟跨业规律，走向更大的天地。

九、南木北上　跨业营销

2010 年 9 月 28 日，在美丽的黄浦江畔、世博园城，2010 中国上海门业产业展览会隆重开幕。在这个中国门业盛会上，由中国林产工业协会提出的"南木北上"战略方针，以及众多木业巨头战略北上的新举措，再次引发了社会各界木业企业的广泛探讨，并由此引发了媒体对于中国林产业未来发展的密切关注。

在近两年的中国林产业发展过程中，我国林产业先后实现了三次跨越：从有规律、有计划的跨企合作、到全行业的联合行动、再到跨地区、跨资源的南木北上工程，三个阶段的整合战略层次一次次开创着中国林产行业复合发展的先河。通过不断的策划和实践，中国林产工业协会与跨业营销联盟一起，用鲜活的理念一次次完善着跨业发展的蓝图。下面，就让我们回顾中国林产业近年来的三次跨业飞越，盘点分析在跨业营销的背后，所显示的现代市场合作趋势。

（一）跨企合作的思考

企业之间的合作是最常见的市场现象，早在 20 世纪中叶，企业间合作就已经开始成为现代商业的主要合作方式。企业间的合作是跨业营销最常见的形式，它包括企业之间在产品、渠道、品牌、服务等方面的资源分享以及互惠互利。但它又完全等同于跨业营销，由于企业间合作的出发点、合作基础的不同，很多企业出于各种外界变动因素的影响，都是以短期合作、松散型合作为基础的。"利则合，不利则分"，彼此间是以利益互惠为主要基础，一旦寻求到更佳的利益结合点，就会放弃原有的合作关系，转而谋求其它合作。

从市场的角度来说，这种基于利益关系的合作无可厚非。但是，这种合作给企业相互之间的深入合作带来了很大的不确定性，甚至影响到了企业在彼此合作中的信任和投入。因此，后来才有了企业间的战略联盟、有了以协议、条约等形式进行的书面乃至法律约束。但从营销策划的根源来说，这都是由于合作的基础存在自发、无序性，才会导致合作的不稳定。

但随着时代的发展和跨业营销理论的出现，企业间的合作开始逐渐走向规律化、理论化，并形成一套完整的科学合作体系。

今年夏季，大自然与海尔、圣象与长虹，四大名企的地板与家电强强联合活动令人印象深刻。在看似巧合的背后，包含的是木地板行业与家电行业之间联合模式的科学策划。

家电与木业之间看似完全不同的产业，但实际关联性却很大。买地板往往意味着重新装修、意味着家电的重新购置，这种关联性使得地板与家电之间的联合既有实用性，也能寻求共同的家居消费文化。大自然与海尔正是通过这个共同点上的结合，将负离子零碳地板与低碳 LED 电视有机结合到了一起，形成了"绿色惠享"活动，借此将各自的品牌文化诠释到一起。无独有偶的是，圣象与长虹的联手也采取了类似的手法。这种合作，就是基于产业关联性的科学分析和策划，也正是跨业营销与自发无序合作的最大区别。

随着"南木北上"战略的提出，大自然地板再度携手华峰木门，就地板与木门之间在生产、经销等方面的合作展开了企业间的对话。为南北企业发挥各自优势谋求区位整合。

早在四大名企合作之前，就有过不少木业企业与其它行业之间的亲密接触。如大自然与满堂香以茶叶为合作点的绿色健康主题合作；再比如以"橡木生活"为主题的富得利地板与张裕葡萄酒之间的合作……通过一次次的创新与总结，林产工业协会与跨业联盟共同研究和摸索出了一套企业间合作的可行办法，最终为木业与其它行业之间的企业合作提供了大量可行、有效的方法。

（二）造就"产业航母"

如果说企业之间的两两联合是一种最基本、最常规的行为的话，那么，整个行业的大规模跨业合作则将这种联合推向了一个"航母时代"。随着现代商协会系统组织效率的提升，动员整个行业的力量，发挥集群优势开始成为可能。通过协会的组织力量，众多企业得以凝聚到一起，实现了高度整合的跨业合作。

这方面最有代表力的就是 2010 年下半年初启动的"全国木制建材下乡工程"。

"木制建材下乡工程"的启动，除了其响应国家惠农政策号召的背景之外，发挥决定性作用的，主要是协会的组织和领导。在中国林产工业协会的带动下，全行业近百家企业集结了上万种产品，在全国大范围地区实现了大规模、多品种、跨地区的联合活动。这种力量是企业个体所远远无法比拟的，是协会组织优势，集群引导能力的体现。

"航母"式合作，首先需要一个强大的领导机构作为载体，例如协会机构；其次需要全行业共同的积极参与。这种动员全行业力量的活动往往具有影响力大、互补性强、产品包容度高、品牌和行业凝聚力强等优势。马志伟在分析时认为：以协会为平台，发挥"枢纽"与"集群"功能，是未来大型跨业营销的基础。它必将对未来的产业格局和民族产业整体竞争力产生巨大的影响。

"下乡工程"的启动，标志着中国林产工业在跨业营销领域取得了重大进步，也为其它行业的集群化发展提供了成功经验。在未来的跨业协作中，商协会的组织领导作用将更显突出，并将通过组织"航母"式合作，为整个产业谋取到更大的利益。也从实质上推动了中国林产业的跨业营销水平走上更高的层次。

（三）"南木北上"优势谋发展

跨业营销要立足共同目标，寻求优势互补。无论是企业间的合作，还是全行业动员的整合，都是为了扩大优势，寻求更为有利的营销模式。那么，有没有更为紧密的方式，能够让优势资源最大化呢？

答案是肯定的，那就是互相融合、走向一体化的"合体营销"。

这一点，在林产工业协会近期提出的"南木北上"工程中，得到了最充分的演绎。

我国北方拥有丰富的林业资源，同时毗邻俄罗斯，还拥有大量的林业资源进口优势。而我国南方则拥有领先全国的木业品牌，不但拥有良好的技术、资金和实力，更重要的是拥有先进的营销理念。"南木北上"工程，正是为了将南方先进的营销理念与北方丰富的林业资源对接起来，实现南北优势的充分结合。因此，"南木北上"工程也被称作是"资源与理念的合作"、"制造与营销的合作"、"市场与品牌的合作"。通过优势的互补，实现更为灵活的、更具竞争力的稳定合作。

"南木北上"的启动，最需要的，就是对南北优势的挖掘和整合，这恰恰是跨业营销的专长领域。因此，研究南北跨业整合模式，就成为了"南木北上"过程中的关键一环。

由企业、跨业营销专家组成的考察团走访了延边、伊春等地区，就进口林木资源、东北林区资源、东北林产业加工环境等课题进行了认真细致的分析，最终形成了多套南木北上合作方案。为资源、资金、市场、经营理念、品牌文化等方面的融合寻找到了合作基础。在这个基础上，新的南北融合将打破企业实体等壁垒，用高度统一的资源和理念，构筑起优势互补的新木业基地。在细致的沟通下，一批南方木业代表企业对北上发展有了充足的信心，其中如浙江的大卫地板等经过考察，已与延边的晖春签署了初步的合作协议。

"优势跨业"，将是中国林产业发展过程中的又一个亮点。它的出现，提升了林业跨业的层次，拓展了跨业合作的地理广度，打造了一个南北优势结合的互补平台，并最终开创了一个"南木北上"的发展大趋势。

伴随着中国林产业发展的步伐，跨业营销理论也在实践中得到了不断完善和成熟，也体现出了营销理论与产业发展互相促进、互相影响的良性循环。中国林产业跨业营销的战略三部曲，不仅唱响了林业企业新营销时代的乐章，更重要的是，这个过程涌现了大量成功而生动的案例，为各行业借鉴学习提供了依据。

十、地板跨业营销：携手跨业 创新未来

2010 年 7 月，大自然地板与海尔集团、圣象地板与长虹集团相继宣布签署跨业营销合作盟约，并迅速推出了相应的新一轮市场营销策略。

同一时间、四大名企连续签约，迅速引起了社会的广泛关注。很多人都发出疑问：为什么这一切发生得如此突然？巧合的背后，是偶然还是有规律的策划？

在四大名企本次的对外活动宣传和营销方式上，我们看到了惊人的相似：两对组合都以"绿色、环保、节能、健康"为营销主题；都采取了"买地板送彩电"的促销方式；都以实惠消费者为目的……这种高度的近似不禁让人联想到：地板与家电的嫁接，是否会形成一个新的营销定式？

这里，将用"跨业营销"的思想来解读这个问题，以此献礼林业产业行业的年度盛会——"博鳌论坛"。

（一）名企跨业合作的背后

寻找与其它行业的强强合作，是现代企业巧妙提升自身竞争力的一个有效方法。"跨业营销"的价值，就是帮我们在不同类型的企业之间，寻找可以结合的互补优势，并通过科学的组合，使互补的优势形成合力，从而获得更强的整体竞争力。

大自然与海尔、圣象与长虹之间的合作，其实都是通过"跨业营销"思想来策划和实施的。在策划这两个行业的对接时，我们首先要看到"地板和电视都是家居生活的一部分"，这是双方合作的需求基础；其次，我们发现高新技术产品都在追求健康、绿色、节能、环保，这是双方合作的诉求基础；最后我们发现：地板和电视都需要好的促销主题，这是双方合作的契机基础。在这三个基础上，完全可以顺畅地实施跨业营销组合。由此，大自然与海尔、圣象与长虹顺利实施了跨业合作，实现了"共享卖场、共享品牌、共塑形象、共促销售"的目的。这体现了跨业营销理论长期以来一直倡导的"供需对接、资源整合、优势互补、共创共赢"的理念，使两个"门当户对"的品牌，将差异特性与优势特征有效组合，实现了完美的整合价值。为地板与家电两大行业探索共赢之路、寻求有效的跨业结合竖起了鲜明的旗帜，起到了先锋的作用，受到了业内的广泛关注和思考。

跨业营销进入地板行业其实早已有过先例：2003 年，大自然地板就和满堂香集团进行过"板茶结奇缘"的跨业营销合作，并通过茶叶绿色、健康的形象，为塑造地板品牌形象发挥了作用，实现了树干和树叶的完美对话。此后，富得利地板与张裕也以橡木为媒，打造出了地板与美酒之间的一段"板酒结橡缘"的佳话。还有今年 4 月刚刚开启的广东润城创展和茶界铁观音大王华祥苑的"门茶开新道"的工程，这些案例的成功，充分显示出了跨业营销理论在地板行业的实践价值。

（二）如何寻求跨业合作

很多人都觉得：跨业之间很难合作，最大的困难就是找不到合作的感觉。其实我们大可不必为此发愁。每个企业都有极为丰富的企业资源，比如品牌形象、比如产品、比如服务、比如渠道、比如文化底蕴等等，在这些资源中，仔细分析寻找出结合点并不难。

真正困难的是：如何打造一个稳定、有效的长期跨业合作体系，使跨业营销能够时时刻刻为企业服务，使伙伴的资源真正转化为企业自身的优势。要做到这一步，仅有跨业意识和伙伴信任是不够的，不遵循规律、不掌握技巧，光讲道理，是很难成功的。

十一、"茶点共飘香"实战分析

（一）合作双方

北京稻香村食品有限公司

北京满堂香茶叶有限公司

（二）合作基础

1. 产品互补

稻香村的品牌主要由双方面构成。一是以糕点为主打的品牌产品，二是以服务好、质量好、诚信经营构成的零售业品牌形象。可以说，稻香村既是一个产品品牌，也是一个零售业品牌。

然而，稻香村作为一个信誉卓著的零售业品牌，需要的是大量而丰富的高品质、多种类产品。单凭稻香村自身的产品品种，是不足以全面满足消费者要求的。这就要求稻香村与众多名牌企业联姻，实现名优产品对接。出于对消费者的负责和对企业品牌的保障，稻香村在选择合作企业时从品质、质量、信誉等方面进行考核，标准要求较高。所有这一切，都是稻香村选择满堂香这一茶叶知名品牌进行合作的理由。

另一方面，满堂香作为一家产供销一条龙的大型茶叶企业，在茶叶品种、品质、品类上都具有全面的资源和产品优势，其良好的品牌信誉和完善的服务体系也是入选稻香村的重要理由。

我们可以分析得出结论，主要产品互补理由如下：

稻香村作为零售品牌需要种类丰富的高品质产品。由于自身的产品品种不足，所以需要引进众多符合标准的优秀产品丰富店面	满堂香拥有丰富的茶叶品种、良好的产品品质、完善的服务体系、稳定的企业品牌信誉。能够充分保证稻香村的产品丰富和信誉要求	双方结合： 稻香村得到了质量、信誉可靠、产品种类丰富的茶叶产品

目前，通过这种互补，稻香村已引进满堂香茶叶品种，缩减进店品牌管理、进店产品品质管理、品牌风险等方面成本。同时，茶叶产品品种比原先丰富程度提高，产品销售成本下降，总体经济效益提高。

2. 渠道互补

满堂香作为一家以茶产品特色为主的企业，其特征是产品倾向性集中，垂直性经营特征明显。从成本控制和产品竞争上具有良好的竞争力，但营销优势相对较小，并未形成销售业品牌。如果说稻香村是产品与零售业双品牌的话，满堂香只能说尚处于产品型品牌阶段，销售渠道上还处于起步阶段。

在这种形式下，借助成熟的销售渠道、借助零售品牌的推广进行销售显然比花大成本自己做营销推广要省力得多。与稻香村的合作大大缩减了满堂香销售成本，也是多数产品性企业最为效率的营销方式。

渠道互补理由如下：

满堂香自身销售渠道尚不成熟，其产品链的集中和单一特征也不利于建设单体销售渠道	稻香村渠道成熟、销售能力强；同时营销理念丰富，可营销产品面广	双方结合： 满堂香既获得了丰富的渠道，又缩减了营销成本。并获得了基于稻香村品牌之上的丰富客流

3. 品牌互补

稻香村：历史悠久的糕点品牌、信誉卓著的零售品牌，中华老字号企业

满堂香：茶叶领域的专业品牌

对于稻香村来说，引进各名牌可以提升其作为零售品牌的整体形象。事实上，多年来稻香村在零售业方面的品牌形象积累和提升也正是基于"强强联合、高水平起步"的基础上的。与各领域专业品牌的联合是对稻香村品牌的稳定和提升，因此，稻香村需要满堂香这样拥有雄厚实力的专业品牌作为自身品牌的有力支撑。

对于需要大力发展市场并力求"效率最大化"的满堂香来说，稻香村拥有的零售品牌不但是对销售的强力支持，同时也可以达到品牌促益，辅助提升自身品牌的作用。顾客普遍会认为"名店销售的产品，一般都是有实力的名优产品"。

品牌之间的结合互补是商业内很普遍的现象，比如各大商场需要名牌产品彰显商场档次，名牌产品需要商场提升品牌形象等等，这些都是品牌互补的具象化表现。

4. 资源互补

产品资源、渠道资源、品牌资源上面已经介绍过了，下面主要从双方拥有的其它资源优势来分析：

稻香村拥有食品开发、生产、销售等环节的生产资源优势；满堂香拥有原料基地、茶领域专业研发、加工等优势。

稻香村拥有中华老字号文化、百年老号等品牌文化优势；满堂香拥有茶街老字号、茶文化营销平台等品牌文化优势。

稻香村和满堂香都拥有产供销一条龙的能力，在各环节都可以开展合作。

从这些资源状况分析，稻香村与满堂香可以展开合作的领域还有很多。例如茶类食品的开发(满堂香原料优势、茶产品开发优势、稻香村食品开发优势)；文化合作营销优势(中华食文化、糕点文化、茶文化)；捆绑销售模式(茶+月饼捆绑销售、茶点+熟食礼包捆绑销售)等等

这些优势都可以成为双方未来长期合作中的竞争性战略方向，利用各种资源、各种环节的合作，双方都可以获得$1+1>2$的提升。

5. 跨业分析

稻香村与满堂香的整合实际上是不同种属产品、零售业与商品制造业之间的整合。由于都属于食品范畴，因此结合的共同点相对较多；但由于双方利益点并不重合，各自竞争的侧重也不同，因此合力空间较大。

虽然双方都有完善的产销体系，但由于产销体系的方向侧重不同，因此不存在利

益冲突点，并可通过不同取向的组合，弥补各自的竞争缺漏。

十二、跨业展会 共创多赢

进入阳春三月，别墅展、木门展、地板展陆续在北京、上海隆重开幕。2011 年林产工业的三大展会缤纷闪亮登场，令人应接不暇。"别墅＋豪门"跨业展会奢华无限，"南门北上＋北门南下"跨业论坛南北论剑剑指南北，一系列突破了原始单一的新品牌模式让人耳目一新。

展会前跨业招商，展会中品牌对接跨业论坛，展会后跨业塑形。整合产品、捆绑销售、互相融合、概念固化，其中蕴含的深意引发了人们对跨业营销模式的思考，同时也开启了 2011 年展会经济的跨业营销升位年。

短短几年间，包括圣象地板、大自然地板、世友地板、久盛地板、富得利地板、大卫地板等等在内，一家又一家的中国林业品牌相继导入了跨业营销战略。特别是从富得利地板与张裕酒业"橡木生活"，大自然地板与海尔电器"惠享生活"、圣象地板与长虹彩电的跨业营销的成功合作，到企业领导带领的南北地板、木门企业在协会的领导下跨业考察，再到梦天木门打造首个"美梦成真跨业营销模式"，在中国林产工业协会大力支持下，以及中国跨业联盟研究院的积极倡导下，受到了越来越多中国林业企业的高度重视。

进入 2011 年 3 月以来，三大展会、三大论坛、三大跨业模式陆续登场、火热开展，"展会跨业经济"这个新名词越来越频繁提及，这一大亮点的出现，标志着企业之间将突破的单一跨业，迎来跨业经济营销的新时代。

（一）会展前：未雨绸缪 跨业招商

随着几年经济的飞速发展，特别是在金融危机之后，国家层面提出的"抱团取暖"后，在中国市场上越来越多的企业加入到"跨业营销"的行列中，想要从竞争激烈的行业中脱颖而出。跨业背后，蕴含着无穷的商业价值，用不同方式实施着"竞合理念"，展开全社会的立体合作、立体发展、立体前进。

3 月 1 日，第二届地板大会在北京农展馆拉开帷幕，知名门品牌达尔芬奇鹤立其中，展台前吸引了不少的游客。究其原因，在于会前、会中达尔芬奇木门新跨业营销模式给人带来的惊喜。

所谓惊喜，意在未雨绸缪。在展会召开之前，商家就特意策划了这样的模式——根据甲乙双方上下游的需求，招商中进行品牌对接，打造新的营销模式。

在招商前，达尔芬奇木门的决策者就有意把跨业作为思考的前提，不仅要做普通的木门，更要打造独一无二的豪门，用什么来配豪门呢，毋庸置疑，那就是别墅！

参与展会，并不单单从豪门出发又多了一份功能，以及独到的捆绑模式令人耳目一新。

这一策略得到了众多人的认可，捆绑的模式也带给人们特别多的期待，于是就出现了达尔芬奇木门"别墅＋豪门"的跨业营销模式。

在地板行业，达尔芬奇木门并不是先行者，对于圣象地板、自然地板、世友地板、久盛地板、富得利地板、大卫地板等也早已尝试过类似的营销模式，这种新型方式早已突破了所谓的"垂直型"（即在同一产业中，向上下游行业发展）、"水平型"（指同一行业环节中，向不同产业进行扩展），进入了"立体型"（企业联盟之间的联合）的发展模式。而各类展会则强化了"品牌的上下游跨业"，至少起到了给品牌企业打气和固化的作用。

（二）会展中：搭建平台　跨业论坛

展前的精心策划模式得到了实现，会展中的跨业论坛又给了人更新的启示。

我国木业企业一直以南方为主导，如"中国实木地板之都"南浔、"中国强化木地板之都"横林。北方虽然也有许多林产大省，但商业运营意识和市场管理模式还比较落后，资金、设备、品牌等方面要低于南方。

在这次高峰论坛中，邬成佳提到，根据供需的要求，通过"南板北上、北门南下"的方式，通过论坛的平台力量，北方将丰富的林业资源，引进南方先进的经营理念和资金设备，帮助北方木业企业快速发展，同时帮助南方木业企业更好地进入北方市场，打造跨业营销模式。

"南北跨业工程"，就是跨业营销帮助企业之间实现项目引资、产销规划、市场重心战略转移的一项战略对接工程。"一门飞架南北，跨业变通途"，这次南北高峰对话，实现了"一个跨业沟通南北"的品牌＋特色服务模式，开创南木北上、搭建北方木业新都，更是深化了论坛的主题。

3月21日，2011世界地板大会第十三届中国国际地面材料及铺装技术展览会"南北跨业营销"高峰论坛在上海国际展览中心举行，让"南北对接"概念又一次得到加强。在南北精英对话中，由林产工业协会顾问张森林精彩主持，北派的辽宁家具协会的祖树武副会长真诚地向南方市场提出分享北方果实的邀请，曾志文总裁也热推他的美丽岛地板与梦天木门在建材下乡活动中首个打造的跨业营销模式，发表了全面推动"南板北上，北门南下"的发展趋势的对话。

一系列的跨业交流的方式，一对对的跨业的典范，一个个成功的模式，为两地木业的合作建立了良好的沟通。也为"南板北上、北门南下、引资立项、跨业整合、共创共赢"的发展模式奠定了务实的基础。相信在不久的将来，南北方市场能够更顺畅地交流融合。

（三）会展后：深度交流　跨业塑形

会展后是一个落地执行的关键步骤，一切都在为这个完美的结果定义。

展会论坛交流是一个平台，有对话还需行动，品牌塑形尤为重要。如何同地方门业友好地对接？相互是融合还是敌对？论坛过后，各方约定交流定型后，深入会展工作，按需求组织进行考察。这意味着论坛的召开并不是交流的停止，而是趁热打铁，将论坛的血肉强化塑形，使得利益最大化。

这种力量，必将伴随产业走向更高层次的发展，为行业创新与整合发挥巨大的作用。跨业论坛也将渐渐以一种新的模式出现，并且发扬光大，使得行业与行业间涌现出更多的"门当户对、金玉良缘"跨业营销典范，不断地创造着经济价值和社会价值。

近几年，特别是今年，无论是当下的展会经济跨业，还是企业间和产业间的跨业，一次次成功的跨业高峰论坛，它开启了跨业营销模式的开发与思考，将会是跨业最好的平台，也是企业家的最好舞台！

从展前跨业招商，展中论坛搭建平台，展后的跨业塑形，强化实施，诠释着跨业营销的十六字真经：供需对接、资源整合、优势互补、共创共赢。

跨业营销，经过多年的苦苦思考和完善发展，从 2010 年跨业元年正式拉开大幕。无论是企业之间的跨业、行业之间的跨业、产业之间的跨业，都为今春三月"一年之计在于春"的三大展会上全面提升提速携手跨业会展、精彩展会跨业论坛、真诚品牌跨业对接打下了夯实的根基，锁定目标开启新的征程。我们相信 2011 在商界将多出一个非常耀眼的关键词"跨业营销"。

第五部分 附　录

　　按：本部分收录了 2007～2011 年度中国林业产业大事记、中国林产品市场跨业营销事件大盘点、中国林业采购经理指数网络系统使用手册、《中国林业产业重大问题调查研究报告》(2008～2011 年) 目录，以方便读者查阅。

2007～2011年中国林业产业大事记

《中国绿色时报》产业编辑部 《中国林业产业网》编辑部

编者按：最近五年是中国林业产业发展最快的五年。编者依据登载在《中国绿色时报》和《中国林业产业网》有关新闻报道，摘编了《2007～2011年中国林业产业大事记》，以供参考。

2007年

1月11日，国家林业局、中国石油天然气股份有限公司在北京举行联席会议暨框架协议签字仪式，就发展林业生物质能源开展全方位合作。

1月12日，全国林业产业工作会议、中国林业产业协会成立大会、2007中国国际林业博览会筹备工作组第一次联席会议召开。雷加富副局长主持。

1月28日，由中国林业产业协会、中国消费者协会等单位在北京联合举行《中国竹地板消费白皮书》新闻发布会。

3月21日，中国林业产业协会等单位在北京联合举办首届林业产业发展与人才开发论坛暨2007年全国林业院校毕业生供需洽谈会。

4月6日，国家林业局与中国粮油食品（集团）有限公司在北京举行合作框架协议签字仪式，共同发展林业生物质能源。

5月11日，国家林业局局长贾治邦为中国林业产业协会题词"加快产业发展，促进生态建设，繁荣森林文化"，同时为《中国林业产业》杂志题写刊名。

7月3日，国家林业局委托中国林业产业协会筹备森林认证机构。

7月20日，贾治邦局长主持中国林业产业协会第一届理事长（扩大）办公会议，讨论全国林业产业大会筹备事宜。

8月14日，国家林业局、国家发展改革委、财政部、商务部、国家税务总局、中国银监会、中国证监会七部门联合印发《林业产业政策要点》（林计发〔2007〕173号）。

8月16日，由国家林业局和黑龙江省人民政府共同主办的中国（牡丹江）木业博览会在牡丹江开幕。

8月20日，全国林业产业大会暨中国林业产业协会成立大会在浙江杭州召开。中共中央政治局委员、国务院副总理回良玉为大会发来贺信。全国政协副主席、中国林业产业协会名誉会长王忠禹出席大会并作重要讲话。会上颁布了新中国成立后首部《中国林业产业要点》。贾治邦等局领导和高德占等老领导出席。

8月27日，国家林业局、商务部联合编制的《中国企业境外可持续森林培育指南》正式发布。

10月26日，由国家林业局、浙江省人民政府主办的"2007中国(安吉)竹文化节"在浙江省安吉县开幕。张建龙副局长出席。

12月12~13日，中美第三次战略经济对话在北京举行。祝列克局长出席。

12月20日，2007中国国际林业博览会在北京开幕。贾庆林、回良玉等中央领导和贾治邦等局领导出席。

2008 年

1月15日，贾治邦局长主持中国林业产业协会第二次会长办公会议，研究林业产业重大问题调研工作。

1月21日，2008年度中国林业产业信息服务座谈会暨《中国林业产业》杂志编委会在北京召开。雷加富副局长讲话。

2月2日，国家林业局与联合国开发计划署、世界自然基金会、中国科技馆在北京举行第12个"世界湿地日"庆祝活动。

2月26日，国家林业局、中国科学院、国家环保总局协调合作，并组织国内数百名专家历时5年完成的《中国植物保护战略》中英文本正式对外公布。

3月5日，中国林业产业协会与法国跨地区林业协会(APIB)签署合作谅解备忘录。

3月24日，国家林业局以林护发〔2008〕63号印发《促进野生动植物资源和自然保护区生态系统灾后恢复的指导意见》。

3月31日，中共中央政治局委员、国务院副总理回良玉听取了国家林业局局长贾治邦、副局长李育材关于当前林业重点工作情况的汇报。

4月，中国林业产业协会成立了重大课题调研小组，确定了30个林业产业重点调研课题。

5月，中国林业产业协会和中国绿化基金会一起为汶川地震灾区募捐3 000多万元。

5月12日，国家林业局与世界银行在北京联合召开中国木材安全与林产品贸易全球化国际研讨会。

6月2日，中国林业产业协会在北京举办林业产业如何面对国际贸易争端专题论坛。

6 月 10 日，中国林业产业协会在北京钓鱼台国宾馆举办中国林业产业投资与发展高峰论坛。贾治邦局长出席。

6 月 13 日，中国国家林业局、美国国务院和贸易代表办公室联合举办的中美打击非法采伐及相关贸易双边论坛第一次会议在美国华盛顿召开。祝列克副局长出席。

6 月 26 日，中国林业产业协会在海南省海口市举办绿色承诺——中国纸业可持续发展论坛。王志宝老部长出席。

7 月 1 日，国家林业局副局长祝列克在北京会见美国助理国务卿麦克默里，双方就中美能源和环境 10 年合作框架下开展自然保护区和湿地生态系统保护合作事宜进行了磋商。

8 月 22 日，国家林业局发布 2008 年第 12 号公告，决定将岑软 2 号等 29 个油茶品种和认定通过的湘林 51 等 3 个油茶品种确定为林木良种使用。

8 月 27 日，中国(牡丹江)—俄罗斯(远东)国际木业博览会在黑龙江绥芬河市举办。张建龙副局长出席。

9 月 11 ~ 12 日，全国油茶产业发展现场会在湖南省长沙市召开。回良玉副总理和贾治邦等局领导出席。

9 月 18 ~ 20 日，国家林业局和安徽省人民政府、德国复兴发展银行主办的森林可持续经营国际会议在安徽省黄山市举行。

9 月 19 ~ 22 日，国家林业局和山东省人民政府主办的中国林产品交易会在山东省菏泽市举行。李育材副局长出席。

9 月 21 日，首届中国枣业大会暨第一届国际枣属植物研讨会在河北省保定市举行。

9 月 22 ~ 23 日，全国国有林场森林经营研讨会在山东省淄博市举行。国家林业局副局长张建龙出席。

9 月 25 日，中国密云国际板栗文化节暨第四届国际板栗学术会在北京密云举行。李育材副局长出席。

9 月 28 日，第八届中原花木交易博览会在河南许昌开幕。

10 月 21 日，中林天合森林认证中心与美国沃尔玛公司签订《环境可持续发展合作谅解备忘录》。

10 月 31 日，首届中国义乌(国际)森林产品博览会在浙江义乌举办。张建龙副局长出席。

11 月 6 日，福建三明第四届海峡两岸林业博览会在福建举办。祝列克副局长出席。

11 月 10 日，国家林业局委托中国林业产业协会牵头组织《中国林业产业振兴规划》起草组成立。

11 月 29 日，全国松香、矿产业品牌发展研讨会在广东省怀集县召开。

11月29日，国家林业局人才交流中心和中国林业产业协会等单位联合在北京举行中国林业产业发展与人才开发论坛。

12月2日，中国林业产业协会举办的全国板材出口退税政策调整问题座谈会在山东临沂召开。

12月6日，国家林业局和美国国务院、贸易代表办公室共同举办的木材和木材产品贸易政策国际研讨会在北京召开。

12月16日，国家林业局和北京市人民政府共同举办的林业碳汇与生物质能源国际研讨会在北京开幕。

12月22日，全球金融风暴对中国林业产业的影响与对策研讨会在北京召开。

2009 年

1月8日，贾治邦主持中国林业产业协会第三次会长办公会议重点研究林业产业应对国际金融危机问题。

2月26日，我国林业首个知识产权联盟——南林竹产业知识产权联盟，在浙江安吉成立。

3月5日，中国林业产业协会致函全国人大提案委员会关于林产品"即征即退"税收政策问题。

3月23日，国务院办公厅以国办发〔2009〕29号印发《国务院办公厅关于转发林业局等部门省级政府防沙治沙目标责任考核办法的通知》。

4月2日，中国林业产业协会举办中国林业产业如何应对国际金融危机高层论坛。贾治邦局长发来贺信。

4月14日，国家林业局局长贾治邦在北京会见澳大利亚农业、渔业和林业部部长托尼·伯克一行。双方探讨了在森林认证、林产品贸易、打击非法采伐等方面的深入合作，并就亚太森林恢复与可持续管理网络的运作和发展交换了意见。

4月15日，国家林业局决定成立油茶产业发展办公室。

4月20日，中国林业产业协会和中国林产工业协会在辽宁鞍山共同举行2009中国林产工业振兴论坛。

4月28日，国家认监委正式批复中国林业产业协会，同意设立森林认证中心。

5月7日，第六届中国城市森林论坛在杭州市召开。

5月22日，国家林业局局长贾治邦在北京与伊拉克湖泊林业（湿地）事务部国务部长哈桑·拉迪签署《中华人民共和国国家林业局和伊拉克湖泊林业（湿地）事务部关于湿地合作的协议》。

6月9日，中国林业产业协会在北京举行白皮松产业发展问题研讨会。

6月18日，国家林业局发布2009年第4号公告，发布《林地分类》等58项林业行业标准。

7月12日，第二十三届国际保护生物学大会在北京开幕。贾治邦局长出席。

8月21日，国家林业局局长贾治邦与日本农林水产省林野厅长官岛田泰助率领的日本林业代表团举行第五次高层定期会晤。

8月23~24日，国家林业局、黑龙江省人民政府主办的2009东北亚地区森林生态保护(伊春)论坛在黑龙江省伊春市举办。

9月，中国林业产业协会主办的中国林业产业网正式投入运营。

9月19日，国家林业局和山东省人民政府共同主办的中国林产品交易会在山东省菏泽市中国林展馆开幕。

9月26日，第七届中国花卉博览会开幕式在北京展区和山东展区同时举行。

9月28日，国家林业局发布2009年第5号公告，公布象牙制品实行中国野生动物经营利用管理专用标识制度。

10月29日，国家林业局、国家发展改革委、财政部、商务部、国家税务总局联合印发《林业产业振兴规划(2010~2012年)》。

10月30日，国家林业局副局长张建龙与澳大利亚农林渔业部副秘书长戴瑞·奎利文在悉尼签署中澳政府间《关于打击非法采伐及相关贸易支持森林可持续经营的谅解备忘录》。

10月31日至11月3日，第二届全国林业产业大会暨2009义乌国际森博会分别在江苏邳州和浙江义乌召开。全国政协副主席张梅颖和贾治邦、祝列克、印红等局领导出席。

11月1日，2009中国木(竹)雕展暨优秀作品及金雕手评选活动在浙江省义乌市举行。

11月9日，全国油茶产业发展现场会在江西召开。贾治邦局长出席。国家发展改革委、财政部、国家林业局联合发布《全国油茶产业发展规划(2009~2020年)》。

11月10日，经国家认监委批准，国家林业局委托中国林业产业协会筹建的中林天合森林认证中心正式成立。

11月16日，深圳燕加隆实业有限公司胜诉德国"临时禁止令"，这是燕加隆公司地板锁扣"一拍即合"技术继2007年胜诉"美国337调查"后，再一次成为胜诉德国临时禁止令的中国地板企业。

11月23日，中国林业产权交易所在北京揭牌运营。国家林业局局长贾治邦、北京市市长郭金龙共同为交易所揭牌，国家林业局副局长张建龙、北京市常务副市长吉林致辞。

11月28日，中国林业产业协会、中国林学会、国家林业局经济发展研究中心、中国林业科学研究院、中国绿色时报社等单位在北京举行柏广新林木市场成熟理论与森林可持续经营研讨会。

12月29日，中国林业产业协会在钓鱼台国宾馆举办中国林业企业国际维权问题研讨会。贾治邦、孙扎根等局领导出席。

2010年

1月19日，国家林业局与中信集团公司签署战略合作协议。双方将以林业产业开发、区域生态建设、林业金融服务等为主要合作内容，在合作建设森林公园、湿地公园以及林产品特色产业基地；培育、保护和利用森林、湿地资源；发挥中信金融业务的优势，配合集体林权制度改革，为林农在林业流转中提供相应的金融服务等方面展开合作。

1月25日，祝列克副局长主持在湖北召开全国林业产业"十二五"规划编制暨林业产业信息交流座谈会，委托中国林业产业协会承担林业产业规划的起草工作。

3月13~25日，国家林业局副局长印红率团出席在卡塔尔多哈举行的《濒危野生动植物种国际贸易公约》第十五届缔约国大会。

3月20日，第十届亚太兰花大会暨第二十届中国兰花博览会在重庆开幕。

3月23日，2010世界地板大会在上海举办，李育材副局长出席。

4月15日，第九届中国国际门业展览会在北京主办。王志宝老部长出席。

5月26日，中国林业产业协会组织的中国地板行业服务年暨第二届全国地板"超级店员"大赛在京启动。

6月9日，国务院总理温家宝主持召开国务院常务会议，审议并原则通过《全国林地保护利用规划纲要(2010~2020年)》。

6月12日，中国林业产业协会举办中国地板专利联盟启动仪式暨中国地板知识产权高峰论坛。

6月18日，国家林业局和中国林业产业协会等主办的中国生物产业大会在山东举办。

8月21日，中国林业产业联合会和中国林产工业协会正式启动全国木制建材下乡试点工作，首批14家试点企业签署《自律公约》。

8月27日，中国林业产业协会在黑龙江召开林业产业信息协调会。

9月15日，国家林业局副局长印红和印度尼西亚林业部部长祖尔基夫里哈桑在北京签署《中华人民共和国国家林业局与印度尼西亚共和国林业部关于林业领域合作的谅解备忘录》。

9月26日至10月5日，第二届中国绿化博览会在河南省郑州绿博园举办。

9月27日，全国油茶产业发展现场会在湖南省耒阳市召开。

9 月 30 日，中国上海门业产业展览会在上海开展。李育材副局长出席。

10 月 10 日，中国林业产业联合会和中国林产工业协会共同在陕西召开人造板行业可持续发展国际研讨会，研究"即征即退"税收政策延续问题。

10 月 29 日，首届中国(铁岭)榛子节在辽宁省铁岭市举办。

10 月 30 日，中国林业产业协会和中国林产工业协会共同在江苏常州召开中国(横林)地板产业发展研讨会。

10 月 27 日，2010 中国碳汇林业与低碳经济发展高峰论坛在浙江省临安市举行。

11 月 1 日，中国林业产业协会受托主办"中国林业产业突出贡献奖"和"中国林业产业科技创新奖"评选工作。

11 月 1～4 日，国家林业局和浙江省人民政府共同主办的第三届中国义乌森林产品博览会在浙江省义乌市举办。全国政协副主席白立忱、国家林业局副局长祝列克等领导出席。

11 月 5 日，中国林业产业联合会和中国林产工业协会联合在福建召开全国林业龙头企业高层峰会。

11 月 6～9 日，国家林业局与福建省人民政府共同举办的第六届海峡两岸林业博览会暨投资贸易洽谈会在福建省三明市举办。

11 月 7～9 日，2010 中国合肥苗木交易大会在安徽省合肥市肥西县开幕。

11 月 20 日，中国林业产业协会和中国林产工业协会共同发布《中国林业企业社会责任报告》。

11 月 21 日，中国地板行业辉煌十五年大会在北京举办，表彰了 15 年来对中国地板行业发展作出突出贡献的先进个人。

11 月 21 日，《中国木地板行业服务规范》、《常用实木鉴别手册—地板卷》、《木地板使用说明书》、《三层实木复合地板产业调研报告》、《地板渠道终端调查报告》等发布。

12 月 16 日，国家林业局人才交流中心、中国林业产业协会等单位在北京共同举办第五届中国林业产业发展与人才开发论坛。

12 月 30 日，《中国林业信息化发展报告 2010》由中国林业出版社出版。这是首部中国林业信息化发展年度报告。

2011 年

1 月 4 日，中国森林认证中心与伊春签署全区域认证协议。张永利副局长出席。

1 月 5 日，中国林业产业协会正式更名为中国林业产业联合会，并在全国林业厅局长会议期间，在京召开中国林业产业协会更名仪式暨中国林业产业联合会第一次会长办公会，全国政协副主席、中国林业产业协会名誉会长王忠禹在协会报送的总结上批示：中国林业产业协会工作扎实有效，可喜可贺。贾治邦、祝列克等局领导和民政部领导出席并讲话。

1月31日，中国林业产业联合会和中国林产工业协会在山东临沂共同举办2011中国人造板工业热点问题论坛，并颁发"中国林业产业人造板业创新奖"。李育材副局长出席。

2月12日，中国林业产业联合会向全国林业系统人大代表和政协委员提供《关于进一步扶持林业产业发展建设的提案》，号召在全国"两会"上呼吁。

3月8~12日，第十届中国国际门展暨首届世界木门大会召开。全国人大许嘉璐副委员长和李育材、王志宝等领导出席。

3月9日，中国林业产业联合会与国家林业局计资司共同召开中国企业对日本林产品贸易座谈会。

4月28日，中国林业产业联合会主办评选的"中国林业产业地板业创新奖"在辽宁沈阳颁奖。

5月16日，中国林业产业联合会和中国林产工业协会在北京组织召开"反倾销、反补贴"应诉工作座谈会。

6月7日，中国林业产业联合会在北京召开"十二五"期间我国六大林业产业经济带重点发展领域及区域性林产工业园区建设布局课题专家座谈会。

6月28日，中国林产工业协会红木分会成立，这标志着我国首个覆盖全产业链的红木产业行业组织正式建立。

7月10日，中央电视台《每周质量报告》播出《达芬奇天价家具"洋品牌"身份被指造假》，"达芬奇"陷入"造假门"。

8月，国家林业局出台《中国林业产业创新奖管理办法》，明确了林业产业创新奖的奖励范围、申报条件、申报程序等相关问题。

8月15日，2011中国木结构技术及产业发展高峰论坛在黑龙江省牡丹江市举办。

8月22日，中国林业产业联合会和中国林产工业协会等单位在上海联合举行中国林业产业（木门业）创新奖发展论坛暨中国门业行业调研报告发布仪式，会上颁发了"中国林业产业木门业创新奖"。

9月10~12日，首届中国核桃节在河北省邢台市举办。

9月20日，"第二届中国（铁岭）榛子节"在铁岭举办。

9月27日，"中国林业产业（油茶）突出贡献奖"在第四次全国油茶产业发展现场会上颁发。贾治邦、赵树丛等局领导出席。

10月9~10日，全国林下经济现场会在广西召开。

10月13日，美公布对华多层复合地板"双反"裁决结果。美国商务部宣布对华多层复合地板设定最终税率。

10 月 15 日，第六届中国竹文化节竹业博览展销会在江西宜春开展。

11 月 1~4 日，第二届中国国际林业产业博览会暨第四届中国义乌国际森林产品博览会在浙江省义乌市召开。全国政协原副主席张思卿、贾治邦、赵树丛等局领导出席。

11 月 1 日，中国林业产业联合会受托评选的中国林业产业突出贡献奖获奖名单正式公布，部分获奖代表受到全国政协原副主席张思卿及国家林业局领导接见并合影。

11 月 7 日，国家林业局在森林认证国际研讨会上宣布，中国国家森林认证体系正式运转，中国森林认证体系网站同时开通。

11 月 8 日，中国林业产业联合会在北京举办亚太区域林业相关企业论坛暨林业产业突出贡献奖获奖代表座谈会。

首届中国木雕红木家具发展论坛在浙江东阳召开。

11 月中旬，温家宝总理主持国务院办公会，审议通过了《利用"次小薪材"和"三剩物"进行林产品加工税收实行"即征即退"政策》。

11 月 18 日，中国林业产业联合会和中国林产工业协会等单位在广西南宁共同举办中国—东盟博览会林产品与木制品展。赵树丛、李育材等局领导出席。

12 月 13 日，国家林业局计财司和中国林业产业联合会在北京联合举办"中国入世十年林业对外贸易的机遇与挑战座谈会"。

12 月 19 日，中国林业产业联合会、中国经济林协会和中国绿色时报社赴迁西考察论证中国板栗博物馆筹建工作。贾治邦局长为博物馆题写馆名。

新十年・新经济・新视野

——2011 跨业营销事件大盘点

2011 年是跨业营销快速发展的一年，从企业实战到行业整合，甚至地区经济发展变化中，跨业营销都以生动的事例展现了其蓬勃的生命力。

从跨业营销的发展中，我们见证了很多鲜活的变化：既有企业之间在资源渠道上的合作共享，也有行业范围内众多企业的协同作战，更有社会意义上的跨地区、跨行业之间的经济整合。这些变化为更多人带来了一种新的经济模型，一种新的思维视野。跨业营销奉献给这个时代的也不只是个案的经济效益，而是一种理念。在今天，这种理念正为越来越多的人所认同，我们有理由相信，它将成为下个 10 年的主旋律。

盘点 2011・企业篇

2011 年，发生了几件引起社会巨大关注的企业事件：富得利与张裕合作，携手推出了以"橡木生活"为主题的合作，通过以橡木为媒，将高品质的地板与高品质的酒桶联系到一起，从而沟通了地板文化与酒文化的契合点，把追求高品质的橡木文化做得有声有色、淋漓尽致。此举令业内不禁感叹："原来文化还可以这么做！"这次合作，不仅开创了地板与酒行业间品牌文化整合的先河，也给人们带来了全新的启示：运用跨业营销，可以组合的不仅是产品、也可以是文化和品牌。

另外，圣象与长虹，大自然与海尔，德尔与美的也分别形成了木地板行业与家电行业的跨业联姻，实现了地板业与家电业的激情拥抱。而在这个壮观的产业拥抱的背后，是在林产工业协会推动下，由跨业营销联盟精心设计的跨业营销组合策划。通过六大巨头的社会影响力，这一策划完美地转化为了影响整个社会的大型商业策划。六大巨头的能量是巨大的，但更重要的是，三对组合体现了行业层面的宏观合作，令人印象深刻。从大的层面上讲，这是一次新的"家居业整合"。

那么，是不是只有企业之间才会有跨业营销呢？

其实不然，在北京南城，以茶具、瓷器为主营产品的紫陶阁就以其文化产品的特性，借助跨业营销另辟蹊径，与书画协会缔结了文化联姻。

为了通过跨业合作，充分发挥艺术家的特长，为产品赋予更多的文化价值，紫陶阁与书画协会合作，通过开放式的制陶与陶画艺术结合，不仅为艺术家开辟了一个陶画创作的平台，也为有艺术品需求的顾客们提供了一个直接对接艺术名家的机会。艺术家可以在此选择陶胚自由创作，顾客则可通过紫陶阁预约或订购名家名作，创新的跨业营销模式，使紫陶阁迅速在艺术陶瓷、艺术茶具领域声名鹊起，获得了极大的成功。

盘点 2011 · 行业篇

2011 年跨业营销涉足的最大的行业层面的合作，首推"建材下乡试点工程"。14 家企业的数十种产品在营销、售后、价格、品牌等各方面的组合，是跨业营销首次在行业层面的大范围应用。其中，一些效果显著，复制性强的组合模式还引起了业界的高度关注和学习。

梦天木门和美丽岛地板的组合就是其中的代表之一，由于厂家地址毗邻，两家企业在沟通协调上比较便利，也因此快速出台了针对"建材下乡试点工程"的合作措施。其中，最重要的一点就是如何降低成本、并做好相应的保障。通过跨业营销，两家企业确定了"网点共享、产品共营、宣传共摊、物流共通"的合作方式，大幅度减轻了各方面的成本压力。

成本压力对于建材下乡来说，是个关键性的压力。营销成本对于人口密度高，购买力集中的城市来说负担不是很重，但对于人口密度较低，购买力较低的农村地区来说，营销成本恰恰是网点发展的瓶颈。利用跨业营销合作来解决这一问题，对于整个建材行业乃至更多行业来说，都是具有示范性的。

从整体上看，随着建材下乡工程的逐步启动，企业之间的产品组合、品牌组合、营销组合也在不断增加，也都在谋求低成本、高效益的合作前景。行业间的各企业开始走出"PK 时代"，走向"竞合时代"。

如果把品牌混战，"各占一亩地，自烧三柱香"的单品牌多元发展的时代总结为"PK 时代"的话，"竞合时代"则是企业逐渐退守核心优势，并通过多元合作来实现"同享三亩地，各烧一柱香"，走进多行业优势共赢时代。

跨业营销带来的，是行业竞争理念上的转变。对内集中优势，对外合纵连横。正是运用了这种理念，企业间才步入了一个更为理性和有序的竞合环境。

盘点 2011 · 地区篇

在盘点 2011 年跨业营销在地区经济活动中的表现时，我们特别突出的是两大事件。一是以世博会上各地品牌共同参与的品牌组合活动，另一个则是南木北上的产业经济活动。前者代表的是同一重大事件中，各地多品牌组合应对的范例；而后者则是跨地区之间品牌资源互补移动的范例。

世博会上，中国的代表产品茶叶受到了世界的广泛关注，其中有两套品牌组合更引人眼球。一是中国十大品类名茶荟萃；二是福建十大名茶的组合。之所以会出现这样的组合，从企业层面来说，单品产品很难在如此重大的事件中形成足够的分量，而跨地区多品牌的优势组合，才能集各家之长，构成有分量的代表性产品。这种跨业营销被归为"优势汇集型"，特征是汇萃性、广泛性。

另一种地区性跨业营销则是"优势互补转移型"，典型代表就是今年在林产工业协会引导下的南木北上以及北门南下的——"南北跨业工程"——这项产业资源整合工程。南木北上，是指将南方的优秀木业品牌引向北方林业资源丰厚的地区，形成战略合作。运用南方企业的品牌经营理念、营销优势，与北方雄厚的林业资源对接，快速发展北方木业产业。其实质就是在林业范围内营销资源与生产资源的良性互补；北门南下亦如此。

站在跨业营销的角度来说，地区经济中的组合应用主要分为三类：一是聚弱成强；二是取长补短；三是互通有无。世博会的品牌组合属于第一类；南木北上属于第二类；互通有无则可借鉴本文企业篇中地板行业与家电行业的合作。在 2011 年，三类可以说都有所表现，也都取得了有目共睹的成绩。如今，在林产工业协会系统化的引导下，木业企业正在陆续展开三层实木复合联盟，科技产业联盟，网络推广联盟的多层次合作，相信在不远的将来，更多类型的跨业营销将结出更为丰硕的成果。

结束语

"一桥飞架南北，天堑变通途"！

在文化跨业、品牌跨业、区域跨业的今天，社会资源的包容化，行业间的整合化，企业间的互补化，正在改变原有的市场竞争理念。从 PK 时代到竞合时代，经营意识的转变，为市场快速发展成熟拓宽了视野。

"十五大"倡导包容性社会，营销也倡导跨业合作，无论是在文化跨业、品牌跨业、区域跨业等多方面，都在全力推行"供需对接、资源整合、优势互补、共创共赢"十六字真经，乘着"和"文化的全球大趋势，相信在新的十年，跨业营销将会绽放出更多的精彩，并引导企业走向新的营销篇章。

中国林业采购经理指数（FPMI）网络系统使用手册

国家林业局经济发展研究中心　　中国林业产业联合会

1. 进行中国林业采购经理指数（FPMI）调查的意义

1.1 采购经理指数指数（PMI）

1.1.1 PMI 介绍

采购经理指数（Purchasing Manager's Index，PMI）是一个综合指数，是由美国供应管理协会（Institute for Supply Management，ISM）和 Markit Group 制定，用来反映采购经理对货物和服务的需求。按照国际上通用的做法，由五个扩散指数即新订单指数（简称新订单）、生产指数（简称生产）、从业人员指数（简称雇佣）、供应商配送时间指数（简称配送）、主要原材料库存指数（简称存货）加权而成。PMI 是通过对采购经理的月度调查汇总出来的指数，反映了经济的变化趋势。

从国际上看，PMI 指数涵盖着生产与流通、制造业与非制造业等领域，分为制造业 PMI、服务业 PMI，也有一些国家建立了建筑业 PMI。目前，全球已有 20 多个国家建立了 PMI 体系，世界制造业和服务业 PMI 已经建立。PMI 是通过对采购经理的月度调查汇总出来的指数，反映了经济的变化趋势。

美国的 PMI 指数调查结果可以在 ISM 主页获取，会在每个调查周期后发布，制造业数据在每个月第一周发布，之后发布建筑业和服务业数据。ISM 于 1948 年开始发布美国 PMI 报告，指标数据是通过调查 400 个制造业 5 个领域的采购经理收集，包括生产量、新订单、供应商配送、库存、雇佣情况，共 5 个层次。受调查者可对比上月填写本月基本情况，包括更好、未变化或者更糟完成选项。填写了更好的数据将用来计算 PMI 指数，计算时每个层次赋予不同的权重（表 1）。

表 1 指标及其权重

指标	权重(%)
生产量	20
新订单	30
供应商配送	20
库存	10
雇佣情况	20

1.1.2 PMI 计算公式

PMI 是一个综合指数，由 5 个扩散指数加权而成。这 5 个指数是依据其对经济的先行影响程度而定，如各指数的权重分别是：订单 30%，生产 25%，雇员 20%，配送 15%，存货 10%，则计算公式如下：

PMI = 新订单×30% + 生产量×25% + 雇佣情况×20% + 供应商配送×15% + 库存×10%

对单个指数的计算方法采用扩散指数法，即正向回答的百分数加上回答不变的百分数的一半，公式如下：

$$\text{INDEX} = (P_1 \times 1) + (P_2 \times 0.5) + (P_3 \times 0)$$

其中：P_1 为调查问卷中正向回答的百分数；P_2 为调查问卷中没有变化的百分数；P_3 为调查问卷中反向回答的百分数。

因此，如果 100% 都选择正向，则指数为 100.0。如果 100% 选择反向，则指数为 0，如果 100% 选择不变，则指数为 50($P_2 \times 0.5$)。指数为 50.0 意味着没有发生变化，如果大于 50.0，意味着增加，而小于 50.0 则意味着下降。

问卷的汇总方法有 2 种：加权和不加权。采用加权计算百分比：以国家统计局《企业基本情况调查表》(N131 表)的上年营业收入作为权重，计算"增加"、"基本持平"、"减少"选项所占百分比。采用不加权计算百分比：直接通过企业个数计数，计算"增加"、"基本持平"、"减少"选项所占百分比。

1.1.3 PMI 意义和作用

PMI 是一个综合的指数体系，尽管指标不多，但涵盖了经济活动的多个方面，如新订单、新出口订单、进口、生产、供应商配送、库存、雇佣、价格等，其综合指数反映了经济总体情况和总的变化趋势，而各项指标又反映了企业供应与采购活动的各个侧面，尤其是 PMI 中一些特有的指标是其他统计指标中所缺少的，如订货提前期与供应商配送时间等，有助于详细分析行业发展走势的成因，为国家宏观经济调控和指导企业经营提供重要依据。

PMI 问卷调查直接针对采购与供应经理，取得的原始数据不做任何修改，直接汇总并采用科学方法统计、计算，保证了数据来源的真实性。同时进行季节性调整，消除季节性波动、法规制度和法定假日等因素变化所造成的影响，因此具有很高的可靠性。PMI 已成为监测经济运行的及时、可靠的先行指标，得到政府、商界与广大经济学家、预测专家的普遍认同。

1.2　中国 PMI 应用现状

中国物流与采购联合会和中国国家统计局（National Bureau of Statistics of China）从 2005 年开始共同发布中国 PMI 数据，共有 700 多家企业针对 11 个分类指数接受调查。我国非制造业 PMI 调查指标体系的设置主要参考了美国做法，共有 10 项指数构成：商务活动、新订单、新出口订单、积压订单、存货、中间投入价格、收费价格、从业人员、供应商配送时间、业务活动预期。但同美国不同的是，我国没有进口指数，因为在前期的调研中，绝大多数企业反映没有进口活动。另外，我国参考国际上相关研究机构的做法，增加了业务活动预期指数和收费价格指数。指标的选取，既适应了同国际接轨的要求，也兼顾了中国的国情，做到了科学性与合理性的统一。

在调查问卷的设计上，遵循了三个原则：一是简练，即所提的问题尽可能简练，尽量减少被调查者的占用时间，以便提高调查的回收率；二是易答，即提的问题均是企业较为熟悉、较为关心、容易回答的问题，一般不采用技术性强的专业术语；三是定性，即几乎所有问题都采用定性选择的方式，不需要定量计算。基于这三项原则，对所有非制造业，设计了 10 个问题作为基本调查。企业对这 10 个问题的回答以封闭式为主，同时为了获得更多的信息，以便对行业的经济活动做出深入分析，对问题的回答也带有一定的开放性，要求调查对象对其经营活动和商务环境做出总体评价。调查方法采用了分层概率抽样法。首先根据国家行业标准目录，将非制造业合并为 20 个大行业；然后根据非制造业中这 20 个行业对 GDP 的贡献，确定各行业的样本比例；最后运用分层概率抽样法（PPS 法）作为抽样调查方法，最终抽取了 1191 家企业作为样本调查单位，保证了样本企业的代表性。从 2007 年 1 月正式开始非制造业 PMI 调查。

PMI 指数体系无论对于政府部门、金融机构、投资公司，还是企业来说，在经济预测和商业分析方面都有重要的意义。

首先，是政府部门调控、金融机构与投资公司决策的重要依据。它是一个先行的指标。根据美国专家的分析，PMI 指数与 GDP 具有高度相关性，且其转折点往往领先于 GDP 几个月。在过去 40 多年里，美国制造业 PMI 的峰值可领先商业高潮 6 个月以上，领先商业低潮也有数月。另外，可以用它来分析产业信息。可以根据产业与 GDP 的关系，分析各产业发展趋势及其变化。

第二，企业应用 PMI 可及时判断行业供应及整体走势，从而更好地进行决策。企业可利用 PMI 评估当前或未来经济走势，判断其对企业目标实现的潜在影响。同时，企业也可根据整体经济状况对市场的影响，从而确定采购与价格策略。

1.3　开展林业采购经理指数（FPMI）调查的意义

1.3.1　开展 FPMI 调查的意义

开展中国林业采购经理指数（Forest Purchasing Manager's Index，FPMI）调查是林业产业监测的重要组成部分，受到了国家林业局领导的高度重视。2009 年，时任国家林业局副局长祝列克指示要建立"中国林业采购经理指数"调查体系，为国家掌握林业产业发展动态，制定林业产业政策提供重要依据。同时实现与国际接轨、与国内其他行业同步。为此，国家林业局经济发展研究中心与中国林业产业联合会紧密协作，按照局党组相关指示精神，共同建立中国林业采购经理指数（FPMI）调查体系。

1.3.2 林业企业参与 FPMI 调查的意义

林业产业属于传统产业，企业经营传统产品竞争相对激烈，市场价格波动大，所获得的利润较其他行业要低。企业掌握市场动态行业运行状况十分重要，凡参与调查的企业每月将优先获得相关信息服务。企业参与采购经理指数调查有利于及时掌握行业运行动态，为企业采取措施规避风险提供参考，为争取国家政策支持（如修改税费减免政策等）提供依据。

1.3.3 FPMI 调查网络平台

经过几年的努力，国家林业局经济发展研究中心与中国林业产业联合会共同对全国省、地、县不同规模的林业企业进行了分析研究，编制了专用网络软件，购买了专用服务器，申请了"www.fpmi.cn"和"www.lypmi.com"及"中国林业企业采购经理.中国"等域名。开发了中国林业采购经理指数网站，建立"中国林业采购经理指数"调查体系，采购经理通过网络填报问卷调查表。通过试运行，网络系统可靠稳定，完全符合调查要求，2012 年正式投入运行。

2. 中国林业采购经理指数（FPMI）调查内容

2.1 FPMI 调查问卷

此项问卷由国家林业局经济发展研究中心和中国林业产业联合会参照国家统计局调查（国统字[2010]87 号）制定。共设计了 9 个问卷，包括胶合板、纤维板、刨花板、细工木板、木地板、木门窗、木质家具、造纸企业和国有林场采购经理调查问卷，每类企业调查问卷表内容一样，问卷内容都包含 10 类选项（表2）。各类企业参照调查问卷表内容进入网站填报。

表2 FPMI 调查问卷

A 单位详细名称	B 组织机构代码 □□□□□□□□ － □
01 生产量：贵企业本月主要产品的生产量比上月 □ 增加　　□ 基本持平　　□ 减少	
02 产品订货：贵企业本月来自客户的产品订货数量比上月 □ 增加　　□ 基本持平　　□ 减少	
021 出口订货：贵企业本月用于出口的产品订货数量比上月 □ 增加　　□ 基本持平　　□ 减少　　□ 没有出口	
03 现有订货：贵企业目前存有但尚未交付客户的产品订货数量比一个月前 □ 增加　　□ 基本持平　　□ 减少　　□ 不好估计	
04 产成品库存：贵企业目前主要产品的产成品库存数量比一个月前 □ 增加　　□ 基本持平　　□ 减少	

（续）

05 采购量：贵企业本月主要原材料(含零部件)的采购数量比上月			
□ 增加	□ 基本持平	□ 减少	
051 进口：贵企业本月主要原材料(含零部件)的进口数量比上月			
□ 增长	□ 基本持平	□ 减少	□ 没有进口
06 购进价格：贵企业本月主要原材料(含零部件)的平均购进价格比上月			
□ 上升	□ 变化不大	□ 下降	
061 在本月购进的主要原材料中，价格上升或下降的有哪些？（请按常用名称列示）			
价格上升：			
价格下降：			
07 主要原材料库存：贵企业目前主要原材料(含零部件)的库存数量比一个月前			
□ 增加	□ 基本持平	□ 减少	
08 生产经营人员：贵企业目前主要生产经营人员的数量比一个月前			
□ 增加	□ 基本持平	□ 减少	
09 供应商配送时间：贵企业本月主要供应商的交货时间比上月			
□ 放慢	□ 差别不大	□ 加快	

091 下列各类原材料一般需要提前多少天订货？（不包括套期保值与投机商品）

国内采购的生产用原材料　□随用随买　□30 天　□60 天　□90 天　□6 个月　□1 年

进口的生产用原材料　□随用随买　□30 天　□60 天　□90 天　□6 个月　□1 年　□没有进口

生产或维修用零部件　□随用随买　□30 天　□60 天　□90 天　□6 个月　□1 年

生产用固定资产　□随用随买　□30 天　□60 天　□90 天　□6 个月　□1 年　□没有订货

092 在企业主要原材料中，本月出现供应短缺的有哪些？（请按常用名称列示）：

10 贵企业目前在原材料采购中遇到的主要问题或困难是什么？您有何评价或建议？

填报人：　　　　　　　　电话：　　　　　　　　报出日期：

2.2　FPMI 抽样确定调查企业

（1）调查范围　林业企业法人企业以及依照法人单位进行统计的产业活动单位。

（2）调查对象　林业企业的采购(或供应)经理，即企业主管采购业务活动的副总经理或负责企业原材料采购的部门经理。

（3）调查内容　采购(或供应)经理对企业采购及其相关业务活动情况的判断，主要包括对企业生产、订货、采购、价格、库存、人员、供应商配送、采购方式等情况的判断，以及企业采购过程中遇到的主要问题及建议。

本项调查区域选定在重点省份，重点区域和重点企业，国有林场也将作为固定调查点。首批选取 900 家企业建立作为固定调查点。调查数据将代表本行业企业的运行状况，要求企业认真填写。

2.3　FPMI 填报时间

调查表为月度报表，由企业采购(或供应)经理通过网络直接填报，填报时间为每月 22 ~ 25 日。

2.4　FPMI 指标解释

（1）**生产量**　是指企业报告期内生产的符合产品质量要求的主要产品的实物数量。

（2）**产品订货**　是指企业根据报告期内正式签订的订、供货合同计算出的主要产品的订货数量。对于自建销售网点的企业，订货量要包括各销售网点向企业生产总部申请的要货量；对于由代销商负责销售产品的企业，以双方商定的本期将要向代售商发送的下一期供货量为本期订货量；对于采取来料加工或提出技术要求进行定制产品生产的企业，以最初签订加工合同的时间作为当期订货量填报。

（3）**出口订货**　是指企业报告期内主要产品订货数量中用于出口的部分。

（4）**现有订货**　是指企业报告期末累计现存的产品订货数量，也就是说报告期末止企业仍未兑现的订货数量，即所有订货量扣除已执行完的订货数量和中途取消的订货合同的订货量，还有多少没有执行的订货数量。

（5）**产成品库存**　是指企业报告期末已经生产并验收入库但尚未售出的主要产品的产成品库存的实物数量。

（6）**采购量**　是指企业报告期内购进的主要原材料(包括零部件)的实物数量。

（7）**进口**　是指企业报告期内进口的主要原材料(包括零部件)的实物数量。

（8）**购进价格**　是指企业报告期内购进的主要原材料(包括零部件)价格的简单平均水平。

（9）**主要原材料库存**　是指企业报告期末已经购进并登记入库但尚未使用的主要原材料的实物数量。

（10）**生产经营人员**　是指企业报告期末主要生产经营人员的数量。

（11）**供应商配送时间**　是指企业报告期内主要供应商的交货时间。

2.5　注意事项

（1）**主要产品的确认**　根据企业产品产量比重或主要经营活动进行确认，通常是指产量比重较大或企业通常认可的一种或若干种主要产品。

（2）**主要原材料的确认**　是指企业生产经营活动中消耗量较大或经常使用的一种或若干种原材料，包括能源、中间产品、半成品和零部件。

（3）**主要原材料名称列示**　在列示价格上升或下降、供应短缺的主要原材料名称时，一般使用通用名称，不使用专用名称。

（4）**原材料提前订货时间**　是指企业所使用的各类原材料(分为国内采购的生产用原材料、进口的生产用原材料、生产或维修用零部件、生产用固定资产)需求提前多长时间(大约数)进行订货，不包括套期保值或投机用的原材料。

（5）**选项的界限**　"基本持平"、"变化不大"或"差别不大"选项的界限主要由企业采购经理根据自己平时的经验进行判断。一般情况下，价格变化幅度在 ±2% 以内可以视为"变化不大"，而其他指标变化幅度在 ±5% 以内可以视为"基本持平"或"差别不大"。

（6）**对比期的确定**　对于流量问题(时期指标，如生产量、采购量等)，对比期为上个月；对于存量问题(时点指标，如库存量、人员等)，对比期为一个月前。

3. 中国林业采购经理指数（FPMI）系统使用

3.1 FPMI 系统登录

打开浏览器，在地址栏中输入地址：http：//www. lypmi. com 或者 http：//www. fpmi. cn 或者 http：//223. 4. 131. 246，回车进入系统（图1）。

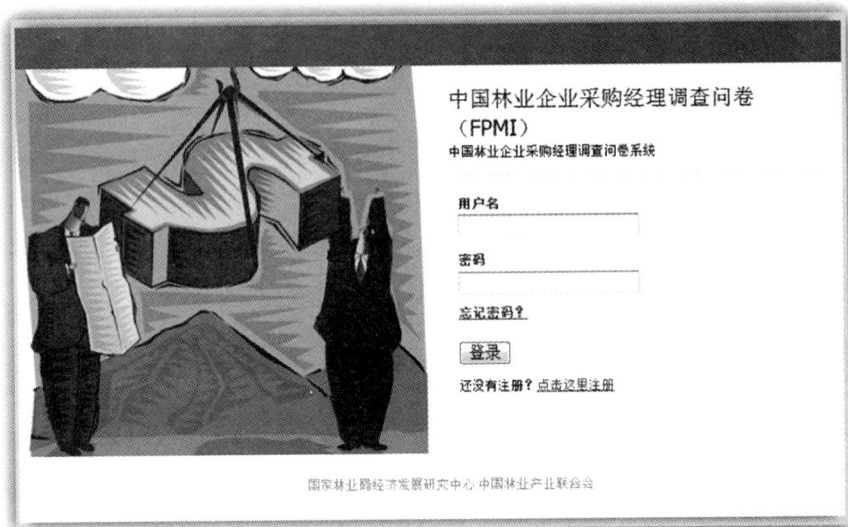

图1 系统登录窗口

对已注册用户，直接输入用户名和密码，点击"登录"进入系统。

3.1.1 FPMI 新用户注册

如果还未注册，请单击登录页面的"点击这里注册"，进入注册页面（图2）。

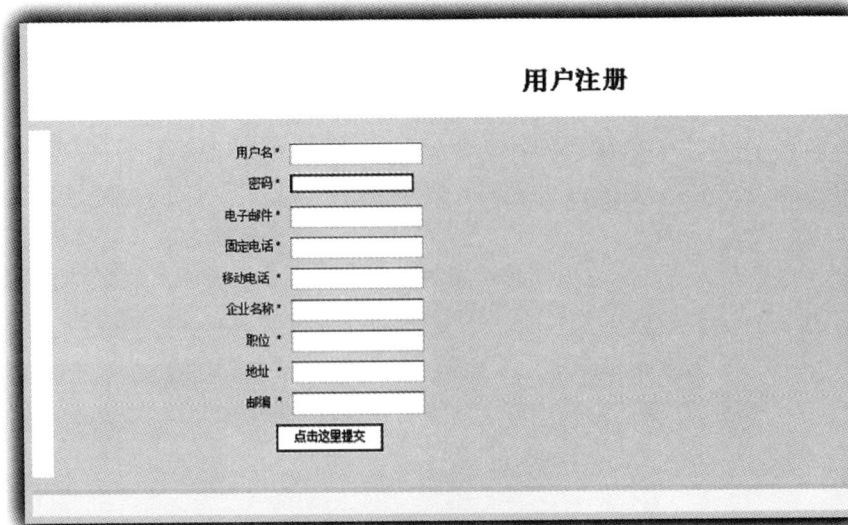

图2 用户注册

在此窗口输入用户名，密码，电子邮件地址等信息，要注意的是：请填写合格的邮箱地址，本邮箱地址将用来恢复密码、系统通知等重要工作。

填写完成后，点击提交，如果成功，系统将自动返回到登录页面，输入刚才注册的用户名和密码即可登录。如果填写有误，本页面会显示错误信息，根据信息重新填写，提交即可。

3.1.2　FPMI 密码重置

如果忘记密码，请点击"忘记密码？"，进入密码恢复页面(图3)。

图3　密码恢复

在这里输入之前注册的邮箱名称，并点击提交，系统将会将新的密码发送到您的邮箱，用新的密码登录系统即可，如果忘记电子邮件地址，请将用户名发送到84238367@163.com 或者拨打010 – 84238367、010 – 84239658，工作人员将尽快答复您如何登录。

3.2　FPMI 填写问卷

点击"填写问卷"，将会列出要填写的问卷(图4)。

图4　问卷填写列表

请在填写之前使用"查看填写历史"功能确定此问卷是否已填写，系统在保存时候也会检查是否已经填写，但这样会降低填写效率。填写时，点击这里开始填写按钮即可进入填写页面，比如点击细工木板采购经理问卷调查填写，则进入填写页面(图5)。

细工木板采购经理调查问卷

制定机关：国家林业局经研中心 中国林业产业联合会

文　　号：参照国家统计局调查(国统字[2010]87号)

* 选择日期

* A单位详细名称　　　　　　　　*** B 组织机构代码**

* 01 生产量：贵企业本月主要产品的生产量比上月
　◎ 增加　◎ 基本持平　◎ 减少

* 02 产品订货：贵企业本月来自客户的产品订货数量比上月
　◎ 增加　◎ 基本持平　◎ 减少

* 021出口订货：贵企业本月用于出口的产品订货数量比上月
　◎ 增加　◎ 基本持平　◎ 减少　◎ 没有出口

* 03 现有订货：贵企业目前存有但尚未交付客户的产品订货数量比一个月前
　◎ 增加　◎ 基本持平　◎ 减少　◎ 不好估计

* 04 产成品库存：贵企业目前主要产品的产成品库存数量比一个月前
　◎ 增加　◎ 基本持平　◎ 减少

* 05 采购量：贵企业本月主要原材料（含零部件）的采购数量比上月
　◎ 增加　◎ 基本持平　◎ 减少

* 051进口：贵企业本月主要原材料（含零部件）的进口数量比上月
　◎ 增加　◎ 基本持平　◎ 减少　◎ 没有进口

* 06购进价格：贵企业本月主要原材料（含零部件）的平均购进价格比上月
　◎ 上升　◎ 变化不大　◎ 下降

061在本月购进的主要原材料中，价格上升或下降的有哪些？

（请按常用名称列示）
价格上升：
价格下降：

* 07 主要原材料库存：贵企业目前主要原材料（含零部件）的库存数量比一个月前
　◎ 增加　◎ 基本持平　◎ 减少

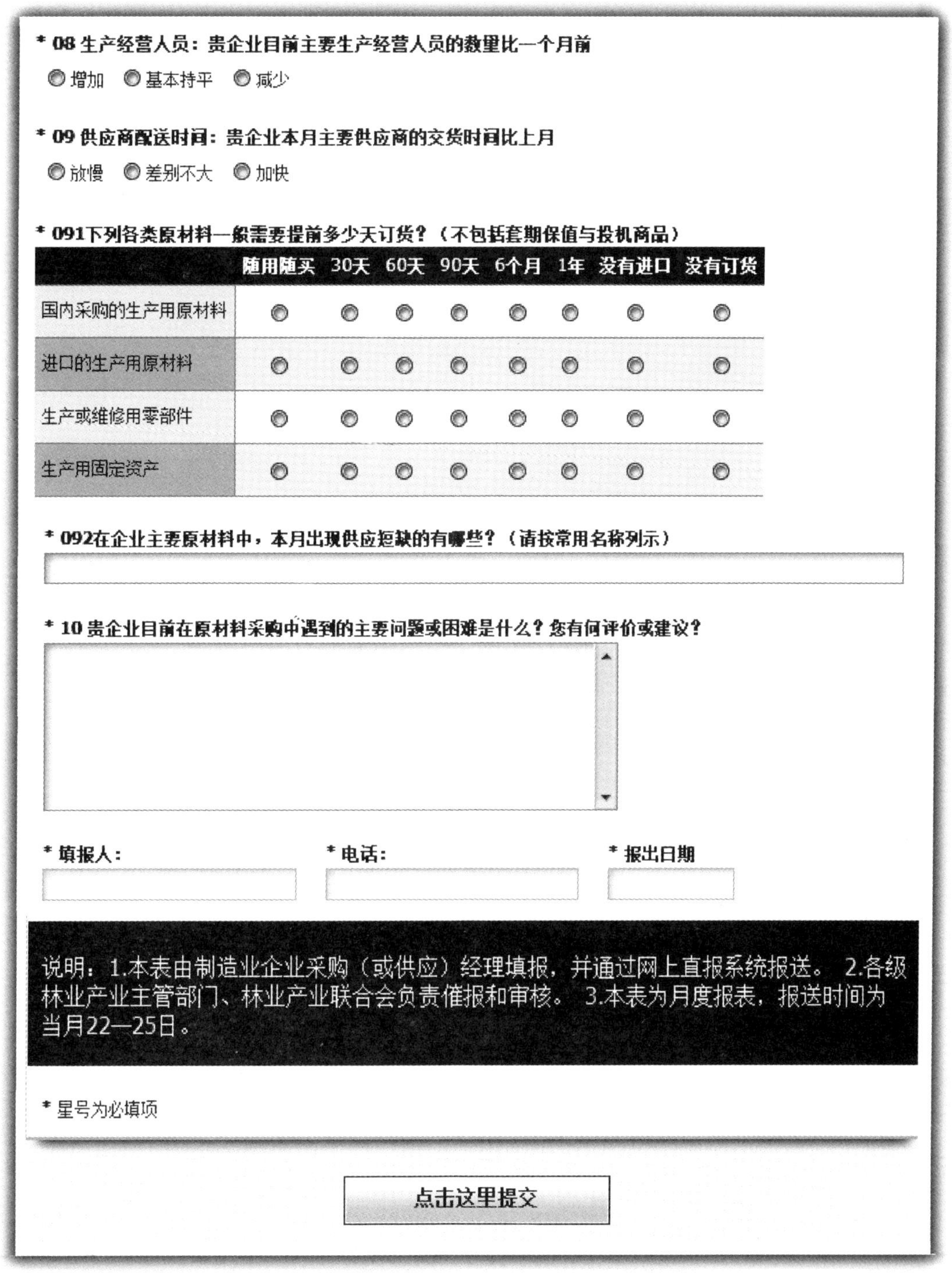

* 08 生产经营人员：贵企业目前主要生产经营人员的数量比一个月前

◎ 增加　◎ 基本持平　◎ 减少

* 09 供应商配送时间：贵企业本月主要供应商的交货时间比上月

◎ 放慢　◎ 差别不大　◎ 加快

* 091 下列各类原材料一般需要提前多少天订货？（不包括套期保值与投机商品）

	随用随买	30天	60天	90天	6个月	1年	没有进口	没有订货
国内采购的生产用原材料	◎	◎	◎	◎	◎	◎	◎	◎
进口的生产用原材料	◎	◎	◎	◎	◎	◎		◎
生产或维修用零部件	◎	◎	◎	◎	◎	◎		◎
生产用固定资产	◎	◎	◎	◎	◎	◎		◎

* 092 在企业主要原材料中，本月出现供应短缺的有哪些？（请按常用名称列示）

* 10 贵企业目前在原材料采购中遇到的主要问题或困难是什么？您有何评价或建议？

* 填报人：　　　　*** 电话：**　　　　*** 报出日期**

说明：1.本表由制造业企业采购（或供应）经理填报，并通过网上直报系统报送。 2.各级林业产业主管部门、林业产业联合会负责催报和审核。 3.本表为月度报表，报送时间为当月22—25日。

* 星号为必填项

点击这里提交

图5 填写页面

　　请根据实际情况使用鼠标或键盘填写相应项目即可，标有"＊"号的表示是必填项目，如果未选择，系统会在表头提示哪一项未做选择(图6)，请根据提示，填写未完成项目。

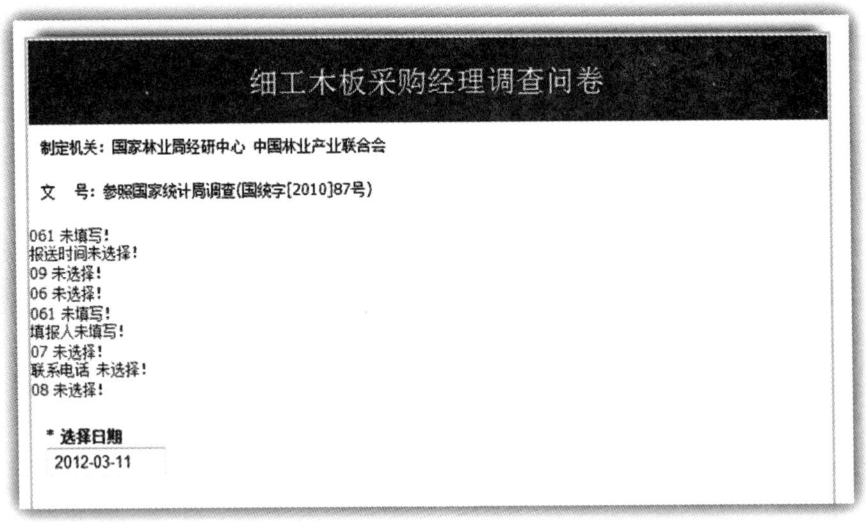

图 6 未选择项目提示

填写完成后，点击提交，如果校验通过，会自动转入还未填写页面，提示您本期还需要填写哪些问卷(图7)，选择一个即可继续填写。

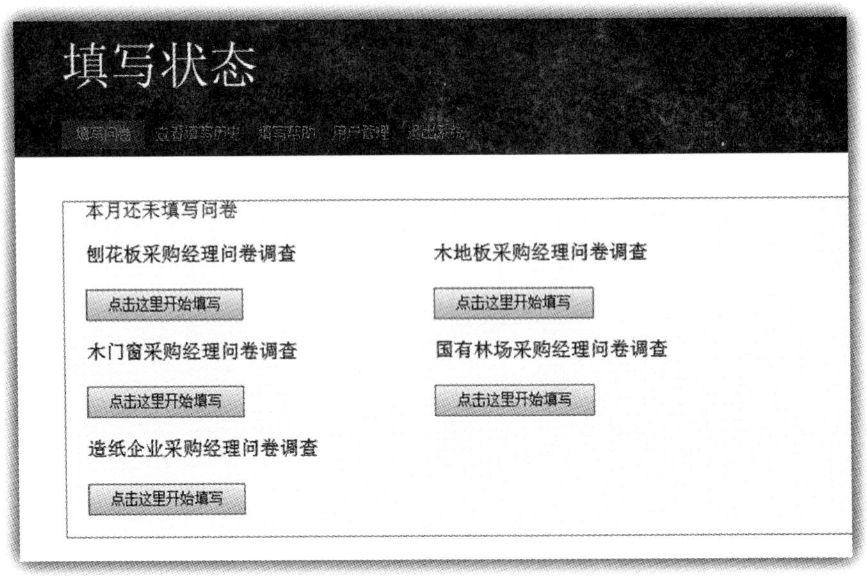

图 7 未填写问卷

3.3 FPMI 查看已填写记录

登录系统后，首先请查看本用户所填写的问卷，确定哪个问卷已经填写，何时被填写，请点击"查看历史记录"。如果已经填写过当月数据，则不需要重复填写(图8)。

图 8 问卷填写记录

如需查看详细信息，请点击"查看"，进入历史记录详细信息查看页面(图 9)。

图 9 历史记录详细信息

3.4   FPMI 注销

点击"注销"，系统会自动跳转到登录页面，此时必须要重新登录才能进入系统。

3.5   FPMI 服务支持

系统会做不断的改进和增加新功能，页面可能会发生变化，如果有任何疑问，请联系 84238367@163. com 或者拨打 010 – 84238367、010 – 84239658。

《中国林业产业重大问题调查研究报告》
（2008~2011年）总目录

2008年中国林业产业重大问题调查研究报告

世界金融危机下中国木材产业发展对策的思考

以科学发展观为指导 推动花卉产业又好又快发展

中国竹产业在全球的地位、发展现状及进一步推进的建议

中国林业产业发展环境的国内与国际分析比较

坚定信心 努力实现由松香大国到松香强国的跨越

2009 年中国林业产业重大问题调查研究报告

代序

总报告

第一部分 热点行业篇

中国生态旅游业发展报告

中国木浆造纸业发展报告

中国木制门市场研究报告

中国木地板产业发展报告

中国松香行业发展报告

中国炭化木产业发展问题调研

第二部分 重点领域篇

东北内蒙古重点国有林区改革调研报告

我国推进森林认证工作情况分析

我国林业生物质材料开发利用现状与发展趋势

我国林业产业重点龙头企业分析

第三部分 发展战略篇

我国林业产业总体走向与发展趋势分析

我国林产品国际贸易情况报告

世界林业产业发展近况与趋势

第四部分 产业布局篇

我国林业十大支柱产业发展问题调研报告

我国林业产业布局研究

我国重点林业产业带发展分析及结构调整思路

后记

2010 年中国林业产业重大问题调查研究报告

代序

2010 年中国林业产业发展综述

第一部分 宏观研究篇

中国林业支柱产业"十二五"期间发展战略规划及政策研究

中国林业产业发展趋势、重点和布局研究

林业发展"十二五"规划解析

第二部分　行业年度报告篇

中国现代林下经济发展研究报告

中国红木制品产业调查研究报告

中国花卉产业调查研究报告

木材加工产业预警模型研究

中国林业技术装备发展战略研究报告

第三部分　专题研究报告篇

中国林业产业人才问题及建议

中国林业应对气候变化工作的成就、形势和对策

中国林权流转的现状及其规制调查研究报告

中国林产品出口与贸易壁垒调查研究报告

可持续发展的清洁能源木煤研究

中国林木种苗电子商务现状与问题研究报告

参考文献

后记

2011 年中国林业产业重大问题调查研究报告

序

2011 年中国林业产业发展综述

第一部分　宏观研究篇

2011 年中国林业产业现状分析与"十二五"产业发展重点研究

中国林业产业竞争力分析

中国林业产业与资本市场要素的组合研究

第二部分　专题研究报告篇

中国林业产业会展经济报告

中国林业企业"走出去"战略路径分析

2011 年中国林产品贸易分析

第三部分　行业年度报告篇

中国林下经济发展现状与思考

中国纸浆生产情况及存在的问题

中国花卉产业物流发展报告

关于中国野生动植物繁育利用产业的政策导向

中国森林旅游业发展情况报告

中国沙产业发展现状及思考

第四部分　市场研究篇

后 记

《中国林业产业重大问题调查研究报告》是国家林业局委托中国林业产业联合会组织开展的重点课题，我会作为一项年度重要工作来推动，已连续出版 3 年。历年报告作为林业产业重大问题调研工作的年度成果精编，收录了知名专家学者对林业产业热点问题的独家研究成果以及林业行政主管部门对林业产业重点、难点问题的专题调研报告，包含了大量实用资料。该书为政府出台有关政策措施提供科学决策的依据，为企业选择投资方向与制订发展规划提供有益参考，并对于社会各界掌握林业产业发展的趋势和政策走向，起到了非常好的参考作用。该书由中国林业出版社出版，发往中央和国务院有关部门和各级林业主管部门、大专院校和经济科研单位以及所有龙头林业企业。

本年度报告在延续前三年部分重点研究课题的基础上，在我国林下经济发展、林产品跨业营销工程、提高林产品竞争力分析、林业产业与资本运作、野生动植物繁育利用产业和中国纸浆生产等方面进行了重点研究。由于建立了多部门联动、开放式研究的工作机制，报告的内容更具权威性，政策建议更具指向性。

本次调研报告主要是中国林业产业联合会牵头，科研教学单位知名专家学者为主，行业主管部门领导和广大会员企业单位共同参与完成的，是全行业的共同智慧结晶。在编纂过程中，得到了国家林业局办公室、森林资源管理司、发展规划与资金管理司、林业经济发展研究中心、中国绿色时报社等部门、各会员单位领导和编审人员的大力协助，谨此致谢！

由于时间仓促，加上水平有限，缺点与谬误之处在所难免，敬请读者能就本书的整体策划、内容编排、编校质量等方面提出宝贵意见和建议，以便我们在下一年度的工作中改正。

编辑部办公室设在中国林业产业联合会秘书处（北京市东城区和平里东街 18 号国家林业局院内），邮政编码：100714，电话：（010）84238687、（010）84238793（传真），欢迎各界人士与我们联系、协作。

《中国林业产业重大问题调查研究报告》编辑部
二〇一二年五月九日